国家社会科学基金一般项目“供给侧结构性改革视角下提高我国制造业全要素生产率的路径研究”（编号：16BJY070）资助

我国制造业全要素生产率

提升机制、路径与对策

韩德超◎著

中国财经出版传媒集团

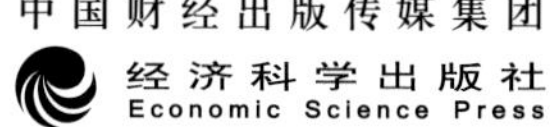
经济科学出版社
Economic Science Press

图书在版编目（CIP）数据

我国制造业全要素生产率提升机制、路径与对策／韩德超著．—北京：经济科学出版社，2022.4

ISBN 978－7－5218－3648－6

Ⅰ.①我… Ⅱ.①韩… Ⅲ.①制造工业－全要素生产率－研究－中国 Ⅳ.①F426.4

中国版本图书馆 CIP 数据核字（2022）第 070817 号

责任编辑：张　燕
责任校对：王肖楠
责任印制：邱　天

我国制造业全要素生产率提升机制、路径与对策
韩德超　著
经济科学出版社出版、发行　新华书店经销
社址：北京市海淀区阜成路甲 28 号　邮编：100142
总编部电话：010－88191217　发行部电话：010－88191522
网址：www.esp.com.cn
电子邮箱：esp@esp.com.cn
天猫网店：经济科学出版社旗舰店
网址：http：//jjkxcbs.tmall.com
北京时捷印刷有限公司印装
710×1000　16 开　14.75 印张　260000 字
2022 年 7 月第 1 版　2022 年 7 月第 1 次印刷
ISBN 978－7－5218－3648－6　定价：76.00 元
（图书出现印装问题，本社负责调换。电话：010－88191510）

前　言

制造业增长速度的高低和质量的优劣是制造业发展的两个方面。世界各国制造业发展的历程表明，除了早期率先进入工业化的国家之外，大多数经济体制造业发展往往是量的扩张在前、质的改善在后。整体而言，我国制造业正处于从量的扩张为主转向质的改善为核心的发展模式转变阶段。那么，如何实现发展模式的顺利转变，避免我国经济滑入“中等收入陷阱”，则成为摆在我们面前不可回避的重大问题。如果从经济学的角度看，全要素生产率（TFP）的状况则是度量制造业发展质量的重要指标。这意味着，如何有效地提升我国制造业 TFP 成为解决这一问题的核心，这也是本书研究的焦点所在。

探析 TFP 的来源是本书研究的起点。技术的变迁、资源配置的优化以及生产规模扩大带来的动态收益是制造业全要素生产率直接来源的三个主要渠道。而专业化分工、费用分摊与节约、市场地位、市场效率、产业结构、税收制度、人力资本、技术引进与研发投入、金融系统以及基础设施等十个因素分别从不同的方面影响 TFP 的变化。但是，又是什么影响这些因素呢？本书认为，制度变革通过改变微观主体的预期收益和成本影响企业的决策，进而传递到影响制造业变动的各种影响因素和来源上，最终改变制造业全要素生产率。当然，微观主体在进行决策的时候还受到企业家精神和利他主义思想等因素的影响。简而言之，制度变革是影响制造业全要素生产率变动的更深层次的来源和重要动力，这构成了本书研究的理论基础。

接着本书分别从制造业整体、不同所有制及行业等维度测算了全要素生产率，并从宏观冲击（供给冲击、需求冲击和其他冲击）、纯技术效率及规模效率视角进行了分解，以分析变动的原因。在此基础上，从制造业整体、不同所有制及行业等层面分析了我国制造业 TFP 变动存在的问题，并分别从政府职能调整、微观主体创新动力以及外部环境三个维度探究引起这些变动的深层次原因。

生产性服务业发展是提升我国制造业全要素生产率的重要途径之一。通过对美国、日本和德国等世界制造业强国的制造业发展经验进行分析，发现：处理好政府与市场的关系、技术引进与自主创新的关系、大力积累人力资本以及生产性服务业的发展都影响制造业发展和转型的速度与深度，其中制造业中投入生产性服务比重的提升不仅是企业创新能力提升的表现，也是其转型发展的关键所在。经济体制改革的状况是改善我国制造业全要素生产率的另一条重要路径。在回顾不同国家政府经济职能变迁的情况下，结合我国国情，分别从市场化进程、创新环境建设和公共服务三个维度构建了我国经济体制改革指数框架，测算了不同地区经济体制改革指数，并从实证角度分析了对我国制造业全要素生产率的影响。合适的知识产权保护制度是提高我国制造业全要素生产率的第三条路径。通过对我国知识产权保护制度与制造业全要素生产率关系的实证分析可知，知识产权保护制度的完善有助于提高中国制造业全要素生产率，而且主要来自制造业规模效应的释放而非技术创新能力的提升。如果从技术效率和规模效率两个角度考察，知识产权保护水平对制造业技术效率的影响伴随着外商直接投资的增加和研发资本的累积而增强。对规模效率而言，尽管知识产权保护水平随着外商直接投资的增加而提高，但却随着研发资本的积累而削弱。

基于上述分析，本书最后从供给侧改革视角提出了改善我国制造业 TFP 的政策建议。首先，基于提升制造业创新能力的视角，分别从增强基础研究能力、加快科技成果转化、借助信息化以完善和优化制造业产业链等方面，给出了相应的对策。其次，从优化资源配置的视角，分别给出了如何通过制造业与现代服务业协调发展、推动制造业结构升级、加快推进国有企业改革的步伐以及促进非国有经济快速发展等四个方面实现制造业 TFP 提升的政策建议。最后，从政府与市场“携手”，完善发展政策以及加快体制机制改革两个方面提出了如何为制造业 TFP 改善提供动力和良好的外部环境。

在本书即将付梓之际，感谢国家社会科学基金一般项目“供给侧结构性改革视角下提高我国制造业全要素生产率的路径研究”（编号：16BJY070）的资助。

韩德超

2022 年 4 月

目　　录

第1章 绪　论

1.1 研究背景和意义

纵观世界经济发展的历程，除了个别依赖于石油、矿藏等国家之外，发达国家无一不是制造业强国。实际上，也正是强大和发达的制造业成就了其在世界上的经济实力和地位。即使在所谓的“后工业时代”，离开了制造业所提供的物质条件、不断提高的生产效率以及更加专业化和越来越复杂的生产过程，服务业的发展也将成为无水之源、无本之木。当然，对单个国家或地区而言，尤其是一些小的经济体，利用全球化时代的国际分工发展，可以发挥自己的优势资源，以服务业作为其支柱产业。然而，它们同样需要借助外界发达的制造业为服务业的发展提供基础设施条件。因而，世界上大多数国家尤其是大国经济体都把发展工业和制造业作为发展的基本战略。

客观地讲，我国制造业的发展是在借鉴国内外发展经验，并结合我国实际情况的基础上，经过不断摸索，反复总结，走出了一条独具特色的发展道路。中华人民共和国成立之初，我国制造业异常薄弱，除了在少数日常生活用品领域可以进行简单的加工生产之外，绝大多数领域几乎都是空白，更无从谈起制造业的强大和完善的工业体系，正是制造业发展的极端落后造就了积贫积弱的中国经济。为了实现自强自立，20 世纪 50 年代之后，我国开启了工业化快速发展的步伐。在苏联和东欧社会主义国家的帮助下，我国以较快的速度在能源、机械制造、钢铁、有色金属等细分行业形成了生产能力。到 70 年代，我国的工业体系初具雏形，且大多以重化工业为主，这为我国构建独立、完整的工业体系和供应链奠定了坚实的基础。随着世界局势的变化，西方发达国家逐步放松了对我国的技术和贸易封锁，而由于科技革命的进步和分工的细化，为了实现利润最大化，以跨国公司为载体的资本在全球范围内进行优化配置，这都为我国制造业发展提供了良好的外部条件。更为关键的是我国改革开放的大幕拉开，经济体制由原来的计划经济开始向社会主义市场经济过渡并最终确立，这不仅极大地激发了微观主体的活力，也便于我国加速融入全球化进程中。当时，相对于西方发达国家，我国的制造业技术严重落后，异常的弱小，处于刚刚起步阶段，可是，这也使我国具有一定的"后发优势"，即可以直接吸收国外已经非常成熟的制造业技术，迈过必要的研发阶段，降低发展成本；同时，我们可以充分发挥劳动力丰富的比较优势，为制造业发展进入快车道提供了前提条件。然而，良好的外部条件转化为制造业发展的动力，需要一系列的政策措施来满足发展的要求，尤其在改革开放早期，我国制造业发展所需的资本、技术和人才等生产要素严重短缺，这成为阻碍制造业发展最重要的问题。为了有效解决这一问题，我国拉开了改革开放的大幕，一方面，我们遵循经济规律，在经济发展中循序渐进地引入商品经济、市场经济，解除禁锢发展的枷锁，释放个体的创造力和活力；另一方面，我们制定了各种"引进来"的政策措施，鼓励跨国企业加大对我国制造业尤其是装备制造业的投资，从而弥补各种生产要素的缺口。

21 世纪初，我国成为世界贸易组织的正式成员，这意味着我国制造业能够更便捷地融入全球化进程中，也为制造业发展提供了更好的发展条件和环境。全球化的推进，不但为我国制造业提供了更为广阔的市场、为制造业规模的扩大提供了必要条件，而且通过对外开放与合作，能够提升我国制造业的技术水平、管理水平和创新能力，提升发展质量。2019 年，我国工业增加值达到 31.71 万亿元，在世界中的份额接近 1/4。与此相对应，我国也是世界上公认的工业门类最齐全的国家之一，超过 220 多种工业品产品位居世界第一，占世界全部工业品种类的 44% 左右。同时，工业制成品出口额达到近 2.37 万亿美元，是 2001 年的 9.86 倍，年均增长 14.41%。尽管略低于改革开放之后第一个 20 年的增速，但这是在我国工业品出口额已经颇具规模基础之上的高速增长，从总量的角度看，远高于前者。1980 ~ 2001 年我国工业品出口额增加了 2307.97 亿美元，而 2002 ~ 2019 年的 17 年间，却增加了 2.13 万亿美元。[①] 外部市场的扩大仅仅为我国制造业发展提供了更多的外部条件，

① 资料来源：2002 ~ 2021 年历年《中国统计年鉴》以及根据历年中国统计年鉴相关数据计算获得。

而制造业高速发展的关键在于社会主义市场机制的完善以及制造业企业主动适应市场环境的变化与创新能力的提升。从对外经济的联系看，1980 年我国贸易依存度仅为 0.12，之后，在波动中不断上涨，至 2006 年达到 0.64 的历史最高点。[①] 然而，随着模仿创新变得越来越困难，后发优势的“追赶红利”逐渐消退。与此同时，核心技术和关键技术更加难以从跨国公司手中获取，制造业发展亟须新的突破。可喜的是，在国家产业政策的支持下，制造业企业开始加大创新尤其是自主创新力度，研发投入保持较快增长。以高新技术企业为例，2013 年我国高新技术制造业研究与开发（R&D）经费内部支出和新产品开发经费支出分别为 1734.37 亿元和 2069.50 亿元。可是，2018 年这两项支出则分别达到 3559.11 亿元和 4638.93 亿元，分别是前者的 2.05 倍与 2.27 倍，年均增长 15.42% 和 17.81%，高于制造业增加值的增速。显而易见，近五年来，国家和企业都加大了制造业自主创新投资的力度，也推动了制造业开始逐步向价值链的高端迈进。我国高新技术制造业的营业收入和利润总额从 2013 年的 11.6 万亿元和 7233.7 亿元分别增加到 2018 年的 15.7 万亿元和 1.03 万亿元，分别增长了 35.34% 和 42.29%。[②] 2018 年之前，尽管我国制造业也面临转型升级的迫切要求，但一方面，发展的惯性和创新的高风险性使大多数地方政府和企业在实践中依然偏向于继续做大规模，而非重点提升企业的自主创新能力；另一方面，中国和西方发达国家尤其是与美国的贸易关系尚能正常维持，部分企业在一定程度上还可以借助国际间的技术转移或在正常的贸易中获取相应的生产技术，提升技术的应用和模仿创新能力。可是，中美贸易摩擦之后，科技交流的正常渠道被人为阻断，加上美国对我国高科技行业的制裁和打压，甚至使我国一些科技企业面临生存问题，这迫使企业必须依靠自主创新方能在激烈的竞争中得以生存或发展。同时，从国家层面上，也加强了顶层设计，加强了从产业布局到空间布局，从供应链到创新链，从资金到人才等各方面的政策支持，为企业增强创新能力提供良好的外部环境。当然，这意味着我国制造业发展将从以规模扩张为主的发展思路向以高质量发展为基本目标转变，即正在进入推动制造业高质量发展的全新阶段。

事物的发展不可能是一蹴而就的，往往是在波动中螺旋式地上升，作为

---

① 资料来源：2002~2021 年历年《中国统计年鉴》以及根据历年中国统计年鉴相关数据计算获得。

② 资料来源：2014~2020 年历年《中国科技统计年鉴》以及根据历年中国科技统计年鉴相关数据计算获得。

经济社会组成部分的制造业概莫能外。我国制造业高质量发展是经济规律和外部环境变化共同作用的，也是我国经济发展中无法回避的一个重大问题。虽然，70 余年来，我国制造业取得了奇迹般的伟大成就，但是，在一穷二白基础上成长起来的制造业依然有许多有待解决的问题。简单而言，我国制造业存在的问题是大而不强。具体表现为：（1）从发展质量的角度看，我国制造业发展的质量远远低于美国，也低于德国和日本的水平。一般而言，一个国家制造业发展质量可以从增加值率、劳动生产率以及销售利润率三个维度来度量。2011 ~2016 年①，我国制造业增加值率约在 20% 波动，其中 2012 年达到 21.43%，2016 年为 20.10%，为六年来最低。实际上，除了 2012 年，其余年份均低于 20.51%。同一时期，美国的制造业增加值率保持在约 32%，比我国高了近 11 个百分点。② 这意味着，我国制造业企业在生产过程中能够实现的价值增值或者附加值较低，进而决定盈利能力较低。从销售利润率来看，2011 ~2018 年，我国制造业的销售利润率始终维持在 6% 左右。在样本期内，2011 年为 5.69%，为极小值，而 2017 年达到最大值，为 6.51%，二者仅相差 0.82%，七年间的均值为 5.98%。世界银行的数据显示，美国制造业的利润率约 12%，这一数据约为我国的 2 倍。③显而易见，我国制造业销售利润率在低水平状态下保持相对稳定，与增加值率反映的逻辑相一致。同样，从劳动生产率角度讲，我国制造业同样低于美国等发达国家。尽管我国制造业劳动生产率从 2011 年的人均 6.68 万元增加到 2018 年的 11.97 万元，后者是前者的 1.79 倍，年均增加 8.8 个百分点，整体而言呈上涨态势。然而，在不同的时间阶段其增长速度差异颇大，2011 ~2016 年，其年均增长率约为 7%，且从 2011 年的 9.37% 下降到 2016 年的 5.09%，呈逐渐下降趋势，6 年间下降了 4.28 个百分点，但 2017 年和 2018 年的增长率则分别达到 14.32% 和 11.65%。然而，以 2018 年为例，美国制造业的劳动生产率却高达人均 99.26 万元，为我国的 8.29 倍。④由此可见，我国制造业人均创造的价值与发达国家之间存在巨大的差距。这都从不同侧面反映了我国制造业发展质量亟待提高。（2）从结构来看，我国制造业结构急需升级和优化，尤其是在新的发展环境下，这种需求更为迫切。为了推动我国制造业发展，提升发展质量，本书首先从技术水平

---

① 由于缺乏 2017 年之后制造业总产值的数据，因而，该数据选取 2011 ~2016 年的数据加以说明。鉴于我国制造业增加值变动缓慢，这一时期的数据基本上能够反映制造业增加值率的整体情况。

②③④ 资料来源：2002 ~2021 年历年《中国统计年鉴》以及根据历年中国统计年鉴相关数据计算获得。

的角度将制造业分为传统制造业和高新技术产业，为了更深入分析我国制造业结构情况还从产品性质或用途，将其分为基础产业、装备制造业和消费品制造业三种。从不同性质制造业在价值链或供应链上的地位看，高新技术产业、基础产业和装备制造业的发展状况体现了一个国家制造业的强弱和控制力。尽管从2005年开始，我国成为高新技术产品出口的最大国，到2017年出口值达到5043.81亿元，为美国的4.58倍。[①] 然而，出口的增加很大程度上是由外资企业推动的。根据美国国家科学基金会的数据，近十年来，美国高新技术制造业一直保持稳定增长，依然是世界上最大的生产者，份额高达31%，高于我国的24%（姜桂兴、许婧，2017）。此外，我国高新技术制造业的研发支出远远低于世界上主要工业化国家。2012年，我国高新技术产业R&D占工业总产值的比重仅为1.68%，而美国则达到19.74%，即使北欧的小国瑞典也高达13.18%。与研发支出相对应的是，我国高新技术制造业的销售利润率偏低。2018年，我国航空航天设备制造业、电子及通信设备制造业和计算机及办公设备制造业的销售利润率分别为5.99%、5.82%和5.37%，而美国的中位数则约为10%。[②]我国制造业竞争力不强，甚至受制于人的关键表现还在于装备制造业的落后，这是国际环境和特有的发展模式所导致的结果。我国工业化快速发展实际上是承接了西方发达国家已经落后的技术的转移，通过加大资源投入带动生产规模快速扩张。因而，长期以来，国内大多数企业习惯于引进技术或模仿创新，主要以大规模的应用为主，而不是掌握核心或关键技术，联想集团的发展理念之争以及后来的发展路径就是最典型的代表之一。装备制造业也被称为“制造业的制造业”，处于整个供应链的上游，对下游企业具有较强的控制能力，因此，西方发达国家也不可能把供应链的控制权转交给第三方，让自己的发展受制于人，比如集成电路、生产半导体的光刻机、农业装备等领域。如果从供应链的角度进一步考察将会发现，装备制造业低端化的原因在于基础产业发展的不足。一般而言，轴承、通用零部件、仪器仪表和数控机床等产业或行业[③]构成了装备制造业的基础。近年来，这些基础产业增加值在全球中的比重持续下降，从2012年的11.54%下降到2019年的6.11%，几乎降低了一半左右，主要是因为我国的基础产业大多处于中低端，企业盈利能力偏低。

---

①② 资料来源：2006～2018年历年《中国科技统计年鉴》以及根据历年中国科技统计年鉴相关数据计算获得。

③ 实际上，基础性产业还包括传感器、液压元器件、新材料等众多细分领域，受限于数据的可获得性，本书选取轴承、通用零部件、仪器仪表以及高端数控机床零部件四个领域。

而2019年，德国、美国和日本的这一份额却分别达到25.09%、21.33%和12.33%，分别是我国的4.09倍、2.49倍和2.02倍（姜桂兴、许婧，2018）。毋庸赘述，我国与这些制造业强国在基础制造业领域的差距之大，令人震惊。此外，从数据也可以看到，德国、美国和日本三个国家基础制造业的增加值占全世界的58.75%，如果再加上欧洲一些制造业发达的国家，西方发达国家处于绝对垄断地位，这也使我国制造业处于极端不利的地位，甚至是生死存亡的问题。（3）无论是经济增长理论还是实践发展都证明，制造业研发投入的状况不仅决定了一个国家或地区制造业创新能力和盈利能力的高低，还是影响制造业能否持续发展的关键因素。因而，我们从制造业研发投入强度、研发人员投入以及单位制造业增加值能耗作为度量制造业可持续性发展的状况。2019年，我国制造业研发经费为10158.21亿元，比2014年增加了1277.48亿元，增长了14.38%，年均仅增长2.72%。但是制造业研发经费的增长速度低于制造业增加值的4.11个百分点，更为严峻的是制造业研发支出占GDP的比重由2014年的1.38%下降到2019年的1.03%，呈现下降的态势。而2014年美国制造业研发强度达到了4%左右，并且保持相对稳定状态。① 如果我国制造业研发投入继续保持下降态势，必将进一步拉大与美国、日本等制造业强国的距离。但整个社会的R&D投入强度则由2014年的2.03%攀升到2018年的2.14%，升高了0.11个百分点。②这意味着，制造业研发投入的强度要低于其他行业。与制造业研发投入变化不同的是，制造业研究与开发人员的数量则由2014年的345.53万人增长到2019年的426.32万人，增加了80.79万人，增长了23.38%，由占全部就业人员的0.44%上升到0.55%，上涨了0.11个百分点。③从时间维度看，制造业研发投入的经费和人员是为未来的发展奠定基础，而制造业发展过程的能源消耗状况既是过去技术发展的结果，也决定着其未来发展的潜力。以规模扩张为主的粗放式增长模式决定了我国制造业更多以资源和能源的消耗作为生产的核心过程，技术和服务在产品中所占比重偏低，这是我国制造业与制造业强国典型的差别之一。而任何社会的资源都是有限的，尤其是不可再生资源，一方面，社会和自然界无法承受过度的资源开发和利用；另一方面，大量资源的消耗也带来了空气、水和土壤的污染，降低了发展质量，甚至阻碍了工业化进程。尽管我国也大力推动

①②③ 资料来源：2015～2020年历年《中国科技统计年鉴》以及根据历年中国科技统计年鉴相关数据计算获得。

制造业结构升级，推动技术创新，提高产品的附加值，降低资源和能源消耗，取得了一定成效，但与发达国家相比尚有不小差距。2014～2019年，我国制造业每亿元增加值消耗的能源总量从2014年的0.698万吨标准煤下降到2019年的0.659万吨标准煤，下降了5.91%，显现出缓慢下降的趋势。然而，2017年美国的能源消耗强度仅为0.281万吨标准煤，不及我国的一半。①

然而，无论是制造业发展质量高低、结构优化程度还是能否实现可持续发展，都可以归结为制造业全要素生产率（total factor productivity，TFP）的改善。这主要是因为：（1）制造业的盈利状况主要由生产效率所决定，而从发展质量高低测度指标的角度看，制造业TFP与发展质量本质上是同义语。（2）高新技术产业本身属于技术密集型行业，而装备制造业也是高新技术产业的主体构成部分，因而，制造业结构的优化必然带来制造业技术的进步和TFP的提升。如果从资源配置的角度看，制造业结构的优化是资源优化配置的结果，也正是TFP的主要来源之一。（3）知识和技术是可重复性使用的生产要素，制造业研究开发的经费和人员的投入是通过对新的知识和技术的获取来保证制造业能够持续获得发展，技术的改进和技术等知识性生产要素投入的增加必将带来制造业对自然资源消耗的降低，这将推动制造业的可持续发展。同时，技术进步则是TFP提高的另一个主要来源。总之，要解决困扰我国制造业发展“大而不强”的难题，提高我国制造业发展质量，促使我国由制造业大国向制造业强国转变，提高我国制造业TFP是行之有效的路径和策略。而如何提升制造业TFP成为关键的问题，在较为完善的市场经济条件下，技术研发的方向、投入的大小以及如何有效配置各种资源需要微观主体基于市场和外部环境的变化独立地做出决策。政府通过体制机制改革来影响企业决策的外部变量，进而影响企业决策，这恰恰是供给侧改革的核心内容之一。因而，从供给侧改革的视角下研究提高我国制造业TFP的路径具有重要意义。

第一，事关我国制造业由量到质的转变。不可否认，我国已经是世界第一制造业大国，但距离制造业强国尚有一定距离。我国要想完成制造业由大到强的转变和飞跃，必须在不断提升我国制造业的TFP上下功夫，激励企业加大研发投入，增强自主创新能力。不断优化制造业结构，实现资源的优化配置，盘活存量资源，提升制造业TFP。要充分抓住新一轮工业革命和科技

---

① 资料来源：2015～2020年历年《中国统计年鉴》以及根据历年中国统计年鉴相关数据计算获得。

革命的良好机遇，通过体制改革释放企业创新活力，实施人才强国战略，变换“赛道”，实现新的跨越。

第二，事关我国经济发展方式的转变及可持续性发展的问题。目前，整体而言，我国制造业发展依然没有摆脱“资源依赖”和“投资驱动”的粗放发展模式，这使资源和环境已经成为我国经济发展重要的约束因素。要缓解或解决这一矛盾的关键在于提升我国制造业 TFP，使制造业发展由传统生产要素驱动发展向技术和信息等知识生产要素推动发展的转变，加快生产方式的转变，使制造业和经济实现可持续发展，推动中华民族的伟大复兴。

第三，事关我国社会主义市场经济制度的完善和发展。社会主义市场经济制度的建立和完善是对我国影响最为广泛、最为深远的制度变革之一。然而，它还有诸多需要完善的地方，比如如何在实践中保障不同微观主体在市场中的平等地位，实现公平竞争，激发个体的活力和创造力；如何有效界定政府与市场的边界，建立更为有效的管理体制，创建有助于创新的社会环境等。改革不合理的体制机制、完善社会主义市场经济，既是实现市场在资源配置中起决定性作用的基础和先决条件，也是继人口红利之后，我国经济发展新的红利来源所在。从供给侧的角度进行体制机制改革，依靠社会主义市场体系的完善，通过改变决策变量来为企业创新提供足够的外部条件和动力，才能使企业在良性竞争中提高 TFP，提高企业国际竞争力。

从理论上讲，研究在新的环境下如何提升我国制造业全要素生产率，尚需要做一些新的探索。需要系统地探索影响制造业全要素生产率的各种影响因素，尤其是在供给侧改革的视角下，结构改革或者说体制机制改革影响制造业全要素生产率的机制和传递路径；需要建立一个以体制机制改革为中心的提升我国制造业全要素生产率的新路径；需要提供一套可行的政策措施和保障机制以促进制造业全要素生产率提升，以推动我国制造业由大转强，提升我国经济发展质量。

1.2 全要素生产率相关研究回顾

全要素生产率（TFP）的研究，可以追溯到丁伯根（Tinbergen，1942）在分析经济增长来源时所做的跨国定量比较研究上来。尽管丁伯根在研究中使用生产函数估算了不同国别生产效率的增长，但清晰而完整地提出 TFP 的概念和内涵的却是斯蒂格勒（Stigler，1947）和戴维斯（Davis，1954）。而索洛（Solow，1957）创建的增长核算框架，开启了测度TFP的研究。自此，学者不断深化和拓展对TFP的相关研究。在早期，囿于我国经济发展基础和条件以及社会发展的主要矛盾，全要素生产率的相关研究并未引起社会各界的重视。克鲁格曼（Krugman，1994）等学者提出“东亚无奇迹”的观点之后，我国经济发展中TFP演变的相关问题才引起了国内外众多学者的关注（顾乃华和朱卫平，2011），并涌现出一批颇有价值的研究成果。

要研究TFP的变动，首先要解决TFP的估算问题。比较关键的是要处理好两个问题：一是投入变量的选择及数据测算问题；二是估算方法的选择。二者既有联系，又有区别。变量选择和数据测算的质量直接影响估算结果的准确程度，在前者一定的情况下，选择合理的估算方法，能够更为客观地反映实际生产过程，进而有助于更好地理解TFP变动的机制与路径。现将主要的成果梳理总结如下。

1.2.1 变量选择和数据测算的相关研究

1.2.1.1 变量的选择

在对TFP的估算中，对变量选择和数据处理争议主要集中在如何测算资本和劳动投入方面。资本投入的分歧主要集中在如何度量资本即替代变量选择的问题上。对物质资本，最常用的方法是将资本存量作为物质投入的替代变量，但存量仅仅是某一时刻的一个总量，无法反映不同资本之间质的差异或异质性，也难以反映资本结构的变化，从而导致测算结果的偏差。当经济处于繁荣期或者供不应求时，社会产能得到充分利用，不存在过剩产能，固定资本存量与提供服务的实际资本等值，这种状况下使用固定资本存量对TFP进行估算与实际经济运行不存在偏误。然而，当经济处于萧条时期或者供给高于需求，大量资产闲置，能够提供服务的资本数量远低于固定资产存量，那么，以固定资产存量作为替代变量，将会低估资本的产出弹性，导致TFP的估算偏离实际值（田友春等，2021）。为了解决这一问题，乔根森和格里利切斯（Jorgenson & Griliches，1967）将“资本质量”纳入物质资本的测度中。而汪向东等（1996）在吸收借鉴乔根森方法的基础上，首次将该方法引入我国生产率与经济增长的研究中，但遗憾的是最后没有给出计算结果。孙琳琳和任若恩（2005）认为，生产过程投入的是资本的服务，是以流量的形式表现出来，并测算了我国 1981 ~2000 年行业资本服务指数。郑玉歆（2007）则指出，固定资产的耐久性、可重复性决定了在其生命周期内都可以提供服务，而测算 TFP 的应该是资本提供的即期服务流，采用传统的估算方法无法全面反映固定资产投入的效果，不仅造成 TFP 的低估，而且也低估了资本积累的重要性。孙琳琳和任若恩（2014）进一步区分了资本财富存量估算和资本服务流量估算的差异，并估算了我国行业层面的资本存量和资本流量数据。姬卿伟（2017）则尝试通过重新划分资产类型和构建各自的投资指数，借用三种不同的方法估算我国生产性存量，以及在较为科学、详细地估算了固定资产役龄效率的基础上，测算了我国 1985 ~2014 年的资本服务。除了物质资本之外，还有一个经常被忽视的问题，在测算 TFP 的主流方法中，将就业人员作为投入的劳动要素的替代变量，这种处理方法的优点是数据获取方便，然而，它却忽略了人力资本与一般人力资源的差别，即劳动者的异质性。之所以这样处理的原因是，尽管二者可以在理论区分上不存在太多争议，但统计数据却没有相应的分类，因而，实践中无法有效地处理。然而，在考察 TFP 影响因素的时候，大多数学者都会以研发人员或技术人员的数量作为人力资本的替代变量。

1.2.1.2　数据的测算

数据测算的分歧主要集中在物质资本测算和人力资本测算两个方面，为了更为精确地估算投入的要素，学者们从不同角度做了诸多有益的探索。

（1）物质资本的测算。基于替代变量的差异、理解的不同以及数据的可获得性，投入要素的数据测算也大相径庭。对于物质资本而言，永续盘存法是被众多学者普遍采用的一种方法。是否考虑固定资产结构的异质性是使用永续盘存法首先需要解决的前提条件。叶明确和方莹（2012）、张军和章元（2003）、帕金斯和罗斯基（Perkins & Rawski，2008）等学者将不同行业固定资本的形成视作无差异，这意味着折旧率也将是统一的。而黄勇峰等（2002）、陈诗一（2011）、孙琳琳和任若恩（2014）、田友春（2016、2021）等则考虑了固定资产积累的异质性，即将不同行业的固定资产投资区别对待。采用这一方法的学者大多估算了分行业的固定资本存量或者资本服务流量。如果时间序列足够长，初始资本存量的差异对最终固定资本存量的影响会随着时间的推移而逐渐减小，甚至忽略不计。可是，折旧率选择对固定资本存量的影响要大得多（单豪杰，2008；黄宗远和宫汝凯，2008；李宾，2011）。姜振茂和汪伟（2017）发现，使用永续盘存法对固定资产进行估算时，假如不同研究中折旧率相差1个百分点，测得的资本存量在25年后将大约有5~6个百分点的偏差。正因为如此，折旧率选择的差异是永续盘存法的重要分歧点（任若恩和刘晓生，1997）。

目前来看，学者们估算折旧率的方法主要有两种。一种是，根据经验计算，将折旧率视为固定不变的常数。这主要是依据企业会计常用的固定资产处理折旧的方法即直线折旧法，最终计算出综合折旧率，并认为其保持不变。比较典型的有帕金斯（Perkins，1988）、王小鲁和樊纲（2000）、郭庆旺等（2004）、单豪杰（2008）、李谷成（2014）等学者。20世纪80年代中期之前，我国固定资产投资构成结构变化不大，因而折旧率整体变化不大，这种方法也不失为一种简单有效的办法，但随着固定资产结构的变化，这种方法估算的结果不能更精确地反映固定资产折旧情况。为了解决这一问题，学者们对这种方法做了改进。另一种是，基于资本品分类的加权平均法。张军（2004）把固定资产划分为建筑、机器设备以及除此之外的其他资产三种类型，并进行加权平均作为各省份固定资产折旧，雷辉（2009）也利用此方法估算了我国固定资产投资中的折旧率。而孙琳琳和任若恩（2014）仅把建筑和机器设备纳入作为固定资产分类，采用同样的思路和方法估算了折旧率。尽管这种方法考虑不同类型固定资产折旧的差异，但依然假设在不同时间、不同区域固定资产的折旧是统一不变的。而谢群等（2011）则指出，在我国不同时间的折旧率存在并不相同，并以1985年为时间节点，借助不同的数据分别估算了1952~1984年和1985~2009年两个时间阶段的折旧率，但在同一时间段，折旧率依然是固定的。陈诗一（2011）在估算1980~2008年我国工业分行业固定资产的数据时，首次提出了随行业和时间不同而变动的折旧率，即将每一年份的折旧率视作可变动的变量。但是，这种可变折旧率的计算依然采用的是会计意义上的折旧，并非资本重置的概念。西方学者借助计量方法对折旧率进行估计，不仅解决了这一问题，而且克服了资本存量无法有效观察到的难题。黄宁和迪沃特（Huang & Diewert，2011）引入垄断竞争的生产函数估计了R&D每年的折旧率。赫南德兹和莫利昂（Hernández & Mauleón，2005）提出了折旧率的变动依赖于一系列的线性解释变量的基本假设，并借助标准生产函数估算可变动的固定资产折旧率。陈昌兵（2014）借鉴该方法，使用极大似然法估算了我国的可变折旧率。此后，他构建了由资本折旧作为变量的可变折旧率的模型，并利用1990~2015年的数据，估算了各地区的可变折旧率（陈昌兵，2020）。而朱发仓和杨诗淳（2020）则通过平均役龄—折旧率函数测算了我国 R&D 资本的折旧率，并发现 R&D 资本的折旧率与役龄呈正相关关系且最后接近于极限值 1。此外，宋旭光和赵雨涵（2018）在借助生产函数测算我国制造业 R&D 资产的折旧率后发现，不同行业之间的折旧率存在明显的差异。

（2）人力资本的测算。相对于物质资本存量比较成熟的理论和估算方法，人力资本的估算是目前最为棘手的问题之一。困难来自两个方面：一方面，理论界对人力资本的外延尚存在诸多分歧；另一方面，缺乏完善的估算方法，学术界对各种估算方法的争议也比较大。目前主要有指标法、成本法和收入法三种估算方法。

一是指标法。教育指标法和指数法是指标法最为常用的方法。舒尔茨（Shultz，1961）认为，教育投资是构成人力资本的核心力量，这是教育能够度量人力资本的理论依据。早期研究中，常用识字率和入学率作为替代变量测度人力资本投入情况。罗默（Romer，1990）在分析人力资本对经济增长的作用时使用识字率作为人力资本的替代变量，而莱文和瑞纳特（Levine & Renelt，1992）等用入学率作为衡量指标。相对来说，指标法反映了一个国家或地区的人力资本发展程度，但无法反映人力资本总量的多少。为此，石庆焱和李伟（2014）、台航和崔小勇（2019）、陈晋玲和张靖（2019）等学者用教育总年限法作为工具度量了我国人力资本。尽管这在一定程度上反映了我国人力资本的基本状况，但却忽略了不同国家经济和人口规模的差异，不利于进行国别或地区之间的比较。为了解决这一问题，黄杰（2018）用人均受教育时间衡量人力资本水平。而陆明涛和刘潋（2016）构建了基于劳动者受教育时间的相对生产率测度不同国家人力资本存量。然而，上述的测度方法往往忽视了不同受教育阶段教育质量的差别，可能低估了人力资本的投资和存量。姚洋和崔静远（2015）将教育收益率视作教育质量差别的度量指标，并将其作为不同受教育阶段的权重计算我国居民平均受教育年限来测度人力资本。教育指标法测度人力资本的优点在于数据获取相对简单，也便于不同国家和地区之间的比较，尤其在作为中间变量对经济现象进行分析时得到了广泛的应用。然而，根据人力资本的基本定义，把教育投资视作人力资本的全部，必然无法完整反映人力资本的实际状况。世界银行的人力资本估算团队 2018 年构建了一个包含教育、儿童死亡率和国民健康状况三个层面的人力资本指数（HCI），相对于传统的指标法，这一指数包含的内容更加丰富全面。在此基础上，该团队将儿童死亡率和国民健康状况两项内容合并为医疗保健，并增添了孩子和成人存活率，教育的测度不仅包含受教育时间，而且评估了各国适龄儿童的考试成绩，在2020年测算了174个国家的人力资本状况，以鼓励世界各国加大教育和健康投入力度来推动人力资本发展。世界经济论坛借助教育质量、健康状况、劳动技能与就业和环境基础四个维度构建了全球人力资本指数（GHCI），这不仅考虑教育和健康，而且将就业技能和环境纳入指标体系，相比于世界银行的HCI更为宽泛。

二是成本法。尽管舒尔茨（Shultz，1961）首次明确阐述了人力资本投资理论，并分析了形成途径和渠道，但直到肯德里克（Kendrick，1976）用永续盘存法估算了美国的人力资本存量，才形成较为完备的测算模型。与物质资本具有明确的外延不同，人力资本的外延颇具争议，从而导致统计范围的差异。其中，争议最大的是养育成本和研发投入。肯德里克（1976）和张帆（2000）对养育成本持肯定态度，而钱雪亚（2012）却持否定态度。基于人力资本投资的目的和动力，韩德超（2021）认为，由于不同机构研发投入的目的不同，因而应该区别对待。此外，他还主张应该将人力资本的增值和升值纳入统计范围之内。成本法还有一个尚待解决的重要问题，即如何解决折旧。与其他类型的资本一样，资本品形成之后存在价值降低的可能性，一方面，可能来自个人健康状况的变化，使人力资本失去了依附的载体，从而降低了资本的价值，甚至彻底消失，可以称之为“硬件磨损”；另一方面，还可能来自知识和技术的进步，从而使个体原来拥有的人力资本价值减少，即“精神磨损”，对人力资本而言，“精神磨损”可能是人力资本折旧最为常见和普遍的来源。当然，也有学者持否定或怀疑态度，甚至提出人力资本是否存在“折旧率”的疑问（乔红芳和沈利生，2015）。然而，假如不考虑人力资本的折旧，对不同时期的资本品进行加总估算存量，将会造成不同时期资本价值量的测度存在偏误。舒尔茨（1976）在永续盘存法中，较为清晰地测算了包含折旧在内的人力资本存量，可是学者们在选择折旧率时，差异颇大。张帆（2000）采用该方法尝试测算我国人力资本存量，然而，遗憾的是，他的研究中并没有明确给出如何选择折旧率或者处理折旧的方法。部分学者借鉴物质资本折旧方法确定折旧率，如焦斌龙（2010）、钱雪亚（2008）等。基于人力资本折旧方式的差异，孟望生（2016）将直线折旧法和几何递减法结合起来，根据不同性质的人力资本进行加权计算折旧率。然而，他在处理过程中却将不同类型人力资本的寿命期视作无差别的，韩德超（2021）的研究则考虑这一问题，更为详细地测算了人力资本折旧率。

三是收入法。基于个体预期生命期内人力资本提供服务取得的收入的现值来测度人力资本存量（李海峥，2018），这是收入法的基本原理。早在1691年，佩蒂（Petty）便从收入的角度估算了英国的人力资本，经过杜布林和洛特卡（Dublin & Lotka 1930）、韦斯布罗德（Weisbrod，1961）等众多学者的不断完善，直到贝克尔（Becker，1964）构建了以收入数据来测度人力资本框架，收入法的估算模型才相对成熟。乔根森和弗劳梅尼（Jorgenson & Fraumeni，1989）则进一步完善了该模型，提出了终生收入法（也被称为J-F收入法），使收入法更具有操作性，在人力资本测度领域被广泛接受和应用，加拿大、美国、瑞典、挪威等西方发达国家也用该方法构建人力资本账户。但是该模型未能区分人力资本和一般人力资源之间的差异，估算的内容包含了一般劳动力产生的收入，在一定程度上夸大了人力资本水平。而穆里根和马丁（Mulligan & Sala-i-Martin，1995）构建的劳动收入法不仅考虑了劳动力的异质性，而且剔除了物质资本对个人收入的影响，从而能更为精确地估算人力资本。李海峥（2015）在J-F收入法的基础上，引入明瑟模型（Mincer，1974）以估计不同受教育和工作经历的劳动者预期收入，进而得到终生收入。截至目前，李海峥团队使用收入法对我国人力资本进行了较为系统和全面的研究，并构建了全国的时间序列数据和地区的面板数据。此外，董志华（2017）和彭树宏（2019）分别借助收入法测算的结果，分析了人力资本对我国经济增长的影响以及区域分布不平等的状况。

1.2.2 关于测算方法的相关研究

从既有文献看，TFP估算的方法不胜枚举，但从估算的原理出发，可以分为增长核算法、生产前沿面法和指数法三种。

1.2.2.1 增长核算法

增长核算法的基本思路是以新古典增长理论为基础，将经济增长中要素投入贡献剔除掉，从而得到全要素生产率增长的估算值（贾俊雪，2005）。尽管艾布拉姆威兹（Abramvitz，1956）和索洛（1957）都是基于同样的理念，但几乎同时分别采用了不同的方式构建了测算TFP的方法。其差别在于，前者基于基期价格度量产出和投入的要素，并在此基础上将二者的比值作为测度TFP的方法，被称为代数指数法。后者则是在生产函数基础上，测算不能由投入要素增长率所解释的产出增长率的差额，是一种计算误差（Jorgenson & Grilliches，1967），即索洛残差法。随着对经济增长理解的深化，人们逐渐认识到TFP中不仅包含技术进步，还包含制度等其他影响增长率的各种因素。除此之外，TFP的变动可能还源自生产函数设定的偏误以及数据误差（Hulten，2001）。为了更为精确地刻画TFP，学者们尝试从以下两个方面改进测度方法：一方面，改善数据质量和完善要素度量的方法；另一方面，乔根森（1973）将超越对数生产函数引入TFP增长率的核算中，改进了生产函数的设定，以更符合生产过程。

1.2.2.2 生产前沿面法

生产前沿面法主要包括数据包络分析（DEA）法和随机前沿生产函数（SFA）法。DEA法的基本原理在于通过测度各决策单元（DMU）与前沿面的距离度量技术效率的情况，属于非参数法，主要包含规模报酬不变的DEA模型（CCR模型）和规模报酬可变的DEA模型（BBC模型）。这种方法是基于决策单元自身的实际数据确定最优权重，因而无须设定各变量的权重，在一定程度上保证了评价结果的客观性。然而，可能会出现多个评价单元效率同时有效等情况（王江泉，2021）。为了解决这些问题，安德森（Anderson，1993）提出了基于CCR模型超效率模型，使传统模型中技术有效的决策单元可以进行比较。此外，传统DEA法忽略了随机性因素的影响，样本中高杠杆点的存在容易造成评价结果的波动。而托恩（Tone，2001）则放松了原有模型的假定，构建了包含松弛变量的非射线性的DEA模型（SBM模型），在一定程度上降低了冗余投入的影响，提高了评价的精度。在此基础上，托恩提出的超效率的SBM模型，突破了效率值不超过1的界限，可以更好地区分各决策单元的真实效率值（潘立军，2020）。然而，这种模型的有效性受到样本数量的约束，即大部分DEA模型的评价效果与样本数量呈反向关系，西玛和威尔逊（Simar & Wilson，1998）提出的Bootstrap-DEA模型则较为有效地解决了这一问题。马苏（2019）基于该模型对企业生产周期进行重新划分，对我国上市公司的创新效率进行了评价。同时，他认为这种方法能够有效避免传统DEA方法在评估企业效率时的偏差。这些模型都基于单次或者单阶段的投入产出假设，即决策单元仅仅做出一次投入和产出的决策，而现实经济中，大量企业生产的产品可能是中间投入品，这意味着，投入产出的决策是需要在不同的阶段完成，而上述的DEA模型无法对其进行评价。赛福德（Seiford，1999）提出了一个两阶段的 DEA 模型（two-stage DEA）用于评价美国银行的效率，可是遗憾的是，在这个模型中却忽略了不同阶段之间的关系。为了剔除环境和随机误差项的影响，以更为精确地评估投入产出的效率，弗里德（Fried，2002）提出了三阶段的 DEA 模型。徐建中（2021）将非期望产出引入 J-SBM 模型，并测算了我国不同区域低碳创新网络的效率。而李宏宽（2020）对我国集成电路产业链创新效率进行评价时运用广义三阶段 DEA 法。

艾格纳等（Aigner et al.，1977）与穆森和布勒克（Meeusen & Broeck，1977）提出随机前沿生产函数的初衷是为了解决数据包络法对生产过程中可能产生的随机性因素冲击对效率评价可能产生的偏误。尽管二者都是通过构造生产技术前沿面作为测度技术效率的基础，但 SFA 则是借助生产函数来构造生产前沿面，属于参数法。相对于以传统生产函数关于生产者都实现了效率极大化的严格假定，SFA 模型则认为生产过程可能以无效率的方式进行生产或者存在一些无效率的影响因素，更符合生产实际，从而提高估算的精度。但这需要生产函数的设定不能存在偏误，这也是 SFA 面临的难题之一。然而，当对多要素投入产出进行评价尤其是要素数量较多，变量的相关性可能会降低评价结果的可靠性。为了解决这一问题，部分学者提出两阶段 SFA 模型，如韩晶（2010）等。然而，这种方法在不同阶段中关于效率和前沿分布的假设可能存在冲突，以及变量之间尚存在内生性问题。尽管这种方法复杂，但仍不能保证测算与评价的有效性（庞金波，2020），而引入投影寻踪方法（简称 PP 法）可以较好地解决传统 SFA 无法有效处理多投入的问题，即借助计算机技术，将生产实际中多种要素的投入投影到低维空间，实现降维，直至转化为一维数据（庞金波，2020），例如郝晓莉等（2019）、曹霞等（2015）、庞金波等（2020）利用这一原理对国际技术溢出对丝绸之路经济带能源效率、我国不同区域研发和科技金融效率进行了测评。而巴蒂斯和科埃利（Battese & Coelli，1995）则将时间因素引入 SFA 模型中，从而对面板数据类型的样本也可以进行效率评价，拓展了模型的适用性范围。

1.2.2.3 指数法

卡弗斯（Caves）于 1982 年提出了马姆奎斯特（Malmquist）指数，其基本思想主要是借鉴 Malmquist 在 1953 年构建消费指数时提出的缩放因子的概念，并将其引入生产分析后，经由距离函数构造出生产率指数（章祥荪和贵斌威，2008）。那么，解释生产率变动的关键在于如何测度生产过程的距离函数。DEA方法的提出为测度距离函数提供了基本的思路和方法。假如从数据处理方法的角度来看，Malmquist指数法实际上与数据包络分析法（DEA）是一致的，都属于数据包络法的一种，但后者是从理论上对某一时期生产过程投入产出的相对效果进行评价，属于静态指数，也无法对生产缺乏效率的情况提出相应的解决方案。而DEA和Malmquist指数的结合则为这一问题的解决提供了方案，法尔等（Fare et al.，1989、1994a）的研究则使Malmquist指数由概念过渡到了实证。Malmquist指数测度的是两个不同时期生产效率的相对动态变化，因而，它也成为测度TFP的方法之一。为了增强Malmquist指数的解释力，法尔将其分解为技术效率变动、技术进步变动和规模经济变动三个方面的内容（章祥荪、贵斌威，2008），这使得Malmquist指数避免了传统DEA无法给出政策建议的缺陷，也使其更具有实际经济意义。但是，对如何分解Malmquist指数学者们存在分歧，分歧的关键点在于如何确定技术进步效率变动。法尔等（Fare et al.，1994）认为，现实生产中的确存在规模报酬的现象，但是在计算技术进步变动时却采用了规模报酬不变的假设，导致基本概念前后逻辑上的不一致，使分解结果欠精确。针对这一问题，雷和德利（Ray & Desli，1997）认为，这种逻辑上的不一致，将使技术效率的测算不一定能反映生产过程产出与技术的关系，从而对Malmquist指数的分解无法表达客观实际，因而需要对指数重新进行分解。此后，格里费利和洛弗尔（Grifell & Lovell，1999）与洛弗尔（Lovell，2003）分别从不同角度研究先后验证了雷和德利（1997）分解的正确性。帕斯托和洛弗尔（Pastor & Lovell，2005）指出，法尔等对Malmquist TFP指数的分解的结果可能不具有乘法完备性，并提出了Global Malmquist指数分解法，从而避免这一问题。陈向武（2019）则把人力资本作为生产要素投入从其他要素中独立出来，并引入Global Malmquist指数测算和分解，对1996～2013年我国省级全要素生产率重新进行了测算。实际上，上述几种测算Malmquist指数的方法均是基于产出或投入单方面变化的距离函数。但是，对同一个问题，假如选择前述任何一种视角进行测算，那么，不同视角下的测算结果可能大相径庭（张建辉等，2005）。因此，张建辉（2005）借鉴钱伯斯（Chambers，1996、1998）等提出的定向技术距离函数的思想，尝试投入和产出两个方面同时变动下的Malmquist指数的测算和分解，并分析了各部分的经济含义，以提高模型的解释力。为了有效快速地对决策单元效率做出判断，许学国和周燕妃（2020）引入概率神经网络理论并结合三阶段的DEA-Malmquist方法对不同区域绿色创新效率及驱动创新的各种因素进行分析。王永静和陈增增（2020）则将超效率 SBM 模型与 Global Malmquist 指数结合以寻找提升天山北坡经济带农业生态效率提升的路径。为了增强研究结果的可解释性、可操作性，张必胜（2019）利用博弈交叉效率 DEA 模型与全局 Malmquist 指数，评价和分析我国高等教育的动态效率。而白雪洁（2021）则将价格因素引入传统 Global-Malmquist 模型中，构造了基于成本的全局 Malmquist 模型，在此基础上探析我国资源错配形成的原因。考虑到各个决策单元之间存在异质性，孙亚男和杨名彦（2020）提出了基于空间异质性的三阶段 SP-DEA 动态模型，更为详细地研究了我国不同区域绿色全要素生产率的变动情况。除了采用 DEA 方法构造距离函数之外，SFA 具有同样的功能，因此，有学者尝试使用 SFA 法与 Malmquist 指数结合分析 TFP 的变动和影响因素。匡远凤和彭代彦（2020）尝试把可变规模报酬的 SFA 法和广义 Malmquist 指数结合，测算了农业 TFP 的变动情况以及分析了影响农业 TFP 提高的各种阻碍因素。

1.2.3 TFP 影响因素的相关研究

学者们从不同角度出发探究影响 TFP 增长的各种因素，主要集中在资源配置、市场化程度、人力资本、产业结构、产业政策等方面，这也可以归结为技术进步、资源的有效配置、制度以及发展环境四种基本的因素（Isaksson，2007）。

1.2.3.1 科技进步与全要素生产率的相关研究

全要素生产率的提出本身就是为了解释无法观察的技术进步带来的产出增长的增量部分。因此，在早期，TFP 实际上与技术进步是同义语。郭峰等（2013）指出，甘肃省全要素生产率增长贡献偏低，主要是因为甘肃还是以物质投入尤其是资本驱动为主的发展模式，科技投入不足以及人才匮乏导致技术进步缓慢，从而使科技进步对经济增长的贡献远远低于资本的贡献。这也从一个侧面解释了我国西部地区与东部地区经济鸿沟形成的重要原因之一。孙英杰和林春（2018）则认为，科技进步对 TFP 的显著促进作用并不会随着区域的不同而有差异，而且由于中西部地区科技水平相对落后，因而，技术进步对 TFP 提升的空间要高于东部地区。然而，徐杰等（2016）并不认同这一观点，他们在对资本和劳动投入的数据进行更为细致的估算之后，测算了我国不同区域的全要素生产率，结果发现，东部、西部和中部地区的全要素生产率依次降低，而且东部地区在技术进步和技术效率上均高于中、西部地区。随着研究的深入以及对生产过程理解的加深，学者们开始更为深入地探讨技术进步促使产出增长的机制以及程度，并以此寻求经济社会的可持续发展。罗默（Romer，1990）认为，全社会生产率水平的提高主要源自中间产品厂商为了获取垄断利润而不断增加 R&D 以研制和生产更多数量的新产品。而蒋殿春和王晓娆（2015）进一步对 R&D 进行分类后发现，相对于基础研究和应用研究，实验研究对我国提高 TFP 的影响更大。郑世林和张美晨（2019）接纳了赫尔滕（Hulten，1979）的主张，把 R&D 支出进行资本化处理，并将其与 TFP 一起视为科技进步的组成部分，借助 1990～2017 年的数据，重新估算了我国科技进步对经济增长的贡献。而胡永平（2009）认为，政府科技支出可以带动整个社会研发支出的增加，而整个社会科技研发支出的增加将推动技术进步，进而提升创新能力和全要素生产率水平。同时，东部、西部和中部地区政府科技支出的生产效率效应依次降低，而且三个地区挖潜改造的生产效率效应相对都比较低。韩雪峰和金丽（2014）则发现，尽管非高校科研机构研发每年对辽宁省经济增长贡献率几乎是高校的 2 倍左右，然而，假如从研发支出效率的角度看，后者却是前者的 9 倍。因而，应该加大对高等院校科技的投入，以推动 TFP 快速增长。

1.2.3.2 资源配置对 TFP 影响的相关研究

要素配置对 TFP 增长的影响在我国是非常值得关注的研究视角之一。目前的研究大多是从资源错配的角度来解释对 TFP 增长的影响，因为这是影响不同国家和地区 TFP 差异的原因之一（Jovanovic，2014；Moll，2014；文东伟，2019）。希赫和克莱诺（Hsieh & Klenow，2009）指出，如果中国行业内不同企业资源配置效率达到美国的水平，制造业 TFP 将会增长 30%～50%，这可能源于我国的劳动力错配（袁志刚和解栋栋，2011）和政策扭曲（罗德明等，2012）。然而，奥基（Aoki，2008、2012）认为，尽管不同要素在各部门间错配的程度不同，但资源在不同产业间的错配并非发达国家间 TFP 差距的主要原因，这可能是由于发达国家资源配置效率相对都比较高的缘故。对我国而言，大多数研究认为，目前资源配置效率下降成为同期 TFP 增长贡献率下降的主要原因（张军等，2009）。谢攀（2015）强调，由于我国要素市场的不完善以及体制的原因，不合理的补贴尤其是隐形补贴，导致要素价格扭曲，强化了企业对要素比价负向扭曲的路径依赖，抑制了企业提升创新能力尤其是技术创新的意愿和动力，带来企业生产效率的损失。简泽（2011）认为，资源错配主要是在行业内部或企业之间造成的，实际上，这种错配可能还是由制度性障碍性因素造成的价格扭曲。从行业角度来看，金融市场扭曲造成的资源错配广受关注。布埃拉等（Buera et al.，2011）认为，金融市场的摩擦是造成西方国家资本错配的主要成因，也是造成 TFP 差异的因素之一。金融摩擦可以分为异质性借贷成本、借贷约束、信息不对称等多种形式，不同形式的金融摩擦产生资源错配的路径和方式各不相同，而且导致 TFP 损失的程度也存在较大差别（李欣泽和陈言，2018）。不过，齐巴思（Ziebarth，2012）的研究得出了不一样的结论。他指出，在大萧条时期，资本错配导致美国 TFP 下降了 5% ~9%，也是造成 TFP 下降最重要的原因之一。

1.2.3.3 制度变革对 TFP 影响的相关研究

目前，学者们关于制度变革对 TFP 影响的研究主要集中在市场化改革、财税制度调整以及产业政策三个方面，主要研究成果如下。

（1）市场化改革与企业 TFP 关系的研究。一般认为，包括市场化制度改革、司法公正与效率在内的一系列市场机制的完善都可以显著地提升企业 TFP（魏婧恬，2017）。武鹏（2010）证实，市场化程度与我国高新技术产业的 TFP 呈正相关关系，而政府介入则相反。冯英杰等（2020）认为，市场化程度与企业 TFP 之间的关系并非简单的线性关系，而是呈倒“U”型关系，但这种关系还呈现出显著的所有制的差异。造成这一现象的主要原因在于资源错配对不同所有权性质的企业影响的差异。不过，市场程度通过抑制劳动和资本的扭曲程度，能够促进绿色全要素生产率的提升（谢贤君，2021）。然而，苏明政和张庆君（2017）却认为，尽管市场化能够有助于提高 TFP，但随着市场化改革带来的金融市场的完善，TFP 改善的效应出现下降趋势。这是因为金融摩擦的存在使民营企业难以获得足够的低成本资金，将不具备足够才能的经商者阻挡在市场之外，从而提高了民营企业的 TFP，但金融摩擦的不确定降低了 TFP 增长率的稳定性。赵玉林和谷军健（2018）也指出，随着市场化水平的提高，其对制造业 TFP 的提升效应呈现边际递减的现象，即制度对 TFP 的影响具有门槛效应，但是研发创新却相反。不过，制度对 TFP 的影响因行业的差异而不同，竞争的激烈程度与制度呈正相关关系。李勇（2013）发现，市场化对企业 TFP 的影响是动态的，关键在于市场化水平的高低以及市场化改革与产权制度改革的时间选择的差异。如果二者同步，不同所有制企业的TFP将会逐渐收敛；否则，差距将会慢慢扩大。孔东民等（2014）认为，市场化的推进缩小了我国与外资企业TFP的差异。

（2）财政制度变动与企业TFP的相关研究。财政制度安排的合理与否能够影响全要素生产率的高低，林春（2017）认为，我国财政分区能够显著提升不同区域的全要素生产率，但效果存在异质性，具体而言，对西部、中部和东部三个区域其效果依次递减。刘建民等（2021）认为，适度的财政压力能够提升财政效率进而提升TFP，但是当压力超过一个阈值时，将无法显著促进。然而，如果在市场机制下，财政效率与工业化发展水平的相互作用将会放大其促进TFP提升的效果。当然，财政支出效率对TFP的影响受到收入效率和财政规模大小的制约。然而，还有部门学者持反对意见。朱沛华和李军林（2019）认为，尽管财政政策作为宏观经济调控中最为常见的工具之一，对稳定经济发展具有不可或缺的作用，但是，财政政策尤其是积极的财政政策往往加剧了要素市场的扭曲程度，造成资源的错配，进而阻碍了TFP的提升。韦锋和徐源琴（2020）认为，全面废除农业税促进了农业的技术进步，进而能持续地提高农业TFP。

（3）产业政策与企业TFP变动的相关研究。孙阳阳和丁玉莲（2021）认为，改善企业的融资约束状况是战略性新兴产业政策对TFP发挥影响的传递路径。整体而言，战略性新兴产业政策的实施促进了企业TFP的提升，其作用程度先强后弱，但影响的程度与企业产权性质、市场化水平密切相关。具体而言，对市场化程度高的地区、非国有企业的影响更大。然而，钟廷勇等（2019）却认为，尽管产业政策能提高企业TFP，但对国有企业以及市场化程度低的地区影响更大，与孙阳阳等的结论相反。这可能是由于二者选择的政策变量不同，前者选择的是战略性新兴产业作为研究对象，后者则选择的是企业产权性质。徐彦坤和祁毓（2017）指出，环境规制主要通过降低企业创新能力、增加中间成本等途径影响企业TFP，但对TFP影响的程度则取决于外部环境的状况。如果所在地区的环境没有达到国家规定的标准，那么将会抑制TFP的增加；但假如其市场化程度和政府效率较高，在一定程度上能够降低环境规制对企业TFP的抑制效应。

1.2.4 现有研究评述

目前关于TFP的研究为提高我国制造业TFP提供了理论上的支撑和经验

借鉴。但依然存在研究分散、视角相对单一等问题，具体表现为：（1）已有的研究大多集中在测度我国 TFP 的波动，对 TFP 波动作用机制尤其是对我国这样处于转型期的发展中大国，驱动 TFP 增长的动力机制的研究相对比较欠缺。（2）对引起我国 TFP 波动的影响因素的研究处于刚刚起步阶段，缺乏系统性的研究成果，而已有研究大多基于较为完善的市场经济的假设条件下，对我国处于改革攻坚期的社会主义市场经济，这些假设未必成立。（3）面对我国经济社会发展的新环境，遵循什么样的路径、需要什么政策才能有效提高我国制造业 TFP 的相关研究比较匮乏。不可否认，提高估算数据的质量和完善相应的测算方法是研究提升我国制造业 TFP 路径的基本前提，但随着这些基础工作越来越完善，结合我国新的发展阶段、新的发展情况，需要更为系统地研究如何提升我国 TFP。基于此，本书尝试从以下三个方面进一步深化探讨：（1）探究新的发展阶段下，作为发展中大国如何通过供给侧改革推动 TFP 增长的作用机理；（2）在明晰提升 TFP 机制的前提下，较为系统地探寻影响我国制造业 TFP 改善的各种因素；（3）基于供给侧改革的背景下，探寻提升我国制造业 TFP 的基本路径，最终给出相应的对策建议。

1.3 研究思路和框架

从 TFP 的基本概念出发，对 TFP 的基本来源做了简单的分析和回顾，这也是研究的起点。基于此，以市场在资源配置中起决定性作用为基本前提，即以完善的社会主义市场经济为外在约束条件，寻找能够提高我国制造业 TFP 的新的“动力”。制度变革很大程度上决定着微观主体的激励方向，这构成提高制造业 TFP 的间接动力，也称为“催化力”。因而，本书试图分析通过一揽子的体制机制改革，构建合适的制度框架，重构经济主体的成本和收益，使经济主体将资源配置到使用效率更高的部门或地域，进而提高制造业整体 TFP，这既构成了本书的理论基础，也为探寻提高制造业 TFP 新的路径提供了基本思路。

接着，本书较为详细地测算了我国不同区域、不同行业以及不同所有制制造业 TFP 的变动情况，并分析了目前我国制造业 TFP 增长缓慢的主要问题和原因。然后，从产业协调、政府职能转变以及知识产权保护制度三个方面分别探讨了其对制造业 TFP 的影响，即主要从结构调整和体制改革的角度分析了如何提升我国制造业 TFP 的方法。最后，从体制机制改革的角度给出了一系列制度措施，以改变微观层面进行决策的成本和收益，进而促进我国制造业 TFP 的提升。上述研究思路形成的研究框架如图 1－1 所示。

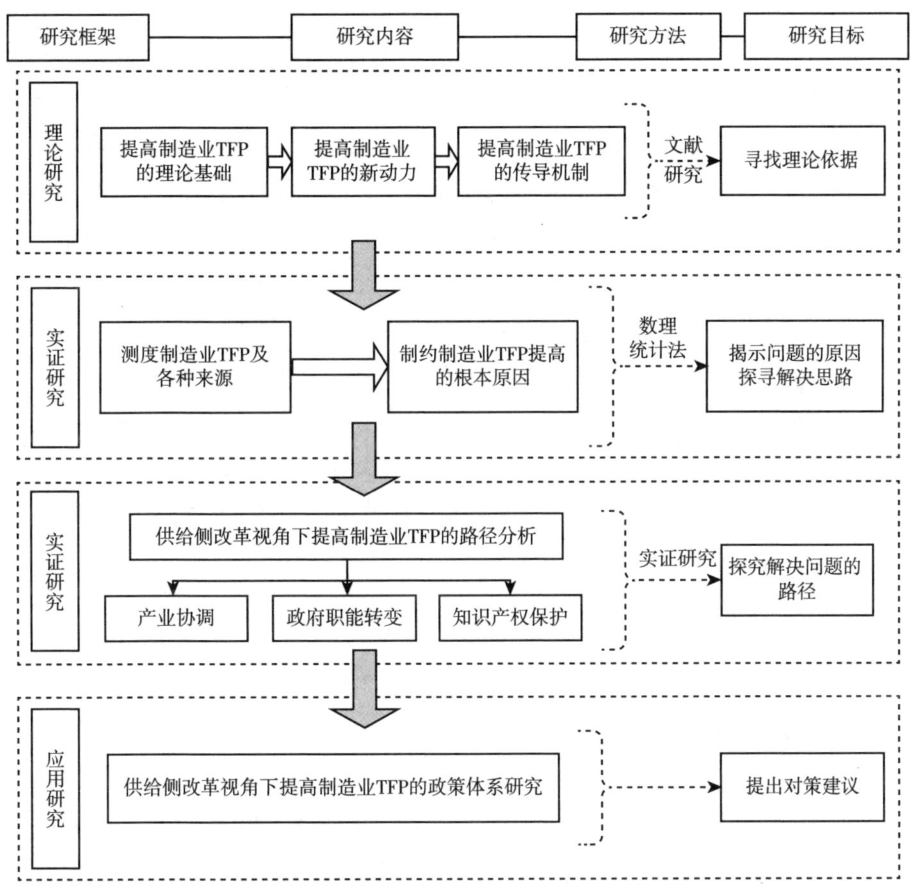

图 1－1　我国制造业全要素生产率提升机制、路径与对策的框架

1.4　研究方法和创新点

1.4.1　研究方法

本书侧重于实证分析和调查研究，在研究方法上注重定性研究和定量研究交叉进行，互相补充，具体方法包括：（1）文献研究法。在对国内外制造业发展的相关理论和实践探索的重要成果、资料进行搜集、整理和分析的基础上，寻找制造业TFP的来源以及各种因素，总结传统上提高制造业TFP的动力。在此基础上，基于供给侧改革视角，进一步分析影响提升制造业TFP提升动力的因素，探究更为深层次的驱动力以及传导路径。（2）数理建模与计量分析方法。根据上述理论分析，构建制造业TFP来源及各种影响其变动的数理模型。同时，建立驱动TFP变动路径的模型，以为寻找提升制造业TFP路径提供基础。利用STATA、DEAP、MATLAB和SPSS等软件建立模型、处理数据，测度不同分类视角下我国制造业TFP变动的现状，分析影响我国制造业TFP的冲击源自何种原因，并通过软件分别验证能够提高我国制造业TFP的各种因素，为探究其发展路径提供经验基础。（3）调查研究。笔者先后赴北京、浙江、湖北、河南、辽宁、陕西、四川、青海、新疆等不同区域不同类型的企业进行实地调研，以此获取相关数据和资料以分析影响企业创新能力和资源配置等有关全要素生产率影响因素存在的深层次原因。为了确保调研结果的可靠性，选取调研对象时尽可能地既包含技术领域、市场销售等方面的专家，也包含企业管理层的相关决策者。此外，还认真听取本领域从事学术研究的相关专家的建议。

1.4.2 研究的创新点

一是视角的创新。已有的研究主要集中在TFP估算或分解其影响因素，本书则从供给侧体制改革的视角思索提高我国制造业TFP问题，分别从结构调整、政府职能转变和知识产权保护等角度探讨在社会主义市场经济条件下，如何通过影响企业决策的变量，寻找提高我国制造业TFP的路径，将我国制造业TFP的提升放在国企改革、科技体制改革、教育体制改革、社会保障改革以及完善知识产权保护的框架下进行研究。二是理论的创新。已有理论都以构建企业的创新能力和推动资源有效配置作为提高制造业TFP的基本动力，本书则从供给侧角度，即主要从体制机制改革的角度，寻找推动企业进行创新和进行资源优化配置的动力因素即寻找驱动制造业TFP变动的“新动力”，而这种动力是以完善社会主义市场经济制度为基础，即在不直接干预微观主体运营的前提下，依赖市场机制，构建影响我国经济高质量发展的长远机制。三是方法的创新。本书采用跨学科的研究方法，将政治学、公共管理学与经济学结合起来，研究制度变迁对制造业TFP的影响；将发展经济学、社会学和政治学融合，引入到提高我国制造业TFP的路径和对策研究中。

第2章　全要素生产率的来源、影响因素及新的驱动力

厘清全要素生产率（TFP）的来源是探寻其变动的基础和起点，而分析影响它变动的各种因素则为研究其传递路径和制定相应的对策提供了必要的条件和基本的依据。诚然，在市场经济相对完善的条件下，结构改革能够带来的红利相对较少，因而全要素生产率的变动相对缓慢。然而，对于广大发展中国家或市场经济尚未完善的经济体，结构调整尤其是供给侧的结构调整不仅能够带来生产要素的重新组合，也能通过体制机制的完善改变微观主体的决策，进而影响全要素生产率。简言之，供给侧的结构调整能够释放改革的红利，从而实现全要素生产率的改善。本章将在对全要素生产率来源和影响因素分析的基础上，探究在供给侧结构改革条件下改善全要素生产率新的动力来源和传递路径，以为后续的研究提供理论基础。

2.1　全要素生产率的来源

要分析 TFP 的作用机制首先需要明白 TFP 源自何方，而 TFP 来源的理论依据则是生产函数，即：

$$Y = A_t K^{\alpha} L^{\beta} u_t \tag{2-1}$$

其中，Y 为总产出，K、L 分别表示投入的资本和劳动，A 为技术水平，α、β 分别为资本和劳动的产出弹性，t 是时期，u 为随机扰动项。

对制造业而言，生产函数分析的重点是一个国家或地区经济制造业生产过程中投入与产出的关系。利用这种方法，不仅可以分解出影响经济增长的因素，而且能够测定各种要素的贡献，从而探索经济增长的源泉。社会各界

尤其是经济学家们最关注的，并不是利用生产函数分析可以直接观察到的资本和劳动对经济增长的贡献，更为重要的是，它可以推算出那些不能被观察到的要素对经济增长的贡献，即产出中不能被资本和劳动投入变动所解释的“余值”，也被称为索洛“残差”，这就是我们常说的全要素生产率。

如何理解这个“余值”或 TFP 是索洛增长模型的核心，也是理解经济发展基本驱动力的关键所在。然而，该增长模型含有一系列的制度假设和行为假设条件，即存在一个要素可以自由流动的完美市场，在这个市场中参与交易的各方拥有完全的信息、交易成本为零、法律是健全的，等等。同时，利润最大化是参与各方唯一的目的和激励。在这些严格的假定条件下，社会生产的规模报酬是固定不变的，市场是出清的，不存在需求不足的问题。当然，这也意味着，一个国家或地区制造业的生产都是有效率的，即所有的产出都处于生产可能性边界上。除非技术退步，否则不会出现 TFP 是负值的现象；当 TFP 的增长大于零时，表明生产可能性曲线外移，而这来源于技术进步对经济增长的贡献。由于这个余值是所有不可直接观察要素对经济增长的贡献，实际上它不仅包含技术进步，而且还包含组织管理的改善、人力资本的提升以及制度改善所带来的交易成本下降等这些不能归结为有形的要素投入对经济增长的贡献。简言之，凡是不能归结于资本、劳动抑或土地等有形要素的所有因素对经济增长的贡献都被包含在 TFP 中。

在现实中，政府干预、价格干预等制度缺陷、各地市场的相互分割等要素流动的障碍导致资源配置的不合理以及市场参与主体可能存在的非利润动机等因素，会降低资源的利用效率。而“索洛余值”完全可能包含这些“错误”或“误差”等效率损失的因素。在一个理想的经济体，或者市场经济发展相对完善的西方发达国家，不存在或者较少存在效率损失的因素，换句话说，效率曲线与生产可能性曲线完全重合或基本接近，那么，在投入不变的条件下，经济的增长绝大多数来自技术进步带动的生产可能性曲线外移。而在一个市场制度发育不完全的经济体，当效率损失较大，但不足以抵消技术进步对经济所带来的贡献时，尽管低于理想状态，但技术进步依然促进了经济增长；当前者刚好等于后者，就会出现索洛余值为零的状况；而当前者大于后者，甚至使索洛余值为负数，这意味着当假设条件不被满足，而且存在较大的偏误时，在存在技术进步的情况下，也可能导致经济增长缓慢甚至下降。

一个国家或地区经济发展和改革过程也是市场制度不断完善的过程，即组织效率持续改进的过程，因而，我们所观察到的经济增长在理论上主要有以下三个来源。

一是规模经济的实现。规模经济往往是伴随着可以被观察到的有形资源的持续投入而发生。一般而言，在技术和效率不变的前提下，资本和劳动等有形资源投入的增加带来产出的增长，尤其是在经济发展的初级阶段，由于技术水平不高，甚至人力资本都面临短缺，经济发展更多依赖资源投入来驱动。从推动经济增长的基本动力来看，这种模式是资源驱动型的粗放型增长模式，尽管由于资源的有限性决定了这种模式难以持久发展。同时，资源的过度消耗带来一系列的生态环境的破坏和较为严重的污染，但对于尚未完成工业化，特别是刚刚处于起飞阶段的经济体而言，这种模式一方面有助于扩大经济规模，实现规模经济，在技术进步缓慢甚至缺乏技术进步的前提下，提高资源的利用效率，提升全要素生产效率，在投入不变的情况下增加产出；另一方面，随着规模扩大，可以积累更多的物质资本，增加劳动力的工作经验，使其获得更多的生产技能，提高人力资本水平，经济发展的动态变化不仅进一步提升了全要素生产率，而且提高了产出水平。

二是技术变迁。所谓技术进步，主要是指在生产中使用更为先进的技术，在既定要素的投入下尽可能多地提高产出，这就意味着随着先进技术持续引入，一个经济体的生产可能性曲线逐渐外移。一般而言，实现技术进步主要有两种途径。一种是技术引进。对于技术相对落后，离技术前沿比较远的经济体，技术引进是实现技术进步，提高全要素生产率的重要手段和捷径。当一个经济体的技术水平越落后，尤其是存在若干代差时，越容易吸收借鉴已有的先进技术，而且技术转移的费用往往较低，甚至是免费的。因为这些技术在发达国家可能是落后的或者已经被淘汰了，而且技术发明者或拥有者在市场中已经获取远远超过其成本的收益，他们能够以较低的价格进行技术转让，或者为了实现其他目标，甚至以免费的方式进行转让。此外，技术水平相对落后的国家还可以从失效的专利中获取相应的技术。理论和实践都证明，通过支付一定费用而获得技术的成本远低于自身研发而付出的成本。由于历史条件、资源禀赋的差异，每个经济体不可能在所有的技术领域都居于领先地位，因而，通过技术引进依然是提升一个国家或地区技术水平的有效途径之一。另一种是自主创新或研发。尽管一个经济体整体上或在某个领域技术水平远离技术前沿，但是，由于先进技术拥有者给出的交易价格远远高于使用技术所能带来的收益，使需求方无法承受；抑或为了维持在技术领域的垄断地位或国家的竞争力，而不愿意通过正常的市场交易获取相应的技术，技术需求方无力承担或者无法通过正常的知识产权交易体系获得应有的技术，则加大研发投入，提升技术水平，从而提升全要素生产率，是一种不可或缺的手段和方式。当一个经济体的技术水平在行业上居于领导地位，即其技术水平临近前沿，无法从其他渠道获取更为先进的生产技术，那么，唯有通过加大研发投入，发现新的科学原理，实现新的发明，不断提高技术发展水平，方能推动社会 TFP 的提高。这种方式的自主创新往往也是推动整个人类技术进步，提升全要素生产率的基本源泉，更多由发达经济体或经济实力较强的发展中国家来实现。

三是配置效率的改善。所谓资源配置效率的改善，指的是在既定的生产技术条件下，生产要素从低效率的产业或企业流向效率更高的部门，从而在不改变技术水平和投入的前提下提高产出。这种效率的改善可能在两个层面上发生：一种是来自产业之间。由于产业本身的异质性，各个产业的技术水平存在差异，造成产业之间生产效率的不同。在技术相对落后的产业，假如要素的数量与最优的要素组合不匹配，尤其是该产业配置的要素数量偏多时，要素的边际产出低于技术水平相对较高的产业，从而要素获得报酬也较低。为了获取更高的要素报酬，资本和劳动等生产要素会从生产效率较低的产业流向较高的产业。随着生产要素的持续流出，当资本和劳动的比例达到既定技术水平下最优组合时，该产业的边际产出和要素报酬均达到最大值。如果此时产业之间的边际产品价值相等，各要素获得的报酬也相等；如果二者不相等，生产要素会继续向效率高的产业流入，导致效率较低产业投入不足、产出不足，在需求不变的情况下，价格上涨，直到二者相等。生产要素的这种流动，推动了整个社会全要素生产率的提升。不同产业之间技术差距越大，生产要素流动得越快，对生产效率的提升越明显。对于尚未完成工业化的发展中国家而言，技术变迁的速率相对较快，因而，产业之间资源的再配置将会极大提升整个全要素生产率。一般而言，对于工业化进程中的国家或地区，制造业的技术水平比较高的部门，往往也是生产要素净流入的行业，资本和劳动的大量流入，使资源配置逐渐达到最优化，改善了生产效率和产出水平。另一种是来自产业内部资源的再配置。与产业之间的技术发展不平衡相似，产业内部各细分行业和企业之间也存在发展的不平衡，这种不平衡可能来自技术水平的差异、管理效率的不同以及规模效应的大小，这种不平衡导致了同样数量的资源在不同的行业或企业之间的边际产出高低不等，实际上这正是由于全要素生产率差异导致的结果。在理想的市场经济中，边际产出决定了各要素的报酬，这推动要素从行业内部生产效率低的部门或企业向高的地方迁移，加速了生产效率较低的部门的规模缩小甚至退出所在行业，同时，扩大了生产效率较高行业或企业的生产规模，提高了该行业的生产效率。对已经实现工业化的国家而言，产业之间的技术水平趋于同化，差异不大，但在行业内部不同企业之间，由于创新能力、经营水平的高低不等，资源的再配置主要发生在不同企业之间，它对 TFP 的影响更多地取决于经济体的制度状况和市场运作的效率。在此，我们将 TFP 的这三种来源分别称为规模经济效应、技术变迁效应和资源配置效应。

2.2　TFP 的影响因素分析

任何一个 TFP 的来源，都会受到特定因素的影响。当然，尽管某一种因素可能对 TFP 的不同来源都有影响，但不同因素对 TFP 的作用程度的大小差异较大。基于上述分析，下面我们分别从规模经济效应、资源配置效应和技术变迁效应出发，探寻各种不同效应的主要影响因素，从而为后续分析制造业 TFP 变动提供理论基础。

2.2.1　规模经济效应的影响因素分析

2.2.1.1　专业化分工

专业化分工对制造业 TFP 的影响主要体现在以下三个方面：(1) 组织内部分工的深化有助于提高制造业 TFP。随着分工的深化，个体将原来高度一体化、庞杂的生产过程不断分解为单一化的生产环节，即生产更加专业化，这将减少生产过程中不必要的时间损失，而这无法反映在劳动投入的数量上。面对更为专业化的生产，劳动者可以投入更多的时间和精力对生产的技能进行改进，不仅有助于技术的边际创新，通过学习效应，也积累了一定的人力资本，这都有助于提升制造业的 TFP。此外，分工的细化使企业规模扩大，便于新技术的使用，有利于提高 TFP。杨格（1928）指出，由分工引致的专业化可以产生报酬递增效应，即要素使用效率提高，这将体现为索洛剩余，即 TFP。而贝克尔和墨菲（Becker and Murphy，1992）指出，分工深化在实现规模报酬的同时，也增加了经济协调成本，这在一定程度上削弱了分工对制造业 TFP 带来的积极作用。(2) 产业间分工的深化通过中间投入效应提升制造业 TFP。随着竞争的加剧，为了提升其核心竞争力，企业将原本属于内部的生产环节以外包的形式独立出去，最终形成专业化的市场部门，如会计、法律等商业服务。这些部门规模不断扩大，分工越来越细化，生产或服务越来越专业化，不仅大幅降低了生产成本，而且能够提供更为多元化的产品，而生产性服务业效率的提升有助于制造业 TFP 的改善，但改善的效果受限于城市规模的大小，只有达到一定规模门槛之后，才能更为显著地提升制造业 TFP（王文，2020）。王岚（2020）发现，我国装备制造业与高技术服务业融合发展对前者的纯技术效率和技术水平产生正向影响，促进了 TFP 的提升。然而，高智和鲁志国（2019）却指出，尽管我国制造业投入服务化水平呈上升态势，但投入服务化对中国制造业 TFP 存在先抑后扬的“U”型影响，且规模效应是国内投入服务化影响中国制造业 TFP 的主要渠道。(3) 国际分工的深化对制造业 TFP 的影响。为了降低生产成本，获取最大利润，组织内部或区域内部的产品分工逐渐演变成跨国之间的垂直化分工。一方面，垂直化专业分工模式推动生产要素在世界范围内优化配置，改善资源配置效率，也使不同国家的比较优势得以较为充分地发挥，甚至会推动产业的集聚，实现规模经济，提升制造业 TFP；另一方面，垂直化分工模式下国际间贸易的商品往往是中间品，主要作为生产过程的中间品存在，而非以消费为直接目的。从技术转移的角度看，中间产品的贸易模式实质上属于一种技术转移的手段，相当于引进新的技术。此外，这还能够刺激东道国加大技术研发和创新力度，以有效地承接这种国际化的专业分工。这都可以提升制造业的 TFP。陈颂和卢晨（2019）认为，中国进出口贸易快速融入全球价值链分工体系是促进国内工业转型升级的重要动力，造成这一现象的原因主要在于技术效率的改进，从侧面证明了上述观点。

2.2.1.2 费用的分摊与节约

熊彼特（1942）发现，企业的创新能力随着企业规模的扩大以及垄断地位的增强而提升。一般而言，研究与开发不仅需要企业投入大量的人力，而且离不开大量资金投入，而且这些投入往往是持续性的、不可分割的。当企业规模过小，处在一个竞争比较充分的市场中，造成企业营业收入比较低，也难以获取较高的利润，分摊到单位产品上的研发费用比较高，使产品成本居高不下，在市场竞争中处于不利地位，加之缺乏足够的市场势力，企业也不具有定价权利，面对相对固定的产品价格，企业既缺乏意愿也没有足够的动力投入研发活动，阻碍了企业创新的投入，进而影响企业 TFP。相反，当企业规模扩大，营业收入比较高，分摊在每单位产品上的研发费用较低，假如企业再拥有一定的市场势力，能够获得一定的超额利润，这都可能会激发企业加大研发投入，有助于提高企业的 TFP。布伦德尔等（Blundell et al.，1999）利用英国制造业的面板数据证实了这一结论。然而，是企业规模影响了创新投入，还是创新投入影响了企业规模的发展，抑或二者相互影响，学者们意见不一。在熊彼特创新理论中，存在一个暗含的假设，即企业只能利用自身积累的创新成果，而企业的产出通常会因为创新和市场分割而增长乏力（胡德勤，2018）。如果放松这一严格假定的条件，且从动态的角度看，企业规模与研发投入间呈现出正反馈效应，即规模扩大导致分摊的研发成本下降，提高了产品竞争力，进一步导致市场份额的扩大，企业规模进一步扩大，带来分摊的研发成本持续降低，二者相互作用。但如果假定条件成立，那么，由于独占性的存在，产出并不一定随着创新活动的扩大而增加，即二者之间正反馈的渠道被切断，或者说规模与创新活动并不一定存在线性关系，而创新活动是企业 TFP 的主要来源之一。简言之，企业规模的持续扩大可能无法带来 TFP 的增加。张莉和李绍东（2016）指出，企业规模对经济绩效具有显著的正向影响。董宁和金祥荣（2018）在对我国的工业企业进行实证分析后发现，企业规模与创新研发投入的比重呈“U”型关系，即企业研发投入随着企业规模的扩大先下降后上升。造成这一现象的主要原因与我国工业内部结构有关，即技术水平和产品附加值都比较低的企业，净利润相对不高，从而降低了较大规模的企业投入创新的动力和意愿，进而阻碍了 TFP 的提高。可是，张震（2018）认为，是创新的数量决定了企业的规模，而非相反，而且创新数量具有企业规模门槛，且随着规模的扩大，创新数量的弹性系数呈下降的态势；但是，我国高技术产业创新质量并没有企业规模的门槛效应。总之，一般认为，企业规模对企业的技术创新产生影响，进而影响 TFP。

随着企业规模的扩大，企业在运输采购领域变得更有效率，这主要来自设备使用效率的提高，以及可以利用较为先进的技术设备，这不仅降低了单位产品的成本，还提高了投入中间品的技术水平，而这两个方面都可以提高企业的 TFP。此外，由于学习曲线的存在，企业的生产成本随着规模的扩大而降低，即企业员工积累了更多的生产技能，或者说人力资本，这将有效地提升企业的 TFP。

2.2.1.3 市场地位

规模的扩大使企业获得市场优势，它对 TFP 的影响主要有两个方面：一是当企业规模扩大，尤其是高于阈值时，市场份额不断增长，甚至导致行业集中度提高，具有一定的垄断势力；二是企业规模的扩大还带来了要素或中间品投入的增加，这意味着投入品采购量呈上升态势，一定程度上能够增强企业在市场中的优势地位，即具有更多的价格控制权，当然能否获取这种优势还与要素或投入品所处的市场结构有关。当生产要素和中间投入品处于非完全垄断市场时[①]，采购规模的快速增加，且超过一定量之后，企业就具备了一定的谈判优势。为了获得足够的市场订单与拥有一个可预期的市场需求，以降低不确定性以及交易成本，获取稳定的收益，以及市场扩大可能带来的一系列的动态收益，比如技术进步、规模效应等，供应链上游企业愿意向下游企业让渡一部分收益，这将降低下游投入要素的成本，提高企业 TFP。要素成本的降低和生产效率的提升，扩大了企业的利润空间，进一步增强了企业竞争力，推动生产规模继续扩大，进一步加强其在市场中的优势地位，有利于 TFP 进一步提升。当然，供应链下游企业的需求量低于一定界限时，难以为上游企业提供足够的、稳定的市场需求，将无法获取这种优势地位。下游企业成本降低的程度取决于投入要素，尤其是中间品的替代弹性，替代弹性越大，在谈判中的优势越强，更容易获得较低的价格；否则，则相反。而当所投入要素处于完全垄断市场，特别是在缺乏替代弹性的条件下，规模的增加并不能增强其在供应链中的市场优势，甚至面临不利的境况，导致成本上升，降低了企业利润空间和 TFP。

企业规模扩大，尤其具有了垄断势力之后，甚至处于垄断地位，凭借垄断地位，可以获取高额的利润，因而，企业缺乏创新的意愿和动力，而且上游企业利用垄断地位通过控制原材料或中间投入品价格，进而增加了下游企业经营的成本，降低了创新能力，这种创新抑制效应对中小企业或者民营企业尤为明显（郭树龙，2019），创新能力的下降将会严重阻碍企业 TFP 的提升。此外，上游企业垄断地位对创新的影响还与资产专用性有关。许春

---

① 由于反垄断法的存在，对大多数企业而言，其中间投入品处于一个完全垄断的市场的情况相对比较少，更多处于垄断竞争或寡头垄断的市场结构。

（2018）研究发现，在我国，上游供应商规模增大后，买方企业相对垄断势力度的降低和企业相对讨价还价能力的增强将导致上游供应商创新投入增加，但是上游供应商专用资产投资与其创新力度显著负相关。刘德学和钟湘玥（2020）认为，对参与全球供应链的企业而言，国外下游行业垄断对本土企业创新具有抑制作用，特别是对资本技术密集型及出口依赖程度较高的行业比较明显，与国内企业类似，对创新的影响都来自处于垄断地位企业对上下游企业的利润挤占效应，而这将会阻碍企业 TFP 的提升。

总之，企业可以凭借较大的规模获取一定的市场优势，但这种优势既可以有助于企业提升 TFP，也可能阻碍企业 TFP 的改善，关键在于哪一种影响更强。假如前者占优势，则提高了企业 TFP；否则，则相反。

2.2.2 资源配置效应的影响因素分析

2.2.2.1 市场效率

理论与实践均证明，市场是配置经济资源最为有效的手段之一。从决策的角度看，与以政府作为决策中心并依赖于行政命令进行资源配置的计划经济不同，市场经济是以参与方各自拥有的信息和私人知识为基础，建立在价格机制上的分散决策体系。这是因为市场参与者目标的多样性，信息的不对称性以及个体能力的有限性，加之，经济系统的异常复杂性和动态性，需要以相对较小的生产组织对社会需求的变动实时做出反应，而这些恰恰是计划经济自身所固有的、难以克服的缺陷。信息传递链条越短，失真程度就越低，越有利于微观主体做出正确的决策，避免资源使用的浪费，提升产出效率，这正是以分散决策为主的市场经济的优势所在。市场的有效性又取决于价格机制和竞争机制的运行状况。竞争机制即优胜劣汰机制的存在，可以使无效率的企业退出市场，而高效的企业加速扩张，大量新的企业不断涌现迫使市场微观主体将各种生产资源配置到效率更高的地方，推动经济社会 TFP 不断攀升（Foster，Haltiwanger，and Krizan，2001；Hsieh and Klenow，2009；Parente and Prescott，2000；Restuccia and Rogerson，2017）。李平等（2019）认为，在我国，市场竞争推动了低效率企业收缩和高效率企业扩张，以熊彼特的观点来看，这属于“创造性破坏”的企业更替和重组的过程，然而，这种创新对经济的影响主要是通过改善要素在不同企业之间的流动推动了经济社会在总量层面上 TFP 的提升。竞争机制也为企业持续推进创新投入，不断提高资源的利用效率提供了最为基础的动力，进而改善微观层面的 TFP 分布。简言之，在资源稀缺的约束下，市场发育和完善的程度与资源使用效率呈正相关关系，这也意味着随着市场化程度的提高，市场效率的提升将导致更高的 TFP。当然，有效的市场还需要一系列结构配套、功能齐全的市场来与之相配套，比如建立明晰的产权制度、全国统一的生产要素的市场，完善相应的法律、法规制度等。

大量的研究发现，市场效率与 TFP 密切相关。耶尔兹马诺夫斯基（Jerzmanowski，2007）认为，1960～1995 年大约有 80 个低收入国家经济发展缓慢的主要原因在于人力资本和物质资本配置的无效率。王磊（2020）发现，由于行政审批扭曲了资源配置，并抑制了企业进入退出净效应对 TFP 的贡献，因而，行政审批与我国制造业 TFP 呈显著负相关关系。希赫和克莱诺（Hsieh & Klenow，2009）估计，在 2005 年，假如美国的资本和劳动等生产要素以更为有效的方式被使用，其制造业生产效率将分别是中国和印度的 1.3 倍和 1.6 倍。梅里兹（Melitz，2003）指出，贸易带来的竞争推动更有效率的企业进入出口市场的同时加速了无效率的企业退出市场，进而提升了整个行业生产效率的提高。而高质量的政府管制政策将有助于资源在企业间进行动态转化，推动结构不停地优化，以实现生产要素更加高效的配置（Djankov et al.，2002；Loayza and Servén，2010）。杜鹏程和徐舒（2020）则认为，在我国，对劳动力市场干预手段的最低工资标准的变动，通过改变要素的成本，不仅促进了生产效率较低的企业退出市场，而且也抑制了潜在进入者进入市场，在整体上推动了 TFP 的提升。从宏观角度看，最低工资标准还通过企业进入和退出市场引发的市场演化效应增加社会的 TFP。然而，从技术适应性和管制之间的联系来看，贝尔格因（Bergoeing，2016）提出，在美国和 107 个发展中国家，26%～60% 的收入差异可以由管制限制了企业的自由进出所解释，但关键的不是消除这些管制，而是切断二者之间的联系渠道。尼可莱蒂（Nicoletti，2003）和阿诺德（Arnold，2008）发现，在许多欧洲国家，过多的市场规制和企业治理能力改善的缺失以及竞争强度的下降，导致以 ICT 作为中间投入或产出的行业拥有极低的生产效率，同时也阻碍了企业追赶国际技术前沿水平。

2.2.2.2 产业结构

在微观层面上，要素跨企业流动整体上提高了企业的全要素生产率。而从中观层面来看，要素跨行业或产业的流动，不仅推动产业结构的转变，而且成为影响经济社会 TFP 的主要动力之一，这也是发展经济学家尤其是结构主义学者们关注的核心问题之一。

产业结构变动与全要素生产率之间相互影响、相互作用，随着资源的流动改变经济的全要素生产率。当一个国家或地区开始启动工业化建设，近现代的科学知识开始在工业和农业生产中发生作用，资本开始进入相关行业，生产规模快速扩张，这一阶段全要素生产率增长速度相对较快。这是因为，一般而言，工业部门能够更迅速地吸收和使用新的技术，改变要素的组合方式，生产可能性曲线外移，提升全要素生产率。相对于生产效率较低的农业部门，新技术的应用和生产效率的提高意味着要素边际产出和报酬的增加，即工业部门的资本回报率和劳动力的工资水平高于农业部门，这会吸引资本和劳动等生产要素进一步流向工业部门，投入的增多带来规模的扩大，可能使行业内分工进一步细化，引入更为先进的生产技术，以及学习效应更加明显，更进一步提高全要素生产率，周而复始，二者形成正反馈效应。在工业化刚刚起步阶段，不发达国家的农业部门存在大量过剩的劳动力，这一部分劳动力实际上是分享了其他劳动者的收入，当他们从农业部门转移到工业部门，并没有改变农业的边际产出和全要素生产率。随着劳动力持续不断地从农业部门流出，剩余劳动力转移即将完毕，生产要素组合开始接近既定技术条件下的最优水平，生产效率开始提升，直到农业部门的边际产出与工业部门相等。此时，劳动力将停止从农业部门向工业转移，即二者达到均衡状态。假如，劳动力和资本继续向工业部门转移，在技术不变的前提下，工业部门要素的边际产出将会低于农业部门，劳动力将会重新由工业部门反流回农业部门，使二者重新实现均衡状态。在这个过程中，由于要素由效率较低的农业部门向效率较高的工业部门转移，提高了经济社会的 TFP。

随着工业化的推进，人均收入水平的提高，居民对服务的消费也开始增加，资本和劳动力也开始流向服务业，由于服务业的异质性，导致经济社会 TFP 的变动具有较大的不确定性。从发展的逻辑顺序及与其使用的技术和形态来看，服务业可以区分为传统服务业和现代服务业，前者是以餐饮、教育、旅游以及居民服务等消费性为主的服务业；后者则是以信息技术、商业服务业、科技服务等生产性为基本特征的现代服务业。在工业化发展的中期阶段之前，主要以传统服务业的快速扩张为基本特征，相对于生产率增长较快的工业部门，它属于生产率增长较慢的“停滞部门”。此外，尽管其生产率较低，但传统服务业的工资率与工业部门相当，从而造成服务业成本较高，加之，部分传统服务业需求弹性较低，因此，服务业价格上涨较快，导致产值在国民经济中的份额不断提升，表现为工业比重的下降和服务业的上升，即产业结构的软化。服务业扩张必然是资本和劳动由其他部门转移过来，尤其是新技术的应用，使工业部门生产效率大幅提高，从而工业部门可能也存在部分剩余劳动力，进而流向就业弹性较高的传统服务业，也使服务业成为吸纳劳动力较多的产业。生产效率相对较低的传统服务业的扩张拉低了经济总体的全要素生产率，假如传统服务业扩张过快，所占比重过高，导致资源流向服务业带来的全要素生产率下降的程度超过了社会其他部门的增长速度，甚至可能出现负的全要素生产率增长率，即“鲍默尔病”（Baumol，1967）。相较于传统服务业，现代服务业的生产效率相对较高，但只有当其接近或高于工业生产效率，“鲍默尔病”才可能消失。由于测度方法、数据的不同，学术界关于服务业生产效率的测度结果分歧比较大，造成服务业发展对工业全要素生产率的影响并不明确。基于中国第二次经济普查数据，平新乔等（2017）指出，2008 年我国绝大多数地区的制造业 TFP 高于服务业，这证明了鲍莫尔“成本病”在我国同样适用。王文（2020）的研究也支持了这一观点。然而，庞瑞芝和邓忠奇（2014）却发现，我国服务业生产效率高于工业，但 TFP 增长略低于工业，服务业内部细分行业的 TFP 甚至高于制造业（王燕武，2019），与前者的结论不一致。可能的原因在于不同的学者考察的时间不一样，随着时间的推移和现代信息技术发展，服务业也开始大量地引入现代技术，从而推动服务业 TFP 的进步，缩小了与制造业的差距。实际上，即使存在“鲍默尔病”，资源在不同产业之间的流动不能提升经济的 TFP，但当资源在细分产业内部流动时，推动产业内部的结构升级，进而实现 TFP 的动态变化。

2.2.2.3 税收政策

税收作为一种制度安排，对制造业 TFP 的影响主要源自两种路径。首先，税收尤其是边际税率的高低对个体产生工作激励，进而影响生产效率。对微观主体而言，税收降低了个体的可支配收入，为了维持效用水平不变，劳动者需要供给更多的劳动或提高生产效率以弥补收入减少所带来的效用损失。从宏观角度而言，整个社会的劳动供给将增加，一定程度上降低了劳动力价格，当劳动力价格下降的幅度高于税收，企业的利润增加，激励企业扩大生产，可能带来规模效应。如果劳动者保持劳动供给量的固定，但通过提高生产效率来增加收入，即劳动力供给质的提升，这将直接提升制造业的全要素生产率。然而，当边际税率过高，个体通过积极努力都无法弥补其收入减少时，税收已经不再具有激励作用，反而成为努力工作或改善生产效率的桎梏和障碍，增加了企业生产和经营成本，降低了企业利润，从而阻碍人们的创造力和创新精神的发挥，甚至会迫使企业退出制造业领域。此外，不仅税收水平而且递进税率制度都能够影响人们面对风险时的决策。对于递进税率，税收依赖于最终的产出，那么，税收系统相当于为承担风险的微观主体提供了一种保险。然而，在不同产出的条件下纳税人在地位上的不对等将会阻碍人们的创新活动，比如累进制税率。税收最终能否提升制造业 TFP，取决于激励因素和阻碍作用孰强孰弱，而这与制度设计有关。

其次，税收对制造业 TFP 的影响还与税收竞争、税收结构等因素有关。税收竞争本质上是不同的税收管理者为了更多的生产要素流入本地，推动经济增长所采取的一种非合作博弈行为。税收原本增加了企业负担，可能导致企业全要素生产率降低，但各级政府推出的税收优惠在一定程度上减轻了这种负面效应，激励企业加大研发投入，进而改善 TFP。然而，当政府对经济发展干预过多时，一旦政策失误，过度的、无序的税收优惠鼓励企业加大投资，甚至是违背经济规律的投资，导致资源的浪费和 TFP 的下降。此外，税收竞争可能降低政府的收入水平，不利于地方政府提供企业发展所必需的各种公共产品或设施，反而成为企业 TFP 提升的障碍因素，而这种影响又与当地的经济发展水平或者财政收入的规模有关。假如一个地区经济发展水平相对较高，税收优惠所带来的税收减免在财政收入中所占比重不高时，税收的减少并不会导致当地基础设施供给的减少，这降低了税收竞争带来的不利影响，在税收优惠带来的收益不变的前提下，相当于提高了 TFP 的增长率。从结构上来看，与企业运营有关的主要税种有所得税与增值税两种，其中增值税是制造业涉及的主要税种之一。如果以增值税作为税收竞争的主要内容，将会降低其运营成本，增加其利润，加速资源流入，激发创新动力，提升制造业 TFP。而如果以所得税作为竞争的方式，可能加速资源流出制造业，阻碍 TFP 的提升。

2.2.3 技术变迁效应的影响因素分析

2.2.3.1 人力资本

越来越多的经验证据表明，人力资本与全要素生产率呈显著的正相关关系（Barrett & O'Connell，1998；Dearden，Reed & Van Reenen，2000）。人力资本是通过教育、工作经验、培训等方式形成的各种技能（Welch，1970；Mincer，1989），属于劳动力质的属性。作为人力资本载体的劳动者是生产过程中投入的最基本要素之一，然而，技能或者人力资本往往难以度量。因此，在大多数研究中，劳动投入往往忽略了质的因素而仅考虑量的多少，在一定程度上降低了劳动投入对经济增长的贡献，却把人力资本的贡献放入 TFP 中，这实质上属于统计误差。

除了统计上的误差，更为重要的是，人力资本通过以下方式影响 TFP。首先，在技术条件不变的情况下，一个劳动者拥有的人力资本越多，尤其是具有越丰富的工作经验，就越容易掌握生产的诀窍，TFP 越高。即使存在技术进步的前提下，接受更多教育以及拥有更多生产技能的劳动者能够更快地适应新的技术变化，从而提高企业的 TFP。其次，拥有更高水平的人力资本更有可能通过推动技术进步而提高 TFP。

为了更好地理解这种方式，本书将人力资本区分为一般类型人力资本与高级人力资本。前者指的是接受了一定程度的教育，或者拥有较为丰富的实践经验，抑或二者兼有。当然，由于社会经济发展和技术水平的差异，同样的受教育程度可能具有的人力资本水平并不相同，在生产中的地位也各异，比如一个劳动者接受完普通高等学校专科教育，在 20 世纪 60 年代可以划为高级人力资本，但是，在目前，同样的受教育程度，尽管人力资本水平还高于原有水平，但随着高等教育普及化，却只能纳入一般类型的人力资本。高级人力资本往往指接受了更多年限的高等教育，拥有非常丰富的理论知识的研发人员或高级管理人力，或者在某一方面，具备独有的生产技能或经验，毫无疑问，二者兼具更是属于高级人力资本的范畴。对于一般类型的人力资本，更容易对生产过程中的工艺水平或管理水平提出新的技巧或方法，根据熊彼特的创新理论，这属于创新活动。尽管这种创新可能是局部的或者细微的改进，但大量的创新活动提高了企业的技术水平，进而提升行业或经济社会的全要素生产率。

对企业而言，引进先进技术最大的障碍是如何掌握利用这些技术，并使其尽快发挥效果，扩大企业利润。而一般类型的人力资本更偏重于应用层面的创新，因此，这种类型的人力资本的提升能够促进企业引进更多先进技术，进而提高企业和行业 TFP。重大的技术改进或原创性的创新活动需要具备更多的理论知识和特有的技能，而这正是高级人力资本具备的特征之一。因而，一个企业或行业拥有越多的高级人力资本，能够促进企业加大研发投入的力度，对 TFP 的提升作用越明显（吴建新、刘德学，2010），尤其在接近技术前沿时，高级人力资本的作用更为重要（Nelson and Phelps，1966）。还有学者提出，作为人力资本组成部分的健康对 TFP 的提升也具有重要影响。尽管健康的改善不能直接增加个体的生产技能或经验，但由于人力资本的依附性，健康状况能够影响这些技能产生的效果，即健康能够间接影响 TFP。健康问题不仅导致企业员工缺勤而且使即使在岗的职工生产能力下降，美国联邦基金会的统计数据表明，美国每年因为这些问题造成的损失高达 2600 亿美元。而格策尔（Goetzel，2004）发现，健康问题引发的生产效率的损失数倍于直接的医疗成本。

2.2.3.2　技术引进与研发投入

目前，大多数学者认为，技术引进和自主研发是获取技术进步最基本的两种途径。对于后发国家而言，相对于自主研发，技术引进和转移往往是实现技术进步的重要手段，尤其在发展的早期阶段，也是推动技术水平提升最为便捷的方式之一。当然，技术进步的速度与技术转移的方式、对技术消化吸收以及模仿的能力、知识产权保护的力度等都有关（张化尧和王赐玉，2012）。这不仅可以发挥后发优势和现实技术的跨代发展，而且还可以有效节约研发成本。一般而言，外商直接投资（FDI）的溢出效应被视作技术引进或扩散作为重要的方式（Moran，1998；Markusen，2002；Keller，2004）。萨吉（Saggi，2002）指出，东道国的制造业往往通过逆向工程模仿学习跨国公司的先进技术或生产方式。蒋樟生（2017）发现，从长期来看，FDI 的流入在行业内具有明显的直接溢出效应，能够提升 TFP，行业之间的后向关联溢出效应也比较显著，但前向关联效应却阻碍了制造业的 TFP 提升。而这种效应又受限于本土制造业学习和吸收能力，假如东道国无法消化吸收 FDI 所带来的技术，那么，也就无从谈起 FDI 的溢出效应（Isaksson，2007），也无法影响 TFP。此外，由于跨国公司的进入需要雇用大量的包括技术人员在内的劳动力，这些员工流动将会把相应的技能带到本土企业。换句话说，工程技术人员从跨国公司向当地企业的流动实现了技术转移。从人力资本的角度看，跨国公司的进入提升了东道国的人力资本，不仅实现了技术转移，也为增强自身的研发能力和技术吸收能力提供了良好的基础，而这些都有助于TFP的提升。FDI还通过产业间的联系效应实现技术转移，提升TFP。凯勒（Keller，2010）认为，为了获取一系列符合质量标准的中间投入品，跨国公司需要向供应链上的本土企业提供相应的生产技术，实现技术转移。跨国公司的进入加剧了东道国制造业间的竞争，甚至进入原本属于垄断的行业，不仅激励本土企业加大研发投入，管理能力强的FDI具有完善健全的管理体系，能合理有效地分配资源（胡雪萍、许佩，2020），这都可以有效提升制造业TFP。实际上，国际贸易也是技术引进的一条途径。在改革开放的早期，我国引进设备明显促进了TFP的提升，后期随着FDI的进入，国际贸易对TFP的影响开始逐渐减弱（张化尧和王赐玉，2012）。之所以会产生这种现象，是因为国际贸易对TFP产生溢出的渠道相对单一，比如这种方式较难通过人力资本或者管理的外溢效应推动制造业TFP的提升。然而，如果一个国家或地区过于依赖引进技术，且不能同时提升自身的创新能力，将被锁定在相对落后的技术状态，长期来看不利于技术进步，反而对TFP的提升产生负面溢出效应。

对接近技术前沿的经济大国而言，自主创新是提升TFP最为重要的途径和来源，同时也是技术引进能够带来外溢效应的基本前提条件。内生增长理论指出，研究与开发（R&D）是技术进步的重要来源（Grossman and Helpman，1991；Romer，1990）。这也意味着，R&D能够提升企业的TFP，但其效果又与研发的类型、强度等因素有关（张广胜、孟茂源，2020）。曹泽和李东（2010）也指出，TFP随着R&D投入强度的增加而提高，但部分学者认为二者并非简单的线性关系，而是呈现“U”型曲线关系（孙晓华、王昀，2014；张同斌，2016）。造成这一现象可能主要是因为研发的滞后效应以及受限于研发成果的转化。但不同研发主体的R&D活动的影响程度各异，具体而言，企业R&D累积投入对TFP的提升作用高于高等院校和科研院所（曹泽、李东，2010）。这可能是由于企业R&D投入的基本驱动力来自生产实践，因而其成果能够更为快速地转化为生产力，有利于提高TFP。不同的研究内容对TFP的影响也不尽相同。由于基础研究是为了获取新的理论知识，一旦理论上有新的突破，可能会引致生产技术革命性的变革。因此，大多数研究认为，基础研究对TFP的短期影响较小，但在长期中会有较大的贡献（Guellec，2001；Abdih and Joutz，2005；Chen and Dahlman，2004），而且外溢效应比较明显。而实验发展和应用研究主要是为了提供新的产品或者解决特定的技术问题，因而更容易转化为经济效果。由于其针对性强，所以溢出效应较弱，相比前者，私人回报比较高，因而更受企业的偏爱（Hall and Mairesse，1995），对TFP的短期影响更强。蒋殿春和王晓娆（2015）进一步指出，在实验发展与应用研究中，前者对TFP的效果要强于后者。当然，研发对TFP的影响还取决于成果转化的效率，转化效率越高，其影响越强；否则，则相反。

2.2.3.3　金融系统

在早期的理论分析中，巴杰霍特（Bagehot，1873）提出，资本流动所带来的资源配置效应对推动英国经济发展和生产效率的提升至关重要。运行良好的银行体系可以识别那些能够为社会提供新的产品或有效改善生产流程的企业，并为其提供资金以帮助它们利用市场上出现的机遇。罗宾森（Robinson，1952）认为，经济发展和生产效率的提高催生了金融的发展。然而，并非所有的经济学家都赞同这一观点，卢卡斯（Lucas，1988）指出，经济学家过于强调金融对改善TFP的作用，大多数发展经济学家也赞同这一主张（Chandavarkar，1992）。金融体系对经济发展最重要的作用在于帮助微观主体降低获取信息以及交易的成本，因为金融能够在不确定的环境中实现资源的配置功能（Merton and Bodie，1995）。从作用机理和渠道看，金融体系对TFP的影响主要是借助资源配置和技术创新来实现（缪锦春，2015），属于间接作用。

为了合理配置资源，需要客观地评价一个公司、经理人以及市场状况，这不仅非常困难而且成本高昂（Carosso，1970）。而居民缺乏足够的时间、能力和渠道收集这一系列的信息，这将会降低居民的投资意愿。因此，昂贵的信息成本阻碍了资本流向最有效率的领域或企业。而作为媒介作用的金融机构一定程度上降低了获取信息的成本。为了有效地降低获取信息的成本，一部分投资者共同设立了金融机构，或者从这些机构中获取相应的信息。同时，相对于个体，金融机构可以更为高效、专业地对企业进行信息评估。这有助于帮助个体发现合适的投资机会，因而改善资源配置状况。同时，金融机构和市场将选择更有发展前景的公司或经理人给予资本支持，促进资本流向生产效率更高的企业（Greenwood and Jovanovic 1990），提高制造业 TFP。当然，TFP 的改善效果与金融市场的结构有关，比如证券市场比较发达的经济体将会使投资者更容易获得企业的相关信息，资本流动速度相对较快，使其配置更为有效。

不确定性是研发活动的基本特征之一，而且往往需要大量的资金投入且回报周期比较长。一方面，分散的小额资金无力提供超越自身实力的资本需求；另一方面，风险往往随着时间的延长而变化。为了规避风险，他们也不愿意在相对长的时间内放弃对资本的使用控制权。假如金融机构不向研发领域提供长期的投资，微观主体将难以有效展开各种创新活动。与分散的投资者不同，金融系统专业化的团队可以遴选出最有可能在市场上获得成果的企业，进而提高技术创新的概率。而研发活动是技术进步的重要来源，尤其对技术水平接近前沿面的经济体而言，更具有重要意义，进而提升制造业 TFP。黄燕萍（2016）指出，相对于人力资本，金融发展对 TFP 的提升效果更明显。然而，从总量角度讲，其发展不一定能提高 TFP，但从结构看，投入实体经济的资本的增加则会显著增加 TFP。张翼等（2020）发现，金融发展影响地区经济增长中的技术进步的方向，而这又与企业的投融资决策、金融体系的发达和完善程度密切相关，进而影响 TFP 增加的程度。马勇和张航（2017）却指出，金融发展与 TFP 之间并非简单的线性关系，而是呈现出“U”型关系，即二者的发展存在一个门槛值，当金融发展水平过低时，金融发展阻碍了 TFP 的增长，越过特定阈值之后，随着金融发展水平提高 TFP 才显著提升。

2.2.3.4 基础设施

一般而言，基础设施包括生产性和社会性两种基本类型（谢剑，2018；周雯雯，2020）。前者主要是指供电系统、交通设施、通信系统、供水等与生产直接相关的设施；后者指教育、基础研究、卫生设施等作为生产系统支撑体系的相关领域，往往作为生产性基础设施的“先行官”。基础设施建设对制造业 TFP 的影响主要有作用相反的两种力量。一是积极作用，即基础设施的发展有利于提高制造业 TFP。由于细分行业的异质性，不同类型的基础设施对制造业 TFP 的提升略有差异。生产性的基础设施主要通过“外溢效应”降低投入要素的成本，进而提升制造业的 TFP。为了研究基础设施对经济增长的影响，阿肖尔（Aschauer，1988）将电力、交通等生产性基础设施作为一种独立的投入品纳入生产函数中，但由于制造业对各种投入的支付并不包含公共产品，即没有承担相应的投入成本，因而对其他生产要素的投入产生了“溢出效应”，提高了制造业的 TFP（Hulten and Schwab，2000）。这是因为基础设施项目不仅投资金额巨大，而且具有较强的外部性，私人企业无法享有投资所带来的全部收益。因而，基础设施投资往往以政府投资为主，并作为公共产品向全社会提供，提高了投资回报率和经济社会的 TFP（Aschauer，1988；Irmen and Kuehnel，2009）。博伊斯（Bougheas，2000）认为，交通和电信服务设施通过降低众多中间投入的固定成本使企业加大了创新投入的力度，加快了技术升级的步伐，这将带来企业和行业 TFP 的提升。刘冲等（2020）发现，交通基础设施通过提升市场可达性，降低运输成本显著且稳健地提高了企业生产率，而运输成本的下降则加剧了市场竞争，加速资源的流动和优化配置，提高资源的使用效率，进一步提升行业 TFP。刘传明和马青山（2020）发现，网络基础设施通过类似的路径提升了城市 TFP 的增长，但对科技水平较低、基础设施比较落后的地区却没有显著的效果。作为社会类基础设施核心的教育和医疗卫生都与人力资本的发展密切相关，而基础研究的发展直接提升了制造业的研发水平和创新成功的概率。毋庸置疑，它们与制造业 TFP 显著正相关，即基础设施的发展提高了制造业 TFP。

二是消极作用，即基础设施发展可能阻碍制造业 TFP 的提升。当基础设施的投入需要政府以债务形式来负担时，政府需要增加税收来偿还相应的债务，而税收增加对制造业 TFP 的影响则取决于税负的高低。一旦税收的增加降低了制造业的投入和创新的动力，那么，基础设施对 TFP 的作用会大大被削弱（Aschauer，2000）。不同性质的基础设施建设对 TFP 的作用也略有差异。谢剑（2018）发现，环境基础设施不仅对当地，而且对邻近区域的 TFP 都具有不利的影响。还有一些研究表明，基础设施的利用效率、建设的融资方式等因素也会影响其作用效果，而且二者关系可能非常复杂，并非简单的线性关系，如王勇和黎鹏（2019）指出，信息通信基础设施对东盟国家的 TFP 促进作用呈现出“U”型的非线性特征。

尽管上述十种因素从不同侧面对制造业 TFP 产生了程度各异的影响，且对应 TFP 不同的来源，但是，正如前述分析所述，制造业 TFP 的不同来源之间又是彼此联系、相互作用、相互影响的，如图 2－1 所示。假设其中一个因素发生变动，将影响 TFP 的某一种来源，带来 TFP 的变化。随后，这种变动通过与其他效应的耦合作用，进一步放大或缩小 TFP 的变动。

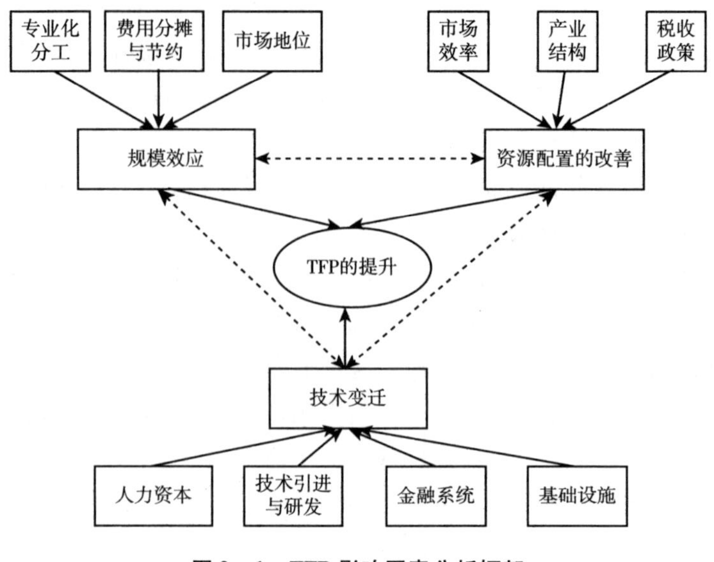

图 2-1 TFP 影响因素分析框架

2.3 提升我国制造业 TFP 的新动力及传导机制

制造业 TFP 的变动直接源自增加要素投入带来的规模效应、推动资源流动带来的配置效应，以及技术引进和自主创新带来的技术进步效应等三种效应。但是什么力量影响或作用于这些直接来源而驱动制造业 TFP 变动的呢？目前这一问题尚未引起众多学者的关注，我们尝试从制度的视角寻找影响 TFP 变动的根本性原因及作用的机制。

2.3.1 提升我国制造业 TFP 的机制分析

尽管影响制造业 TFP 增长的三种来源的作用机理截然不同，但是，在现实中，这三种来源却相互依赖、相互作用，形成了一个完整的结构体系共同影响制造业 TFP 的变化。

假设在一个理想的经济体中，没有政府干预，且可以提供维持市场良好运转的各种制度环境，微观主体是经济理性的，信息是完全对称的，市场是完全竞争，即市场是完美的。当制造业遇到意外冲击，导致企业生产要素组合变化，尽管最终都体现为TFP的变动和制造业的增长，但意外冲击性质的差异决定了传导路径的不同。在一个封闭的经济体中，假如冲击源自技术进步，这将推动生产可能性曲线外移，这意味着在产出不变的前提下，需要投入的要素减少，或者投入相同要素的条件下，产出增加。生产可能性曲线的外移意味着原有资源的组合方式将不再具有效率，为了使利润最大化，企业需要重新组合生产要素逐渐向生产可能性曲线的边缘移动，实现技术效率，这将推动制造业TFP提高。而TFP的提高增强了企业的盈利能力，反过来进一步激励企业加大技术创新的力度，再次改善制造业的TFP，如此往复，大幅提高企业生产效率和利润，增强竞争力。同时，微观主体TFP的提高，将会使生产要素的相对报酬上涨，推动资源加速流向制造业，实现资源在企业或行业之间的优化配置，反过来进一步推动制造业TFP的提升。换言之，技术进步不仅直接带动了制造业TFP的改善，即实现技术进步效应，同时，也诱致资源配置效应的产生，共同影响制造业TFP的变化。此外，技术进步还能推动制造业生产规模的不断扩大，帮助制造业释放规模效应。这主要是由于技术进步可能导致原有需求的扩大或产生新的需求，将促使企业扩大生产规模，进而产生规模效应，提升制造业TFP。当外部冲击直接来自市场需求的扩大时，在技术不变的情况下，增加生产要素投入往往成为最有效的方式之一，至少在短期内这可能是企业对需求变化最直接的反应。伴随着生产规模的扩大，企业可以获得影响制造业TFP的规模效应。生产规模的扩大激发企业引进更先进的技术或加大研发投入力度，生产效率的提高使要素能够获取更高的边际报酬，为企业带来技术进步效应和资源配置效应。在一个开放的经济体中，源自经济体外部的意外冲击，可能带来经济体内部资源的率先流动，从而为制造业TFP的变动带来资源配置效应，进而为制造业带来规模效应和技术进步效应。随着冲击的减弱，市场达到一种新的平衡状态，保持TFP的相对稳定。尽管不同性质的外部冲击导致影响制造业TFP变动的初始来源存在差异，但无论最初源自哪一种效应，最终都会产生另外两种影响TFP的效应，共同推动制造业TFP的增长。可是，这也决定了不同效应在制造业TFP变动中所处的位置和作用不同。

简言之，制造业发展过程中遇到一个意外冲击，带来生产可能性曲线外移、生产规模扩大或生产要素的流动，从而导致影响制造业TFP变动的技术进步效应、规模效应和资源配置效应中的一种或两种率先发生作用，接着可能引致其他影响制造业TFP的效应出现，最终共同导致制造业TFP的变动。

实际上，这就是制造业 TFP 变动的基本机制和路径。

2.3.2 提升我国制造业 TFP 的新动力

意外冲击作用于影响制造业 TFP 变动的各种来源，带来了 TFP 的变动。令人遗憾的是，意外冲击是随机的、不可控的，从而为制造业发展带来不确定性和风险。那么，是否存在可控的变量能够驱动制造业 TFP 的改善，以有效促进制造业发展。对这一问题的回答，可以为寻找提升制造业 TFP 的新动力提供思路借鉴。

诺斯认为，制度是一个社会的博弈规则，是人为设计的用以规范人们相互行为的约束条件。在这个定义中，制度有三个方面的重要特征：（1）相对于其他人类所不能控制的诸如地理等影响经济发展的因素，制度是人类设计的一种机制；（2）制度用以约束人们行为的博弈规则；（3）制度发挥作用的关键在于激励机制，主要体现为经济上的内在诱因驱动。经济制度通过改变微观主体经济活动中成本和收益的对比，驱动行为方按照预定的方向努力。一个经济体具备较为完善的、良好的生产环境是制造业繁荣和发展的前提条件和关键因素，而制度则是塑造这种环境的规则。相对于市场经济制度比较成熟的发达经济体，处于转型期的国家或地区在制度建设上存在诸多不完善的地方，比如市场规则不统一、法律制度不健全以及针对特定行业发展的土地、金融信贷以及税收政策等不健全，尤其是我国制造业资本配置的不足和劳动过度配置，降低了资源边际产品收益，带来全要素生产率的损失。

现在我们放松假定，使市场处于非完美状态。对转型期国家而言，更多表现为市场机制的不健全或者缺乏适合制造业发展的良好制度，比如政府与市场边界的模糊或不合理、生产要素市场发育不完善以及法治不健全等。为了推动制造业发展，政府出台相应的政策措施或者法律法规进行制度创新，这将改变微观主体预期成本和预期收益力量的对比，将促使行为主体改变经济决策和努力的方向，但微观主体努力的方向取决于制度创新的性质和类型。它很大程度上还决定了制造业 TFP 的变动究竟是以哪一种来源为起点或主导。假如制度创新体现为构建一种新的组织方式，例如政府出台了一系列对垄断管制的政策措施，尤其是行政性垄断的破除。这在一定程度上削弱了企业对市场的控制，消除市场进入的障碍，打破了资源流动障碍，使其流向边际生产效率或边际产品价值更高的地方，释放了资源配置效应，提高了制造业 TFP。为了巩固自身的竞争优势，企业会扩大生产规模，加大技术创新的投入，引致规模效应和技术进步效应，进一步改善制造业 TFP。然而，如果政策措施主要为鼓励微观主体进行技术创新而设置，例如加强知识产权保护制度的完善等，那么，技术进步效应将成为推动制造业 TFP 改善的起点与核心，进而引致资源配置效应和规模效应，形成正反馈效应，助推制造业 TFP 改善。当然，如果制度设置的出发点或者重点在于扩大生产规模，例如采取政府扩大采购、加大土地的供应以及投资过程中降低资本价格等措施，企业会把更多资源用于增加既有产品的产出，实现规模经济，为提高 TFP 带来规模效应。随后，可能为企业带来资源配置效应和技术进步效应。总之，制度通过其激励机制作用于微观主体，进而改变其行为决策，诱发影响 TFP 的直接来源产生效果，最终导致行业 TFP 发生改变。

制度变革与制造业 TFP 的变动存在很强的耦合性。制度变革能否对微观主体起到足够的激励作用取决于制度设计质量的高低，而这与制造业所处的发展阶段密切相关。如果制度的设计能够与发展阶段相匹配，则能促进制造业 TFP 改善。否则，则相反。以知识产权保护为例，一个国家或地区知识产权保护制度的强弱应该是在促进技术扩散与推动技术创新之间找到一个平衡点，而这与制造业所处的发展阶段密切相关。当一个经济体处于欠发达阶段，制造业技术水平相对落后，技术转移往往成为推动技术进步的主要方式。此时，大规模的技术扩散对整个制造业技术水平的提升或许更具有重要意义。假如实施过于严格的知识产权保护制度，尽管一定程度上鼓励和保护了创新，然而，却不利于技术扩散，甚至可能阻碍制造业整体技术水平的提高和 TFP 的改善。此时，过于严格的知识产权保护制度未必是一项好的制度。与此相反，当一个经济体处于发达水平时，自主创新将成为推动制造业技术进步的主要手段。较为严格的知识产权保护制度激励了微观主体投入更多资源用于创新，进而带动制造业 TFP 的提升。此外，制度变革可能存在路径依赖与自我强化的现象。假如一项制度有助于提升制造业 TFP，参与的各方能够获取合理的收益，他们将会继续维持和强化制度的作用。反之，假如一项制度不慎滑入错误的路径，将阻碍制造业 TFP 改善，使大多数人利益受损。然而，不合适的制度也会为部分个体带来净收益，在将坏的制度拉回到正确轨道的过程中，这些既得利益者会成为变革的阻力。一旦他们的力量过强，制度将被锁定在某种无效率的状态，产生路径锁定与依赖，损害制造业 TFP 的改善。因此，政府对制度重新设计或矫正将成为一种必要和可行的手段，以使制度回到正确轨道上来，提升制造业 TFP。

相对于影响制造业 TFP 变动的直接来源，制度变革通过作用于前者驱动制造业 TFP 变化，属于间接作用。这意味着，市场微观主体需要能够对制度变革做出合理的反应即通过中间变量的有效传递才能推动制造业 TFP 的变动。无论是技术进步、资源优化配置还是扩大生产规模都属于创新活动的范畴，而从事创新活动既是企业家的使命，也是企业家精神的体现。简言之，制度变革能否影响制造业 TFP 变动首先取决于企业家精神能否得到充分发挥。在一个缺乏企业家精神的群体中，个体无法对制度变动带来的激励做出足够的反应，更不可能承担创新带来的各种风险，这将阻断制造业 TFP 变动的传导路径，不利于 TFP 的改善。企业家精神实际上是建立在“利己主义”或者“经济理性”假设的基础上。毋庸置疑，在“资源稀缺”这一基本假设条件未发生根本性变化且微观主体依赖于竞争机制获取有限资源时，“利己主义”依然是个体对各种激励产生反应的基本条件和前提条件。然而，除此之外，微观主体常常还会有超越“自利”的“利他”动机，行为经济学也为这一观点提供了越来越多的证据，即个体除了具有“利己”的本能之外，还有“利他之心”，甚至成为个体从事经济活动的出发点。在现实经济活动中，为人类创建一个全新未来的愿景、拥有个人英雄主义以及个体具有的家国情怀、扶弱济困的同情心等理想或品质都属于“利他主义”的范畴。从人类技术进步的历程来看，基于个人兴趣爱好或“利他主义”价值取向而产生的发明创造往往是科学技术获得跳跃式发展的重要条件。不管是伊隆·马斯克想做影响“人类未来的事情”，还是任正非“为理想而奋斗”的努力，都以革命性和颠覆性的创新，推动了制造业的技术进步，甚至开创了一个崭新的时代。当然，为了保证制度变革能够有效作用于制造业 TFP，社会还必须拥有相应的公共基础设施以帮助企业家及时对各种激励做出积极的响应。

简言之，制度驱动我国制造业提升 TFP 的机制可以描述为：在坚持社会主义市场经济制度的前提下，通过设计合适的制度，改变微观主体创新活动的预期收益和成本，激活企业家精神和利他主义精神，通过资源配置优化、技术进步和规模扩大带来的规模报酬的实现提高制造业 TFP，如图 2 - 2 所示。

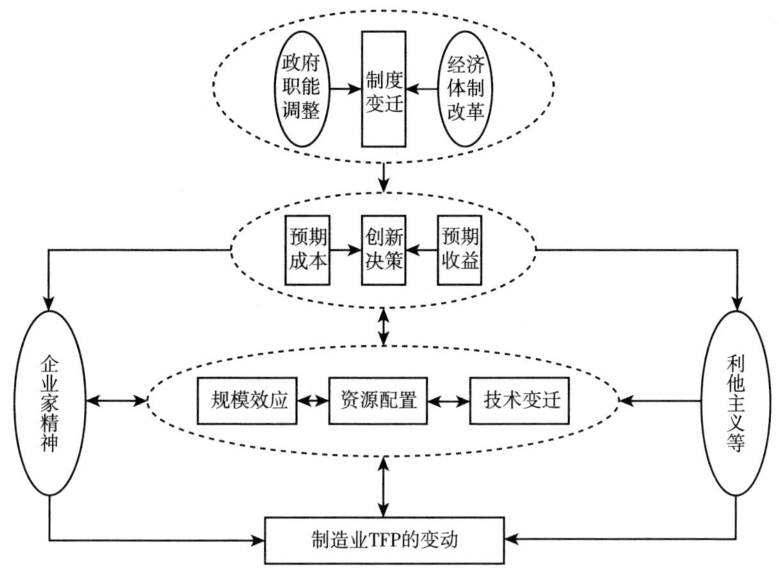

图2-2 制度变迁驱动我国制造业TFP变化的作用机制

2.4 本章小结

本章首先从TFP的定义出发，分析了其基本来源，即规模经济效应、资源配置效应和技术进步效应，接着主要从十个不同方面，较为详细地分析各种效应产生的主要影响因素，具体包括：（1）专业化分工、费用分摊与节约以及市场地位三个方面主要影响企业规模经济，进而带来制造业TFP的变动；（2）市场效率、产业结构和税收制度更多通过影响要素的使用效率进而影响制造业资源配置的优劣，最终影响制造业TFP；（3）技术变迁是影响TFP最为重要的一个渠道，而一个经济体或行业人力资本状况、技术引进与研发投入的多少、金融系统的发育以及基础设施的好坏都影响技术变迁的速度和方向，进而影响TFP的变动速度。

在此基础上，将制度引入分析框架中，探析了制度影响制造业TFP变动的路径和影响机制，为提升我国制造业TFP寻找新的动力来源。其机制为：以政府职能调整为主的体制机制改革与以国有企业改革为主的经济体制改革形成了制度变迁，这将改变企业创新活动的预期成本与预期收益，影响企业进行创新的意愿和动力，进而影响技术变迁效应、资源配置效应以及规模经济效应，最终影响制造业 TFP。在特定的制度下，假如创新产生的预期收益高于预期成本，将会激励企业将更多资源投入创新活动中；否则，将会阻碍企业进行创新活动。一旦企业被激励进行创新活动，将会带来技术的进步或资源配置效率的改善，从而将生产可能性曲线外移或使生产效率由生产可能性曲线内部向边缘移动，即创新活动产生了技术进步效应或资源配置效应。在新的技术条件下，原有的要素组合将开始重新组合和优化，产生了资源配置效应。随着技术的扩散，可能产生规模经济效应。或者，要素重新组合后，生产效率的提升带来 TFP 的改善。此时，假如企业加大技术创新投入，将进一步诱导资源配置效应和规模经济效应，从而带来 TFP 持续不断的改善。

第3章　我国制造业TFP的测算、存在的问题及原因分析

明晰我国制造业TFP的现状和存在的问题，是探寻改善制造业TFP路径的先决条件。本章基于最新数据，分别对我国制造业整体以及分行业、分所有制和分区域的全要素生产率（TFP）进行估算，从多个视角对TFP的变动原因进行分解，以从多个维度探讨我国各个层面制造业变动的深层次原因，为后续研究提供经验支持。

3.1　我国制造业及不同细分领域TFP的测算与分解

3.1.1　我国制造业TFP的测算与分解

在制造业整体层面，从宏观视角对其TFP进行分析，以对整个行业的生产效率有一个宏观的把握。为了对我国制造业整体的TFP进行测算，并进一步探索影响我国制造业TFP的深层次原因，本章基于科尼什和尼什雅玛（Konishi & Nishiyama，2013）的研究方法构造经济计量模型，建立参数估计的生产函数方法。该方法通过巧妙的设计将TFP分解为不同的宏观经济冲击，即供给冲击、需求冲击和其他冲击，而这些冲击是一切经济变量变化的根源。因此，该方法为探索我国制造业TFP变化的根本性原因提供了一种新的研究范式。

3.1.1.1　基于供给与需求视角的TFP测算方法构建

（1）模型设定。为了对制造业的TFP进行估计与测算，首先需要设定制造业生产函数的具体形式，本章主要基于柯布—道格拉斯生产函数进行相关

研究，并主要以劳动投入和资本投入作为对制造业产出的度量。具体生产函数的形式如下：

$$Y_t = AL_t^{\beta_l}K_t^{\beta_k} \tag{3-1}$$

其中，Y_t、L_t 和 K_t 依次表示制造业在 t 期的产出、劳动投入和资本投入。A、β_l 和 β_k 为待估参数，A 是对技术进步的衡量。

进一步，对式（3－1）两边取其对数，可得如下对数型的生产函数：

$$y_t = \alpha + \beta_l l_t + \beta_k k_t + u_t \tag{3-2}$$

其中，$y_t = \log Y_t$，$\alpha = \log A$，$l_t = \log L_t$，$k_t = \log K_t$，u_t 为残差。考虑到残差可能与解释变量之间存在相关性，而导致模型存在内生性问题（Marschak and Andrews，1944）。内生性问题的存在，将使线性回归方程不能满足经典假设条件，从而 OLS 估计结果将导致偏误。为了解决这种内生性问题，一种行之有效的方法是将残差进行分解，主要分解为两部分：一部分与解释变量相关；另一部分是与解释变量不相关的独立的残差项。基于该处理内生性问题的思想，式（3－2）可以转换为如下形式：

$$y_t = \alpha + \beta_l l_t + \beta_k k_t + \omega_t + \tau_t \tag{3-3}$$

式（3－2）中的残差项 u_t 分解为 ω_t 和 τ_t 两部分，其中 ω_t 代表与解释变量相关的一部分，τ_t 代表与解释变量不相关的一部分，代表独立残差。经过对 u_t 的分解处理，式（3－3）将不再存在内生性问题。

为了获得劳动、资本的最优要素投入量，在产出水平 Y 和要素投入价格（r，w）给定的条件下，获得成本最小化的目标函数和生产函数的预算约束方程如下：

$$\min C_t = rK_t + wL_t \tag{3-4}$$

$$\text{s. t. } Y = AL_t^{\beta_l}K_t^{\beta_k} \tag{3-5}$$

其中，r 和 w 分别为生产要素资本和劳动的投入价格。

在生产函数的约束下，成本最小化问题的拉格朗日函数为：

$$\Gamma = rK_t + wL_t + \lambda(Y - AL_t^{\beta_l}K_t^{\beta_k}) \tag{3-6}$$

L_t 和 K_t 的一阶条件分别为：

$$w = \lambda A\beta_l L_t^{\beta_l-1}K_t^{\beta_k} \tag{3-7}$$

$$r = \lambda A\beta_k L_t^{\beta_l} K_t^{\beta_k - 1} \tag{3-8}$$

基于式（3－7）、式（3－8）和预算约束，可得在成本最小化目标下，生产要素的最优投入量为：

$$K_t^* = \left[\frac{Y}{A}\left(\frac{w\beta_k}{r\beta_l}\right)^{\beta_l}\right]^{\frac{1}{\beta_k+\beta_l}} \tag{3-9}$$

$$L_t^* = \left[\frac{Y}{A}\left(\frac{r\beta_l}{w\beta_k}\right)^{\beta_k}\right]^{\frac{1}{\beta_k+\beta_l}} \tag{3-10}$$

其中，K_t^* 和 L_t^* 分别为成本最小化条件下的最优资本投入和最优劳动投入。

（2）全要素生产率的分解过程。由于需求和供给是经济活动中一切变量变化的根源，因此，本章对 TFP 的分解主要基于供需冲击，将 TFP 分解为供给冲击、需求冲击和其他冲击。科尼什和尼什雅玛（Konishi & Nishiyama，2013）基本柯布—道格拉斯生产函数，构建了将 TFP 分解为供需冲击和其他冲击的数理模型，这对本章研究具有一定的启发性。黄宝敏（2014）在科尼什和尼什雅玛研究方法的基础上，进行了一定程度的简化和改进。本章主要基于黄宝敏（2014）的分解方法，对 TFP 进行分解与测算，以探寻影响我国制造业生产效率的深层次原因。

对生产过程中产出的考察主要从实际产出和生产能力两个层次来考虑，实际产出代表社会的实际产量，主要受到供给、需求及其他因素的影响，即受到供给冲击、需求冲击和其他冲击三类冲击的共同影响。社会实际产出量的多少，将由这三类冲击因素共同决定。而生产能力是对整个社会生产能力、潜力的一种度量，它意味着当整个社会劳动资源、资本资源都被充分利用的情况下，整个社会经济所能达到的一种潜在的生产量，而非企业生产出来的产品。因此，生产能力的多少主要受到供给因素的影响，而不受需求因素和其他因素的影响。

由于实际产出受供给冲击、需求冲击和其他冲击的影响，而生产能力仅受供给冲击的影响，那么，实际产出和生产能力的差额信息将仅受到需求冲击和其他冲击的影响，从而将供给冲击分离出去。这是将 TFP 分解为供给冲击、需求冲击和其他冲击的关键。所有的生产过程均在柯布—道格拉斯生产函数的模型设定下进行，具体的分解过程如下。

对生产能力进行设定，将生产能力函数设定为如下的柯布—道格拉斯生产函数的形式：

$$\overline{Y}_t = A\overline{L}_t^{\beta_l}\overline{K}_t^{\beta_k} \tag{3-11}$$

其中，$\overline{L}_t$ 和 $\overline{K}_t$ 为社会生产部门在 t 时期的劳动力资源投入和资本资源投入，劳动力资源要大于实际劳动投入，资本资源要大于实际的资本投入，代表要素资源被充分利用的状态。$\overline{Y}_t$ 为生产能力，是在劳动力资源 $\overline{L}_t$ 和资本资源 $\overline{K}_t$ 被充分利用的条件下的产出水平。A、β_l 和 β_k 为未知的待估参数，A 代表技术进步。

对式（3－11）表示的生产能力函数两边取对数，可得：

$$\overline{y}_t = \alpha + \beta_l\overline{l}_t + \beta_k\overline{k}_t + \omega_t \tag{3-12}$$

其中，$\overline{y}_t = \log\overline{Y}_t$，$\overline{l}_t = \log\overline{L}_t$，$\overline{k}_t = \log\overline{K}_t$，$\alpha = \log A$。

由上述分析可知，生产能力仅受供给冲击的影响，而式（3－12）是生产能力函数的具体形式，因此，我们将残差 ω_t 代表供给冲击。通过对方程（3－12）进行估计，我们可以得到 β_l 和 β_k 的估计值 $\hat{\beta}_l$ 和 $\hat{\beta}_k$，并估计出供给冲击 $\hat{\omega}$。

然而，在经济社会的实际生产过程中，社会的实际产出与生产能力并不一致，且实际产出要小于生产能力。企业实际产出量的多少，不仅要考虑供给因素，还要考虑居民的需求因素，比如购买力、购买意愿、可替代品等，除此之外，产品价格、政策变化、市场信号等其他因素，也会对企业的实际产出水平产生重要影响，即实际产出的多少受到较多的条件约束，而生产能力仅受生产要素供给方面的影响，其受到的约束较少，生产能力要大于实际产出，即 $y_t < \overline{y}_t$。

假设资本资源和劳动资源分别为 $\overline{K}_t$ 和 $\overline{L}_t$，而 $\Delta_t\overline{K}_t$ 和 $\Delta_t^{\rho}\overline{L}_t$ 分别为被实际投入的资本投入和劳动投入。其中，Δ_t 和 Δ_t^{ρ} 分别表示资本要素和劳动要素被实际投入生产过程的比例，也可以理解为资本和劳动要素被充分利用的比例。ρ 的不同代表了劳动投入和资本投入中被充分利用的不同程度，通过对 ρ 的估计来检验我国劳动投入和资本投入的充分利用状况。为方便说明，后文将 Δ_t 和 Δ_t^{ρ} 分别称为资本运作效率和劳动运作效率。

实际产出函数可以表示为如下形式：

$$Y_t = A(\Delta_t^{\rho}\overline{L}_t)^{\beta_l}(\Delta_t\overline{K}_t)^{\beta_k} \tag{3-13}$$

其中，Y_t 代表社会生产部门在第 t 时期的实际产出。

对实际产出函数式（3－13）两边取其对数形式，可得：

$$y_t = \alpha + \beta_l(\rho\log\Delta_t + \bar{l}_t) + \beta_k(\log\Delta_t + \bar{k}_t) + \omega_t + \tau_t$$
$$= \alpha + (\rho\beta_l + \beta_k)\delta_t + \beta_l\bar{l}_t + \beta_k\bar{k}_t + \omega_t + \tau_t \tag{3-14}$$

其中，$y_t = \log Y_t$，$\delta_t = \log(\Delta_t)$，$\tau_t$ 为独立的其他冲击。

对于式（3－13），实际上可以换一个角度理解，假设社会计划使产出达到 $\bar{y}_t$，即生产能力，给市场经济一个下降的需求冲击 ξ_t，则社会计划产出将会发生调整，从生产能力调整为实际产出，社会决定生产 $\bar{y}_t - \xi_t$ 的产量。社会产出的绝对量将由原来的 $e^{\bar{y}_t}$变为 $e^{\bar{y}_t - \xi_t}$，即新的产出水平为 $\bar{Y}_t e^{-\xi_t}$。

给定产出水平 $\bar{Y}e^{-\xi_t}$，以及（资本，劳动）要素投入价格（r，w），成本最小化函数的目标函数及其生产预算约束方程如下：

$$\min C_t = rK_t + wL_t \tag{3-15}$$

$$\text{s. t.} \quad \bar{Y}e^{-\xi_t} = A_t L_t^{\beta_l} K_t^{\beta_k} \tag{3-16}$$

在预算约束下，求目标函数的极值问题，可以通过构造拉格朗日函数，并分别对 L_t 和 K_t 求一阶偏导数，使之为零，可求得劳动和资本要素的最优投入量分别如下：

$$K_t^{**} = \left[\frac{\bar{Y}e^{-\xi_t}}{A}\left(\frac{w\beta_k}{r\beta_l}\right)^{\beta_l}\right]^{\frac{1}{\beta_k+\beta_l}} \tag{3-17}$$

$$L_t^{**} = \left[\frac{\bar{Y}e^{-\xi_t}}{A}\left(\frac{r\beta_l}{w\beta_k}\right)^{\beta_k}\right]^{\frac{1}{\beta_k+\beta_l}} \tag{3-18}$$

为了便于推导，取劳动和资本最优投入的对数形式，即对式（3－17）和式（3－18）两边取对数，并结合式（3－9）和式（3－10）可知：

$$\log K_t^{**} = \log\left\{\left[\frac{\bar{Y}e^{-\xi_t}}{A}\left(\frac{w\beta_k}{r\beta_l}\right)^{\beta_l}\right]^{\frac{1}{\beta_k+\beta_l}}\right\} = \frac{1}{\beta_k+\beta_l}\left[\log\frac{\bar{Y}}{A}\left(\frac{w\beta_k}{r\beta_l}\right)^{\beta_l} - \xi_t\right] = \bar{k}_t - \frac{\xi_t}{\beta_l+\beta_k} \tag{3-19}$$

$$\log L_t^{**} = \log\left\{\left[\frac{\bar{Y}e^{-\xi_t}}{A}\left(\frac{r\beta_l}{w\beta_k}\right)^{\beta_k}\right]^{\frac{1}{\beta_k+\beta_l}}\right\} = \frac{1}{\beta_k+\beta_l}\left[\log\frac{\bar{Y}}{A}\left(\frac{r\beta_l}{w\beta_k}\right)^{\beta_k} - \xi_t\right] = \bar{l}_t - \frac{\xi_t}{\beta_l+\beta_k} \tag{3-20}$$

即劳动和资本要素实际投入的对数将变为：

$$\bar{l}_t - \frac{\xi_t}{\beta_l+\beta_k}, \bar{k}_t - \frac{\xi_t}{\beta_l+\beta_k}$$

将对数实际劳动投入 $\bar{l}_t - \frac{\xi_t}{\beta_l + \beta_k}$、对数实际资本投入 $\bar{k}_t - \frac{\xi_t}{\beta_l + \beta_k}$ 代入式（3－17），得：

$$y_t = \alpha - \xi_t + \beta_l \bar{l}_t + \beta_k \bar{k}_t + \omega_t + \tau_t \tag{3-21}$$

对比式（3－14）与式（3－21）可得：

$$\xi_t = -(\rho\beta_l + \beta_k)\delta_t \tag{3-22}$$

即式（3－22）就是我们分解出来的需求冲击。

再由式（3－12）减去式（3－14）可得：

$$\bar{y}_t - y_t = -(\rho\beta_l + \beta_k)\delta_t - \tau_t \tag{3-23}$$

式（3－23）表明实际产出与生产能力的差额信息，包括需求冲击和其他冲击。通过对式（3－23）进行估计，我们可以估计出 ρ、其他冲击 τ_t 和需求冲击 ξ_t。

其他冲击估计如下：

$$\hat{\tau}_t = y_t - \bar{y}_t - (\hat{\rho}\hat{\beta}_l + \hat{\beta}_k)\delta_t \tag{3-24}$$

需求冲击估计如下：

$$\hat{\xi}_t = -(\hat{\rho}\hat{\beta}_l + \hat{\beta}_k)\delta_t \tag{3-25}$$

因此，在三种冲击下，全要素生产率采用残差估计方法，可由三种冲击的残差和表示，并最终估计出 TFP 值。

$$TFP = \hat{\omega}_t + \hat{\xi}_t + \hat{\tau}_t \tag{3-26}$$

3.1.1.2　我国制造业 TFP 估算结果

为了对制造业 TFP 进行估计与分解，变量的定义如下：对于资本运作率我们采用制造业固定资产交付使用率来表示；对于资本资源数据，用实际资本数量除以固定资产交付使用率来表示；对于生产能力和劳动力实际应用能力，我们基于前文应用的 SSBM 的数据包络分析模型估计出的产出松弛和劳动力松弛，进行生产能力和劳动力实际应用能力的求解；对于产出数据，我们使用制造业的主营业务收入来表示；对于劳动和资本投入分别使用制造业就业人口总数和固定资产投入流量来表示。以上数据涉及的样本区间为 1993 ~2018 年，数据主要来源于《中国统计年鉴》《中国工业统计年鉴》。本章的估计结果采用 Stata15. 1 软件进行。

（1）供给冲击估计过程。由于本模型所采用的数据是时间序列数据，因此，需要对残差项的自相关进行检验，采用德宾检验方法，结果如表 3 -1 所示。检验结果表明，DW 统计量落在了接受原假设的区域，故供给冲击方程不存在自相关问题。

表 3 -1　　模型自相关的德宾检验结果

德宾检验结果
Durbin-Watson $d = 1.4451$
$d_l = 1.037$　　$d_u = 1.325$

进一步，对供给冲击方程采用 OLS 估计方法，结果如表 3 -2 所示。根据供给冲击方程的估计结果，可以根据以下公式求出供给冲击：

$$\hat{\omega}_t = \bar{y}_t + 1.9016 - 1.0463 \times \bar{k}_t - 0.1207 \times \bar{l}_t \tag{3-27}$$

表 3 -2　　供给冲击方程的 OLS 估计结果

因变量 $\Delta\bar{y}_t$			
自变量	系数（标准差）	t	$p-value$
$\Delta\bar{l}_t$	0. 1207 * (0. 0873)	1. 01	0. 322
$\Delta\bar{k}_t$ ***	1. 0463 *** (0. 0785)	16. 65	0. 000
常数项 **	-1. 9016 ** (0. 0785)	-2. 29	0. 031

注：***、**、* 分别表示符合 1%、5% 和 10% 的显著性水平。

（2）需求冲击和其他冲击估计过程。进一步，其他冲击方程估计结果如表 3 -3 所示。

表 3-3　　其他冲击方程 OLS 估计结果

因变量 $y_t - \bar{y}_t$			
自变量	系数（标准差）	t	$p-value$
δ_t ***	0.0519 (0.033)	4.30***	0.000
R^2	0.4254	$\bar{R}^2$	0.4025

注：*** 表示符合 1% 的显著性水平。

可得其他冲击估计结果如下：

$$\hat{\tau}_t = y_t - \bar{y}_t - 0.0519 \times \delta_t \tag{3-28}$$

需求冲击为：

$$\hat{\xi}_t = -(\hat{\beta}_l + \hat{\rho}\hat{\beta}_k)\delta_t = -0.0519\delta_t \tag{3-29}$$

制造业全要素生产率为：

$$TFP = \hat{\omega}_t + \hat{\xi}_t + \hat{\tau}_t \tag{3-30}$$

基于以上估计过程可得制造业 TFP 以及三类冲击分解结果，如表 3-4 所示。从估计结果可以看出，样本期内，剔除个别年份的异常值，我国制造业 TFP 整体呈较小幅度波动上升的趋势，但是上升幅度不大，特别是从 2016 年开始出现了一定程度的下降。供给冲击是影响我国制造业 TFP 的主要因素，两者的趋势规律高度一致，这表明供给因素是影响我国制造业 TFP 的积极推动因素，而需求冲击和其他冲击对我国制造业 TFP 的影响较小，这充分表明需求因素和其他因素在提升我国制造业 TFP 方面具有较大的潜力。

表 3-4　　制造业全要素生产率及其冲击分解结果

年份	供给冲击	需求冲击	其他冲击	全要素生产率
1993	0.9309	0.0204	-0.0660	0.8853
1994	-0.4735	0.0246	-0.0184	-0.4673
1995	-0.4896	0.0291	-0.0325	-0.4930
1996	-0.1833	0.0109	-0.0401	-0.2125
1997	-0.0920	0.0044	-0.0442	-0.1318
1998	-0.1774	0.0079	-0.0248	-0.1942

续表

年份	供给冲击	需求冲击	其他冲击	全要素生产率
1999	0. 1370	-0. 0060	-0. 0288	0. 1022
2000	-0. 0047	0. 0069	-0. 0152	-0. 0130
2001	-0. 1627	0. 0178	0. 0009	-0. 1439
2002	-0. 1153	0. 0203	0. 0079	-0. 0870
2003	-0. 1792	0. 0249	0. 0027	-0. 1516
2004	-0. 0875	0. 0251	0. 0057	-0. 0566
2005	0. 0168	0. 0223	0. 0043	0. 0434
2006	0. 0724	0. 0219	0. 0069	0. 1011
2007	0. 0232	0. 0257	0. 0133	0. 0622
2008	0. 0214	0. 0256	0. 0138	0. 0608
2009	0. 0879	0. 0195	0. 0089	0. 1163
2010	0. 0717	0. 0220	0. 0128	0. 1064
2011	0. 1785	0. 0192	0. 0120	0. 2097
2012	0. 1543	0. 0188	0. 0132	0. 1864
2013	0. 1662	0. 0185	0. 0138	0. 1985
2014	0. 1955	0. 0150	0. 0116	0. 2221
2015	0. 1900	0. 0115	0. 0066	0. 2081
2016	-0. 2322	0. 0196	0. 0172	-0. 1955
2017	-0. 0021	0. 0178	0. 0129	0. 0286
2018	-0. 0477	0. 0160	0. 0111	-0. 0206

3. 1. 1. 3　制造业三类冲击对 TFP 影响的脉冲响应函数分析

为了进一步研究制造业三类冲击对 TFP 影响的动态路径，需要构建它们之间的 VAR 模型，相关估计结果基于 Eviews8 软件进行。VAR 建模的重要条件之一是各个变量必须是平稳的，即各个变量不存在单位根。因此，基于 ADF 检验方法，对供给冲击、需求冲击、其他冲击和 TFP 进行单位根检验，如表 3 -5 所示。检验结果说明，供给冲击、其他冲击和全要素生产率原序列平稳，而需求冲击一阶平稳。

表 3-5　　单位根检验结果

变量	ADF 检验类型	T 统计量	P 值
供给冲击（*supply*）	包含截距项 不包含截距项	-6.7239 -6.7362	0.0000 0.0000
需求冲击（*demand*）	包含截距项 不包含截距项	-3.3417 -0.9777	0.0251 0.2848
需求冲击（Δ*demand*）	包含截距项 不包含截距项	-5.0213 -5.1232	0.0005 0.0000
其他冲击（*other*）	包含截距项 不包含截距项	-4.2598 -3.4311	0.0038 0.0014
全要素生产率（*TFP*）	包含截距项 不包含截距项	-5.9470 -6.0774	0.0000 0.0000

基于平稳的时间序列，估计了制造业 TFP 响应的脉冲响应函数，如图 3-1 所示。结果表明，当期给三类冲击一个单位的正向冲击，不会立刻对制造业 TFP 产生影响，半期之后，会产生一个负向影响，并在第一期达到一个最大的负向值，主要原因在于，冲击发生之后，制造业 TFP 的反应有半个时期的滞后，且冲击发生之后，会短暂地使制造业的生产过程进行一个调整过程，故 TFP 将有所下降。第一期之后，需求冲击和其他冲击对 TFP 的影响逐渐转

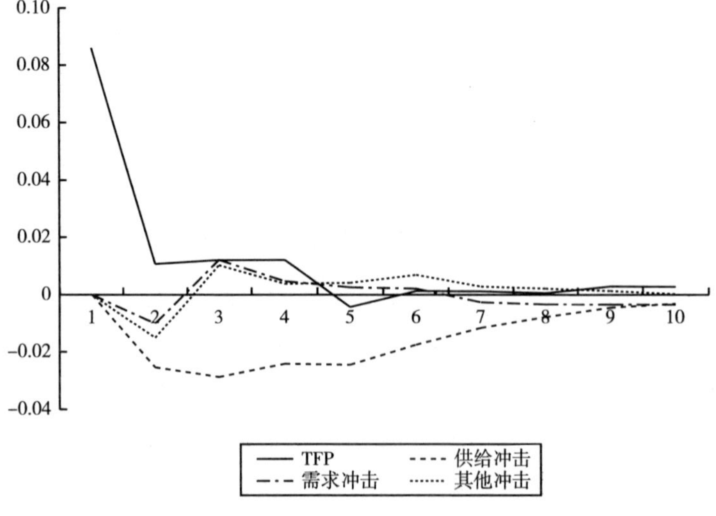

图 3-1　制造业 TFP 响应的脉冲响应函数

为正向的，并于第六期之后逐渐趋于稳定。而供给冲击始终产生了一个逐渐变小的负向影响，主要原因在于我国制造业在供给方面的因素多为粗放型的，生产效率低下，缺乏创新性，因此，我国制造业TFP提升的关键在于供给冲击。

进一步，通过方差分解分析三类冲击对TFP的贡献度，分析结果如表3-6所示。从估计结果可以看出，供给冲击是影响TFP的重要因素，需求冲击和其他冲击对TFP的影响较小，这与前面的分析相一致。因此，供给因素是提高我国制造业全要素生产率的关键，而需求因素和其他因素对我国制造业全要素生产率的提升具有很大的发展潜力。要充分挖掘三类冲击对我国制造业TFP的积极带动作用，从本质上提升我国制造业全要素生产率。

表3-6　制造业TFP方差分析结果

周期	TFP	供给冲击	需求冲击	其他冲击
1.0000	100.0000	0.0000	0.0000	0.0000
2.0000	88.5556	7.5972	1.1790	2.6683
3.0000	78.9105	15.1280	2.5424	3.4191
4.0000	74.5418	19.5838	2.5659	3.3085
5.0000	70.3982	23.8506	2.4776	3.2736
6.0000	68.2039	25.7716	2.4391	3.5854
7.0000	67.3268	26.5968	2.4666	3.6099
8.0000	66.8791	26.9461	2.5479	3.6270
9.0000	66.7018	27.0241	2.6452	3.6288
10.0000	66.5923	27.0424	2.7455	3.6198

注：表中数据为百分数（%）；表中的0.0000实际上是保留小数点后四位有效数据的情况下，数值近似为0。

3.1.2　我国制造业分行业TFP的估算

在各个细分行业层面，主要对制造业中的20多个细分行业的TFP进行分别估算，并进行对比分析。在研究方法上，基于不同的研究目的，在此将采用非参数的数据包络分析和基于参数估计的生产函数模型，从多个视角对制造业TFP进行不同测算和分析。

在制造业行业细分方面，基于国家对制造业的行业细分标准，以及数据的可得性进行行业的筛选和指标的选取。由于2011年之前，汽车制造业与铁路、船舶、航空航天和其他运输设备制造业数据为原交通运输设备制造业数据，2011年之后，对这两个行业分别进行了统计。为了保持分析的连贯性，将这两个行业合并在一起进行考察。另外，橡胶和塑料制品业数据为原橡胶制品业、塑料制品业数据。同时，由于废弃资源综合利用业与金属制品、机械和设备修理业数据的获得较为困难，故将其剔除。对于数据缺失较少的年份，采用了插值法进行缺少数据的补充。经过最终的筛选，最后选取了制造业27个细分行业进行TFP的测算。制造业具体细分行业如表3－7所示。为了估算出制造业各个行业的TFP，在投入变量方面，选择劳动投入和资本投入，并选择各个行业的主营业务收入作为对该行业产出的衡量，研究的样本期间为1993～2018年，数据主要来源于《中国统计年鉴》《中国工业统计年鉴》。

表3－7　　　　制造业各细分类行业

(1) 农副食品加工业 (NF)	(8) 木材加工和木、竹、藤、棕、草制品业 (MC)	(15) 医药制造业 (YY)	(22) 通用设备制造业 (TY)
(2) 食品制造业 (SP)	(9) 家具制造业 (JJ)	(16) 化学纤维制造业 (HQ)	(23) 专用设备制造业 (ZY)
(3) 酒、饮料和精制茶制造业 (JY)	(10) 造纸和纸制品业 (ZZ)	(17) 橡胶和塑料制品业 (XJ)	(24) 汽车制造业、铁路、船舶、航空航天和其他运输设备制造业 (QC)
(4) 烟草制品业 (YC)	(11) 印刷和记录媒介复制业 (YSJ)	(18) 非金属矿物制品业 (FJ)	(25) 电气机械和器材制造业 (DQ)
(5) 纺织业 (FZY)	(12) 文教、工美、体育和娱乐用品制造业 (WJ)	(19) 黑色金属冶炼和压延加工业 (HS)	(26) 计算机、通信和其他电子设备制造业 (JS)
(6) 纺织服装、服饰业 (FF)	(13) 石油、煤炭及其他燃料加工业 (SY)	(20) 有色金属冶炼和压延加工业 (YS)	(27) 仪器仪表制造业 (YQ)
(7) 皮革、毛皮、羽毛及其制品和制鞋业 (PG)	(14) 化学原料和化学制品制造业 (HX)	(21) 金属制品业 (JSZ)	

注：制造业行业分类依据源自国家统计局2017版《国民经济行业分类》(GB/T 4754—2017)。

3.1.2.1　我国制造业分行业 TFP 测算的方法

对于分行业 TFP 的测算，主要基于数据包络分析方法。数据包络分析方法主要基于投入—产出指标，运用线性规划方法去构造生产的前沿面，处于前沿面上的个体具有最优的生产效率，而距离前沿面较远的个体，其生产效率较低。而一般的数据包络分析模型中处于效率前沿省份的效率为 1，将会产生多个效率前沿个体存在，且无法对处于效率前沿个体进一步排序的问题。而数据包络分析中基于松弛的超效率模型克服了这一弊端，该方法允许效率值大于等于 1，从而可以对每一个个体的生产效率进行排序。基于松弛的超效率模型构建过程如下。

假设有 n 个决策单元（DMU），每个决策单元有 m 种投入 x 和 s 种产出 y，并分别定义投入矩阵和产出矩阵：$X=(x_{ij})\in R_{m*n}$，$Y=(y_{ij})\in R_{s*n}$。根据投入产出的实际过程，假定 $x>0$，$y>0$，可得生产可能集 p：$p=\{(x,y)\mid x\geqslant X\lambda,\ y\leqslant Y\lambda,\ \lambda\geqslant 0\}$，其中 λ 为实际和前沿水平之间的权重向量。$x\geqslant X\lambda$ 表示与前沿投入相比，实际投入较大；$y\leqslant Y\lambda$ 表示与前沿产出水平相比，实际产出较低，这是由于无效率的原因。

假定 $s^-\in R_m$，$s^+\in R_s$ 分别为投入变量和产出变量的松弛，则对任何一个决策单元某一投入产出水平（x_0，y_0）可以表示为：$x_0=X\lambda+s^-$，$y_0=Y\lambda-s^+$。

则基于松弛的效率模型（SBM）的效率可表示如下：

$$
\begin{aligned}
&\min_{\lambda,s^-,s^+}\rho=\frac{1-\dfrac{1}{m}\sum\limits_{i=1}^{m}\dfrac{s^-}{x_{i0}}}{1+\dfrac{1}{s}\sum\limits_{r=1}^{s}\dfrac{s^+}{y_{r0}}}\\
&\text{s.t.}\quad x_0=X\lambda+s^-\\
&\qquad\ \ y_0=Y\lambda-s^+\\
&\qquad\ \ \lambda\geqslant 0,s^-\geqslant 0,s^+\geqslant 0
\end{aligned}
\tag{3-31}
$$

其中，效率指标 ρ 介于 0 和 1 之间，随着投入松弛和产出松弛的增加而单调递减，当投入松弛越大时，表明要素投入存在浪费现象，从而效率较低；同理，当产出松弛越大时，表明产出越少，也是生产率不高的表现。

对效率指标 ρ 变形，可得：

$$\rho = \left(\frac{1}{m}\sum_{i=1}^{m}\frac{x_{i0} - s_i^-}{x_{i0}}\right)\left(\frac{1}{s}\sum_{i=1}^{s}\frac{y_{r0} + s_r^+}{y_{r0}}\right)^{-1} \tag{3-32}$$

当 $s^- = 0$，$s^+ = 0$ 时，$\rho = 1$，表明此时的投入松弛和产出松弛均为 0，此时决策单元有效（SBM-efficient）。

如果决策单元无效，可以通过对投入松弛和产出松弛的改变来实现有效率的生产。

在 SBM 模型中，ρ 的最大值为 1，当有多个决策单元同时处于有效状况时，无法对这些有效的决策单元进行再排序。为了解决这类问题，托恩（Tone，2001）将 SBM 模型拓展为 SSBM 模型（Super SBM），这样就允许 ρ 大于 1。SSBM 模型如下：

$$\begin{aligned}
\min_{\lambda, s^-, s^+} \rho^* &= \frac{\frac{1}{m}\sum_{i=1}^{m}\frac{\bar{x}}{x_{i0}}}{\frac{1}{s}\sum_{r=1}^{s}\frac{\bar{y}}{y_{r0}}} \\
\text{s.t.} \quad & \bar{x} \geqslant \sum_{j=1,\neq 0}^{n}\lambda_j x_j \\
& \bar{y} \leqslant \sum_{j=1,\neq 0}^{n}\lambda_j y_j \\
& \sum_{j=1,\neq 0}^{n}\lambda_j = 1 \\
& \bar{x} \geqslant x_0 \text{ and } \bar{y} \leqslant y_0 \\
& \bar{y} \geqslant 0, \lambda \geqslant 0
\end{aligned} \tag{3-33}$$

在 Super SBM 模型中允许效率值 ρ^* 大于等于 1，这样我们就解决了有效单元间的排序问题。这能使得我们的测量结果更加准确。

3.1.2.2 超效率模型下制造业各细分行业 TFP 估计结果及评价

基于 DEA SOVLER 软件，制造业各细分行业 TFP 的估计结果如表 3-8-a 和表示 3-8-b 所示。从整个样本期间的估计结果可以看出，石油、煤炭及其他燃料加工业和农副食品加工业在样本期间的大部分年份的效率值大于 1，表示这两个行业在样本期间的大部分年份处于制造业的效率前沿。从 2017 年和 2018 年制造业各细分类行业 TFP 的估计结果可以看出，在 2017 年，农副食品加工业，木材加工和木、竹、藤、棕、草制品业与石油、煤炭及其他燃料加工业的效率值大于 1，处于效率前沿行业；在 2018 年，烟草制品业，皮革、毛皮、羽毛及其制品和制鞋业，木材加工和木、竹、藤、棕、草制品业与石油、煤炭及其他燃料加工业等行业处于生产效率前沿，生产过程是有效的。综合最近这两年的估计结果可以看出，木材加工和木、竹、藤、棕、草制品业与石油、煤炭及其他燃料加工业是我国目前制造业中处于生产效率前沿的行业。

表 3 -8 - a　　27 个细分类行业 1993 ~2005 年 TFP 估计结果

行业	1993 年	1994 年	1995 年	1996 年	1997 年	1998 年	1999 年	2000 年	2001 年	2002 年	2003 年	2004 年	2005 年
NF	0. 5676	0. 3541	1. 0019	0. 8966	1. 0409	0. 9992	0. 9785	0. 6732	0. 7875	0. 9394	0. 5947	0. 5943	0. 6303
SP	0. 3715	0. 2236	0. 4871	0. 5265	0. 5762	0. 6258	0. 6033	0. 4674	0. 9251	0. 5219	0. 3957	0. 3729	0. 3977
JY	0. 3978	0. 2188	0. 4540	0. 4973	0. 5447	0. 5645	0. 5346	0. 3796	0. 4819	0. 3960	0. 3199	0. 2982	0. 3407
YC	1. 2922	0. 5431	1. 0299	1. 1033	1. 0660	1. 1436	1. 0428	0. 6538	0. 6756	0. 8037	0. 7400	0. 6992	0. 6839
FZY	0. 2591	0. 2268	0. 4741	0. 4642	0. 5036	0. 5313	0. 5316	0. 4348	0. 3098	0. 4813	0. 3720	0. 3630	0. 3870
FF	0. 2563	0. 2921	0. 7045	1. 0096	0. 8830	0. 8829	0. 8581	0. 6343	0. 6182	0. 6803	0. 4802	0. 4310	0. 4471
PG	0. 4960	0. 2964	0. 6408	0. 9672	1. 0105	1. 0539	1. 0547	1. 0441	0. 8359	1. 0581	1. 0030	0. 4780	0. 5023
MC	0. 3578	0. 2017	0. 4330	0. 4741	0. 5502	0. 5930	0. 6111	0. 5037	1. 0699	0. 5470	0. 3966	0. 3820	0. 4174
JJ	0. 3638	0. 2292	0. 4629	0. 5415	0. 6106	0. 7440	0. 7044	0. 5363	0. 6036	0. 6008	0. 4285	0. 3861	0. 4226
ZZ	0. 3654	0. 1984	0. 4650	0. 4757	0. 4743	0. 5199	0. 5171	0. 3998	0. 4319	0. 4592	0. 3321	0. 3135	0. 3294
YSJ	0. 2706	0. 1633	0. 3582	0. 4101	0. 4635	0. 4628	0. 4311	0. 3177	0. 3400	0. 3548	0. 3019	0. 2715	0. 2751
WJ	0. 4150	0. 2745	0. 6004	0. 6386	0. 7617	0. 8762	0. 8624	0. 6121	0. 6471	0. 6059	0. 4539	0. 4051	0. 4227
SY	0. 7742	0. 5105	1. 1698	1. 1057	1. 0361	0. 8568	0. 9544	1. 3186	1. 1674	1. 1817	1. 5147	1. 5992	1. 6182
HX	0. 3701	0. 2185	0. 4805	0. 4925	0. 4975	0. 5039	0. 5005	0. 4009	0. 4428	0. 4679	0. 4005	0. 4111	0. 4344
YY	0. 4551	0. 2312	0. 4543	0. 4815	0. 5176	0. 5407	0. 5123	0. 3716	0. 3916	0. 4035	0. 3120	0. 2835	0. 2961
HQ	0. 4013	0. 2944	0. 5848	0. 5202	0. 5331	0. 5051	0. 6099	0. 5143	0. 4591	0. 5143	0. 4721	0. 4398	0. 4675
XJ	0. 1571	0. 0895	0. 5231	0. 5452	0. 5935	0. 6517	0. 6388	0. 4930	0. 5329	0. 5471	0. 3949	0. 3728	0. 3827
FJ	0. 3744	0. 0647	0. 3854	0. 4043	0. 4421	0. 4284	0. 4185	0. 3214	0. 3495	0. 3674	0. 2829	0. 2804	0. 2955
HS	0. 4898	0. 1851	0. 4577	0. 4304	0. 4484	0. 4742	0. 4583	0. 3662	0. 4094	0. 4629	0. 4552	0. 5180	0. 5396
YS	0. 4194	2. 1583	0. 5757	0. 5267	0. 5577	0. 5975	0. 6051	0. 4757	0. 4766	0. 4950	0. 4303	0. 4654	0. 5077
JSZ	0. 4952	0. 1667	0. 5010	0. 5415	0. 5969	0. 7240	0. 6913	0. 5502	0. 5877	0. 6109	0. 4585	0. 4411	0. 4503
TY	0. 3980	0. 1287	0. 3793	0. 3843	0. 4106	0. 4386	0. 4189	0. 3310	0. 3688	0. 4149	0. 3473	0. 3432	0. 3671
ZY	0. 2780	0. 2558	0. 3918	0. 4124	0. 4452	0. 4561	0. 4391	0. 3369	0. 3666	0. 3950	0. 3228	0. 3083	0. 3339
QC	0. 5123	0. 1318	0. 4783	0. 5279	0. 5955	0. 5373	0. 5482	0. 4094	0. 4611	0. 7212	0. 4567	0. 4141	0. 3972
DQ	0. 5259	0. 2589	0. 5370	0. 5579	0. 6060	0. 6770	0. 6936	0. 5648	0. 6018	0. 5998	0. 4514	0. 4366	0. 4384
JS	0. 5122	0. 2977	0. 6200	0. 6648	0. 7970	1. 0099	1. 0818	0. 7616	0. 8237	0. 8481	0. 6851	0. 6266	0. 5897
YQ	0. 3406	0. 1692	0. 3562	0. 4036	0. 4953	0. 6255	0. 5809	0. 4806	0. 4972	0. 5027	0. 4359	0. 4234	0. 4268

表 3-8-b　　　27 个细分类行业 2006~2018 年 TFP 估计结果

行业	2006 年	2007 年	2008 年	2009 年	2010 年	2011 年	2012 年	2013 年	2014 年	2015 年	2016 年	2017 年	2018 年
NF	0.5977	1.0097	1.0548	1.0968	1.0351	1.0236	1.0371	1.0481	0.9627	1.0824	1.0423	1.0316	0.7516
SP	0.4060	0.4443	0.4595	0.5490	0.5111	0.5138	0.5334	0.5908	0.6151	0.6839	0.6837	0.6142	0.4818
JY	0.3513	0.3777	0.3699	0.4715	0.4228	0.4267	0.4421	0.4692	0.4818	0.5394	0.5283	0.4688	0.3914
YC	0.6536	0.7107	0.6579	0.7874	0.6936	0.7048	1.0127	1.1030	1.2175	1.1027	0.4300	0.7775	1.0542
FZY	0.3814	0.4113	0.4096	0.4932	0.4681	0.4795	0.4955	0.5756	0.5884	0.6935	0.8809	0.6730	0.4917
FF	0.4190	0.4610	0.4522	0.5499	0.4982	0.4924	0.5291	0.5970	0.6535	0.5894	0.8632	0.6067	0.5018
PG	0.4918	0.5343	0.5259	0.6055	0.6040	0.5758	0.6003	0.6190	0.6406	0.6695	0.9103	0.7350	1.0465
MC	0.4300	0.5029	0.5052	0.6976	0.7257	1.0215	1.0203	1.0274	1.0419	1.0442	1.0570	1.0621	1.0003
JJ	0.4047	0.4312	0.4541	0.5498	0.4966	0.4841	0.4961	0.5440	0.5553	0.6086	0.7920	0.6153	0.4688
ZZ	0.3276	0.3632	0.3540	0.4072	0.3840	0.3771	0.3971	0.4363	0.4599	0.4955	0.6993	0.4821	0.4261
YSJ	0.2722	0.2997	0.3136	0.3773	0.3523	0.3731	0.4200	0.5096	0.7049	0.5814	0.7030	0.5511	0.4354
WJ	0.4041	0.4270	0.4256	0.5043	0.4847	0.4796	0.7458	0.8754	1.0361	0.6977	0.9080	0.7143	0.6029
SY	1.6868	1.5170	1.6165	1.3441	1.5076	1.4936	1.3735	1.2870	1.1437	1.1406	0.8033	1.3638	1.2706
HX	0.4219	0.4656	0.4595	0.5132	0.4845	0.5090	0.5349	0.6009	0.6394	0.6415	0.7264	0.5674	0.4819
YY	0.2862	0.3234	0.3360	0.4104	0.3782	0.3819	0.4118	0.4578	0.4798	0.5182	0.4798	0.4338	0.3426
HQ	0.4745	0.4984	0.4619	0.5257	0.4988	0.5065	0.4886	0.5162	0.5094	0.5938	0.7828	0.5487	0.5213
XJ	0.3831	0.4199	0.4190	0.5029	0.4675	0.4774	0.4967	0.5683	0.6119	0.6407	0.7640	0.5530	0.4463
FJ	0.3074	0.3559	0.3708	0.4480	0.4171	0.4308	0.4443	0.5071	0.5439	0.5644	0.6850	0.5137	0.4254
HS	0.5029	0.5719	0.6119	0.5988	0.5646	0.5707	0.5988	0.6457	0.6446	0.5813	1.1518	0.5765	0.6146
YS	0.6177	0.6687	0.5900	0.6262	0.6236	0.6404	0.6608	0.7236	0.7701	0.8264	1.0488	0.7180	0.6920
JSZ	0.4414	0.4789	0.4765	0.5294	0.4887	0.4774	0.5306	0.6106	0.6454	0.6507	0.8072	0.5724	0.4950
TY	0.3764	0.4093	0.4084	0.4734	0.4332	0.4452	0.4285	0.4839	0.5262	0.5373	0.6733	0.4851	0.3833
ZY	0.3377	0.3596	0.3564	0.4325	0.3915	0.3935	0.4056	0.4456	0.4672	0.4991	0.6823	0.4251	0.3322
QC	0.3960	0.4232	0.4053	0.4944	0.4576	0.4345	0.4466	0.4969	0.5387	0.5756	0.5992	0.5158	0.4688
DQ	0.4479	0.4863	0.4716	0.5295	0.4649	0.4456	0.4588	0.5087	0.5344	0.5817	0.6639	0.4965	0.4094
JS	0.5733	0.5680	0.5342	0.5875	0.5031	0.4869	0.5064	0.5434	0.5363	0.6240	0.8293	0.5376	0.4565
YQ	0.4189	0.4391	0.4079	0.4198	0.4066	0.3885	0.3707	0.4170	0.4226	0.5023	0.5720	0.4534	0.3545

在样本期间，制造业各细分类行业生产效率的具体分析如下。农副食品加工业在 1995 年、1997 年、2007~2013 年和 2015~2017 年均处于效率前沿，该结果表明，农副食品加工业行业在样本期间的前半段时间，生产效率大部分是无效的，而从 2007 年开始，生产效率大部分处于前沿水平，这充分

表明，农副食品加工业的生产效率得到了很大的提高。烟草制品业在1993年、1995～1999年、2012～2015年和2018年的生产效率值大于1，处于效率前沿，而在其他年份表现为无效率生产，这说明，烟草制品业的生产效率在整个样本期间依次表现为效率前沿、无效率和效率前沿的依次更替变化。皮革、毛皮、羽毛及其制品和制鞋业在1997～2000年、2002～2003年和2018年表现为生产前沿，而在样本期间的大部分年份表现为无效率生产，而该行业在2018年又重新步入效率前沿行业，是一个良好的发展信号。木材加工和木、竹、藤、棕、草制品业从2011年开始，生产效率得到了快速反超，一直持续到2018年，其生产效率均处于制造业的生产前沿水平，是目前我国制造业各细分类行业中生产效率水平较高的行业之一。石油、煤炭及其他燃料加工业除个别几个年份外，在整个样本期间大部分年份的生产效率估计值均大于1，表明该行业是我国制造业生产效率的引导行业，在大部分年份其均处于效率前沿水平。除了以上分析的行业，其他行业在样本期间的绝大部分年份都是无效率的。

为了进一步观察，我国制造业各行业TFP在整个样本期间的生产效率排名变化情况，基于生产效率的估计结果，统计了各个细分类行业在样本期间的排名变化情况，结果如表3－9－a和表3－9－b所示。从排名结果可以看出，石油、煤炭及其他燃料加工业在大部分年份的排名为第一，可见该行业是我国制造业行业里的绝对效率前沿行业。酒、饮料和精制茶制造业，造纸和纸制品业及专用设备制造业行业在样本期间的大部分年份的排名均比较靠后，表明这三个行业是我国制造业行业里的低效率行业，生产效率有较大的提升空间。

表3－9－a　　27个细分类行业1993～2005年TFP排名变化

行业	1993年	1994年	1995年	1996年	1997年	1998年	1999年	2000年	2001年	2002年	2003年	2004年	2005年
NF	3	4	3	5	2	4	4	4	6	3	5	4	3
SP	17	15	13	14	13	12	15	16	3	14	18	18	17
JY	15	16	21	16	16	16	18	21	15	24	24	24	22
YC	1	2	2	2	1	1	3	5	7	5	3	2	2
FZY	25	14	16	21	19	19	19	17	27	18	20	20	19
FF	26	8	4	3	5	5	7	6	9	7	6	11	10

续表

行业	1993年	1994年	1995年	1996年	1997年	1998年	1999年	2000年	2001年	2002年	2003年	2004年	2005年
PG	7	6	5	4	4	2	2	2	4	2	2	6	7
MC	21	18	22	20	15	15	12	12	2	13	17	17	16
JJ	20	13	18	10	8	8	8	10	10	10	15	16	15
ZZ	19	19	17	19	22	20	20	20	20	21	22	22	24
YSJ	24	23	26	24	23	24	25	27	26	27	26	27	27
WJ	12	9	7	7	7	6	6	7	8	9	11	15	14
SY	2	3	1	1	3	7	5	1	1	1	1	1	1
HX	18	17	14	17	20	22	22	19	19	19	16	14	12
YY	10	12	20	18	18	17	21	22	22	23	25	25	25
HQ	13	7	8	15	17	21	13	11	18	15	7	9	8
XJ	27	26	11	9	12	11	11	13	13	12	19	19	20
FJ	16	27	24	25	26	27	27	26	25	26	27	26	26
HS	9	20	19	22	24	23	23	23	21	20	10	5	5
YS	11	1	9	13	14	14	14	15	16	17	14	7	6
JSZ	8	22	12	11	10	9	10	9	12	8	8	8	9
TY	14	25	25	27	27	26	26	25	23	22	21	21	21
ZY	23	11	23	23	25	25	24	24	24	25	23	23	23
QC	5	24	15	12	11	18	17	18	17	6	9	13	18
DQ	4	10	10	8	9	10	9	8	11	11	12	10	11
JS	6	5	6	6	6	3	1	3	5	4	4	3	4
YQ	22	21	27	26	21	13	16	14	14	16	13	12	13

注：表中排名是根据制造业分行业 TFP 测算结果排序得到的。

表 3-9-b　　　27 个细分类行业 2006～2018 年 TFP 排名变化

行业	2006年	2007年	2008年	2009年	2010年	2011年	2012年	2013年	2014年	2015年	2016年	2017年	2018年
NF	4	2	2	2	2	2	2	3	5	3	4	3	5
SP	15	14	12	11	8	8	10	12	13	8	19	10	14
JY	22	22	23	21	21	22	21	23	23	22	25	24	23
YC	2	3	3	3	4	4	4	2	1	2	27	4	2

续表

行业	2006年	2007年	2008年	2009年	2010年	2011年	2012年	2013年	2014年	2015年	2016年	2017年	2018年
FZY	20	20	18	19	16	15	16	13	15	7	7	8	12
FF	13	13	15	9	11	11	12	11	8	16	8	11	10
PG	7	7	7	6	6	6	7	8	11	9	5	5	3
MC	11	8	8	4	3	3	3	4	3	4	2	2	4
JJ	16	16	14	10	12	13	15	15	16	14	12	9	15
ZZ	24	23	25	26	25	26	26	26	26	27	17	23	20
YSJ	27	27	27	27	27	27	23	18	7	18	16	16	19
WJ	17	17	16	16	14	14	5	5	4	6	6	7	8
SY	1	1	1	1	1	1	1	1	2	1	11	1	1
HX	12	12	13	15	15	9	9	10	12	11	15	14	13
YY	26	26	26	25	26	25	24	24	24	24	26	26	26
HQ	8	9	11	14	10	10	17	17	22	15	13	17	9
XJ	19	19	17	17	17	17	14	14	14	12	14	15	18
FJ	25	25	22	22	22	21	20	20	17	21	18	20	21
HS	6	5	4	7	7	7	8	7	10	19	1	12	7
YS	3	4	5	5	5	5	6	6	6	5	3	6	6
JS	10	11	9	13	13	16	11	9	9	10	10	13	11
TY	21	21	19	20	20	19	22	22	21	23	21	22	24
ZY	23	24	24	23	24	23	25	25	25	26	20	27	27
QC	18	18	21	18	19	20	19	21	18	20	23	19	16
DQ	9	10	10	12	18	18	18	19	20	17	22	21	22
JSZ	5	6	6	8	9	12	13	16	19	13	9	18	17
YQ	14	15	20	24	23	24	27	27	27	25	24	25	25

注：表中排名是根据制造业分行业TFP测算结果排序得到的。

3.1.3　不同所有制下制造业全要素生产率变动原因分解

3.1.3.1　全要素生产率的纯技术效率和规模效率测算方法

所有制性质不同，其TFP变动的原因也存在一定的差异性。与此同时，

TFP 的提高一方面可能是由于技术上实质的突破产生，另一方面也可能是由于规模效应的提高造成，分清楚 TFP 变动的深层次原因，对于政策制定意义重大。因此，为了进一步考察不同所有制下制造业各行业 TFP 变动的原因，本章从纯技术效率和规模效率两个层面考察技术效率（TFP）变动的原因，即将 TFP 变动分解为纯技术效率和规模效率两个部分。

为了将 TFP 分解为纯技术效率和规模效率，本节主要基于产出导向下的 Multi-Stage DEA 模型进行，并主要采用多投入—单产出的 DEA 形式。查恩斯（Charnes，1978）等较早地在规模报酬不变假设下构建了 CRS DEA 模型用于测算技术效率。在此基础上，法尔等（1983）放宽了规模报酬不变的假定条件提出 VRS DEA 模型，可用于同时测算技术效率和规模效率。对于 CRS DEA 模型的线性规划问题，可以表述如下：

$$
\begin{aligned}
& \min_{\theta,\lambda} \theta \\
\text{s.t.}\quad & -q_i + Q\lambda \geqslant 0 \\
& \theta x_i - X\lambda \geqslant 0 \\
& \lambda \geqslant 0
\end{aligned}
\tag{3-34}
$$

其中，x_i 和 q_i 分别表示第 i 个厂商的投入与产出，而 X 与 Q 分别表示厂商的投入与产出矩阵，θ 是标量，λ 是一个常数向量。当 $\theta=1$ 时，该决策点处于效率前沿，其技术效率是有效的。

对于 VRS DEA 模型的线性规划问题，是通过增加凸约束条件 $I1'\lambda=1$ 实现的，具体如下：

$$
\begin{aligned}
& \min_{\theta,\lambda} \theta \\
\text{s.t.}\quad & -q_i + Q\lambda \geqslant 0 \\
& \theta x_i - X\lambda \geqslant 0 \\
& I1'\lambda = 1 \\
& \lambda \geqslant 0
\end{aligned}
\tag{3-35}
$$

通过 CRS DEA 把技术效率分解为纯技术效率和规模效率，如果 CRS 与 VRS 的技术效率值不同，表示厂商的规模无效率，如图 3－2 所示。在 CRS 假定条件下，P 到 P_C 的间距体现为技术无效性；在 VRS 假定条件下，P 到 P_V 的间距体现为技术无效性。

效率比值的测算方法，可以通过下列公式表示：

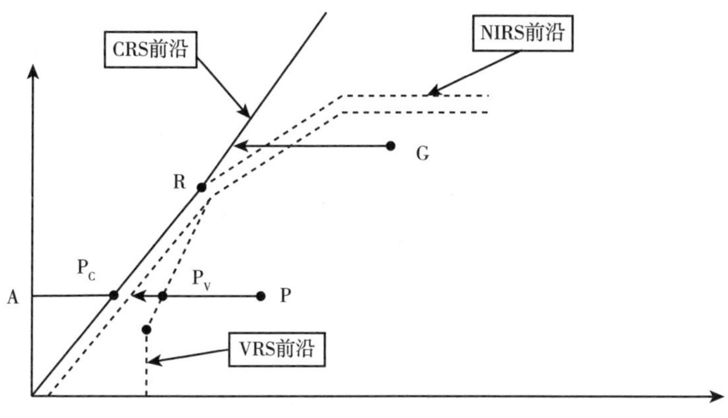

图 3-2　基于 DEA 的规模经济测算

$$TE_{CRS} = AP_C/AP \tag{3-36}$$

$$TE_{VRS} = AP_V/AP \tag{3-37}$$

$$SE = AP_C/AP_V \tag{3-38}$$

TE_{CRS}、TE_{VRS}和 SE 的取值范围在 0～1，进一步观察可以发现：

$$AP_C/AP = (AP_V/AP) \times (AP_C/AP_V) \tag{3-39}$$

因此，有：

$$TE_{CRS} = TE_{VRS} \times SE \tag{3-40}$$

从式（3-40）可以发现，在 CRS 假定下，CRS 的技术效率被分解为纯技术效率和规模效率。

3.1.3.2　不同所有制下制造业数据的定性描述

所有制性质不同，制造业的全要素生产率也存在一定的差异性，这主要是由于企业的组织结构、生产规模、生存成本以及政府扶持等因素造成的。基于篇幅限制，在此主要对 2017 年不同所有制下制造业的主营业务成本、主营业务收入以及主营业务收入/主营业务成本三个指标进行初步的数据描述性分析，结果如表 3-10 所示。结果初步显示了不同所有制下制造业主营业务收入/主营业务成本存在一定的差异性，进一步观察可以发现，私营单位各制造业在主营业务收入/主营业务成本指标方面的取值介于国有控股与外商及港澳台商投资制造业之间。因此，从不同所有制下研究各制造行业的全要素生产率及其变动原因，具有重要的现实意义。

表 3-10　2017 年不同所有制下制造业的主营业务收入、成本描述性分析

各制造业	国有控股制造业			私营单位制造业			外商及港澳台商投资制造业		
	主营业务收入（亿元）	主营业务成本（亿元）	主营业务收入/主营业务成本	主营业务收入（亿元）	主营业务成本（亿元）	主营业务收入/主营业务成本	主营业务收入（亿元）	主营业务成本（亿元）	主营业务收入/主营业务成本
NF	2972. 21	2713. 18	1. 10	29101. 95	25787. 06	1. 13	9013. 37	8131. 2	1. 11
SP	1324. 75	1055. 73	1. 25	8353. 83	7059. 05	1. 18	5393. 33	3752. 27	1. 44
JY	3153. 65	1681. 92	1. 88	5806. 63	4740. 75	1. 22	3714. 74	2725. 26	1. 36
YC	8827. 16	2510. 14	3. 52	14. 84	11. 27	1. 32	7. 97	5. 01	1. 59
FZY	827. 17	753. 23	1. 10	19711. 6	17498. 27	1. 13	4851. 37	4210. 92	1. 15
FF	207. 64	149. 15	1. 39	9923. 07	8576. 56	1. 16	5446. 47	4583. 99	1. 19
PG	99. 91	87. 65	1. 14	6302. 8	5498. 33	1. 15	4410. 27	3718. 62	1. 19
MC	207. 9	184. 42	1. 13	9069. 95	7968. 36	1. 14	833. 96	714. 43	1. 17
JJ	206. 56	171. 39	1. 21	4816. 61	4061. 32	1. 19	1743. 48	1476. 97	1. 18
ZZ	680. 16	550. 62	1. 24	5952. 8	5209. 08	1. 14	3949. 61	3190. 75	1. 24
YSJ	521. 4	405. 71	1. 29	4025. 56	3455. 1	1. 17	1141. 27	923. 07	1. 24
WJ	536. 46	488. 29	1. 10	7476. 46	6462. 79	1. 16	4501. 05	3935. 87	1. 14
SY	22683. 32	16260. 99	1. 39	6957. 09	6319. 95	1. 10	4093. 04	3073. 96	1. 33
HX	14745. 3	12135. 04	1. 22	29196. 35	25222. 18	1. 16	17769. 11	14452. 69	1. 23
YY	2364. 12	1394. 15	1. 70	8124. 53	6402. 97	1. 27	5502. 99	3144. 78	1. 75
HQ	966. 87	803. 8	1. 20	3461. 25	3130. 26	1. 11	1538. 51	1327. 82	1. 16
XJ	1162. 25	1028. 14	1. 13	15219. 37	13197. 15	1. 15	6427. 7	5392. 13	1. 19
FJ	5201. 13	4074. 62	1. 28	30985. 95	26574. 93	1. 17	5027. 89	4035. 74	1. 25
HS	21793. 35	19244. 31	1. 13	22250. 74	20004. 12	1. 11	7100. 82	6333. 41	1. 12
YS	18879. 26	17687. 03	1. 07	15452. 89	14035. 77	1. 10	5936. 76	5309. 64	1. 12
JSZ	2480. 24	2175. 02	1. 14	19677. 78	17199. 29	1. 14	5726. 6	4925. 29	1. 16
TY	4482. 27	3722. 55	1. 20	20306. 41	17315. 81	1. 17	11156. 83	9058. 5	1. 23
ZY	4464. 57	3800	1. 17	16060. 55	13458. 05	1. 19	6509. 25	5182. 05	1. 26
QC	44158. 42	36492. 61	1. 21	19047. 46	16377. 2	1. 16	41023. 86	33374. 93	1. 23
DQ	6296. 48	5297. 01	1. 19	26759. 04	22979. 12	1. 16	15538. 16	13126. 76	1. 18
JS	9678. 49	7842. 32	1. 23	17571. 03	14871. 31	1. 18	58073. 98	53256. 03	1. 09
YQ	835. 06	676. 81	1. 23	4048. 37	3357. 27	1. 21	2756. 44	2196. 93	1. 25

资料来源：《中国统计年鉴》（2001～2018 年）和《中国工业统计年鉴》（2001～2018 年）。

在数据选取方面，一方面要考虑分所有制情况下各制造行业数据的可得性，另一方面要考虑制造企业实际的成本投入与产出情况。在分所有制情况下，对于制造业投入主要选择主营业务成本、销售费用、管理费用和财务费用，这些投入体现着企业实际的成本投入，并量化为货币表示。对于制造业的产出度量，主要选取主营业务收入来表示，基于数据可得性，选取2001～2018年的制造业数据，相关数据主要来自《中国统计年鉴》和《中国工业统计年鉴》。同时，对于所有制的划分，主要从国有控股制造业、私营单位制造业和外商及港澳台商投资制造业三种所有制性质来研究。对于多阶段DEA的估计结果主要基于DEAP软件来实现。

3.1.3.3 国有控股制造业全要素生产率变动原因分解

国有控股制造业TFP的测算与分解结果如表3－11所示，从国有控股制造业的平均水平来看，技术效率、纯技术效率和规模效率值分别为0.6640、0.7680和0.8820，其规模效率值大于纯技术效率值，这表明国有控股制造业生产效率的提高更多地表现为规模效率，相比之下，纯技术效率较低，其纯技术水平有待进一步提高，以实现真正的技术进步和生产效率的提升。

表3－11　国有控股制造业全要素生产率变动分解情况

各制造业	技术效率/TFP (crste)	纯技术效率 (vrste)	规模效率 (scale)	规模报酬情况
NF	0.8240	0.8310	0.9920	规模报酬递增（irs）
SP	0.6430	0.6680	0.9630	规模报酬递增（irs）
JY	0.7390	0.7450	0.9910	规模报酬递增（irs）
YC	1.0000	1.0000	1.0000	规模报酬不变（－）
FZY	0.6460	0.6470	1.0000	规模报酬不变（－）
FF	0.6310	0.8150	0.7740	规模报酬递增（irs）
PG	0.5360	0.7830	0.6840	规模报酬递增（irs）
MC	0.5510	0.6460	0.8530	规模报酬递增（irs）
JJ	0.5640	1.0000	0.5640	规模报酬递增（irs）
ZZ	0.6240	0.6460	0.9660	规模报酬递增（irs）
YSJ	0.6170	0.6850	0.9000	规模报酬递增（irs）
WJ	0.5880	0.9410	0.6240	规模报酬递增（irs）
SY	1.0000	1.0000	1.0000	规模报酬不变（－）

续表

各制造业	技术效率/TFP (crste)	纯技术效率 (vrste)	规模效率 (scale)	规模报酬情况
HX	0.5860	0.8960	0.6540	规模报酬递减（drs）
YY	0.7240	0.7300	0.9920	规模报酬递增（irs）
HQ	0.7490	0.7950	0.9420	规模报酬递增（irs）
XJ	0.6200	0.6390	0.9700	规模报酬递增（irs）
FJ	0.5960	0.5980	0.9960	规模报酬递增（irs）
HS	0.6550	1.0000	0.6550	规模报酬递减（drs）
YS	0.7360	0.7510	0.9800	规模报酬递增（irs）
JSZ	0.5590	0.5840	0.9560	规模报酬递增（irs）
TY	0.5860	0.5880	0.9970	规模报酬递增（irs）
ZY	0.5670	0.5720	0.9920	规模报酬递增（irs）
QC	0.5740	1.0000	0.5740	规模报酬递减（drs）
DQ	0.5860	0.5900	0.9930	规模报酬递增（irs）
JS	0.8220	0.9380	0.8760	规模报酬递减（drs）
YQ	0.6130	0.6580	0.9310	规模报酬递增（irs）
均值	0.6640	0.7680	0.8820	

资料来源：《中国统计年鉴》（2001~2018年）和《中国工业统计年鉴》（2001~2018年）。

烟草制品业和石油、煤炭及其他燃料加工业处于技术效率的前沿水平，而皮革、毛皮、羽毛及其制品和制鞋业，木材加工和木、竹、藤、棕、草制品业，家具制造业和金属制品业等制造业企业的技术效率水平较低，存在较大的技术追赶空间。从技术效率的分解情况可以看出，处于技术效率前沿水平的烟草制品业和石油、煤炭及其他燃料加工业的技术效率表现为纯技术效率，规模报酬不变。这充分说明在国有控股情况下，它们的TFP达到最有效的状态，且完全是由于纯技术水平的提高所致。与此同时，它们的规模报酬不变，处于一种规模有效状态。而在纯技术效率前沿假定下，烟草制品业，家具制造业，石油、煤炭及其他燃料加工业，黑色金属冶炼和压延加工业，汽车制造业、铁路、船舶、航空航天和其他运输设备制造业等五个制造业均处于纯技术效率的前沿水平，而由于家具制造业，黑色金属冶炼和压延加工业汽车制造业、铁路、船舶、航空航天和其他运输设备制造业是规模无效（规模报酬递增或者递减）的，导致这三个行业仅处于纯技术效率前沿，而不是总技术效率前沿。而对于纺织业来说，其规模效率是有效的，但由于其纯技术效率较低，导致其整体生产效率较低，因此，对于纺织业来说，提高其纯技术效率是该行业提高 TFP 的关键。除了以上在某一方面处于效率前沿的行业，其他各个制造行业无论是纯技术效率，还是规模效率均未实现最优状态，需要从纯技术性和规模性两个方面着手改进。

除此之外，测算结果还表明，烟草制品业、纺织业和石油、煤炭及其他燃料加工业这三个制造行业表现为规模报酬不变，即处于规模有效状态。化学原料和化学制品制造业，黑色金属冶炼和压延加工业，汽车制造业、铁路、船舶、航空航天和其他运输设备制造业与计算机、通信和其他电子设备制造业这四个制造行业处于规模无效状态，体现为规模报酬递减，表明这四个制造行业的竞争相对较为激烈，其规模有效性在逐渐降低，不宜有更多的企业进入这四个制造行业。除此之外，其他制造行业处于规模报酬递增的规模无效状态，表明这些行业规模的进一步扩大是有益的。

进一步对国有控股情况下各制造行业的投入松弛进行分析，在以产出目标导向模式下，固定现有的主营业务成本投入，国有控股各制造业其他投入松弛估计结果如表 3－12 所示。从各类投入松弛估计结果可以看出，各类制造业在销售费用、管理费用与财务费用三类投入方面的松弛存在较大的差异性，具体来看，酒、饮料和精制茶制造业，木材加工和木、竹、藤、棕、草制品业，医药制造业，非金属矿物制品业等较多的制造行业在这三类投入方面均存在一定松弛，特别是其销售费用松弛较大。烟草制品业，家具制造业，石油、煤炭及其他燃料加工业，黑色金属冶炼和压延加工业与汽车制造业、铁路、船舶、航空航天和其他运输设备制造业等五个制造行业，在其主营业务成本现有的实际情况下，其他三类投入松弛为 0，表明这五类制造行业在销售费用、管理费用和财务费用投入方面的使用是有效率的。

表 3－12　国有控股各制造业投入松弛

各制造业	主营业务成本松弛	销售费用松弛	管理费用松弛	财务费用松弛
NF	0.0000	24.2110	0.0000	9.3060
SP	0.0000	18.1560	0.0000	1.3290
JY	0.0000	61.1860	4.9810	1.5190
YC	0.0000	0.0000	0.0000	0.0000
FZY	0.0000	0.1030	0.0000	11.4860
FF	0.0000	1.7300	2.0940	0.0000

续表

各制造业	主营业务成本松弛	销售费用松弛	管理费用松弛	财务费用松弛
PG	0.0000	0.0000	1.0500	0.3440
MC	0.0000	0.5880	0.6280	1.3230
JJ	0.0000	0.0000	0.0000	0.0000
ZZ	0.0000	3.0900	0.0000	6.1200
YSJ	0.0000	0.0000	11.6840	0.1380
WJ	0.0000	0.0140	1.8210	0.0000
SY	0.0000	0.0000	0.0000	0.0000
HX	0.0000	9.4830	0.0000	27.7270
YY	0.0000	79.6630	28.0440	5.2240
HQ	0.0000	0.0000	1.8740	7.5060
XJ	0.0000	4.8170	0.0000	3.3620
FJ	0.0000	23.8520	19.4750	14.0500
HS	0.0000	0.0000	0.0000	0.0000
YS	0.0000	0.0000	18.3260	24.6760
JSZ	0.0000	2.4650	1.8480	0.5920
TY	0.0000	14.6430	31.9820	8.9000
ZY	0.0000	9.1800	20.5050	4.8280
QC	0.0000	0.0000	0.0000	0.0000
DQ	0.0000	21.8060	7.5250	5.3320
JS	0.0000	78.4220	8.2080	0.0000
YQ	0.0000	3.2370	10.6010	2.0530
均值	0.0000	13.2090	6.3200	5.0300

注：表中的0.0000实际上是保留小数点后四位有效数据的情况下，数值近似为0。

为了实现最优的生产效率，进一步对国有控股各制造业投入目标进行估计，估计结果如表3-13所示。由于不同行业特点不同，其各类最优投入目标也存在较大的差异性。在实现最终生产效率的前提下，制造业行业的各类投入将会极大地缩减，极大地节约社会资源，降低生产成本。

表3-13　国有控股各制造业投入目标　单位：亿元

各制造业	主营业务成本	销售费用	管理费用	财务费用
NF	922.2240	11.8370	56.2190	16.3900
SP	210.5610	5.0730	21.7130	6.0180

续表

各制造业	主营业务成本	销售费用	管理费用	财务费用
JY	388. 4320	9. 8190	44. 7400	11. 8650
YC	654. 6400	16. 0800	75. 2400	19. 7200
FZY	897. 6830	17. 1170	81. 0230	21. 9060
FF	94. 4890	2. 1520	7. 5110	2. 3890
PG	30. 2350	1. 3390	3. 4460	1. 2380
MC	51. 1130	1. 8850	6. 0930	1. 9120
JJ	18. 1800	1. 1100	2. 3200	0. 9400
ZZ	227. 7570	5. 2870	22. 7850	6. 3230
YSJ	118. 0200	3. 3030	13. 0260	3. 7200
WJ	27. 8460	1. 2560	3. 0460	1. 1390
SY	3810. 3800	32. 1700	162. 7100	50. 9000
HX	2080. 3420	59. 2820	221. 3610	56. 2020
YY	400. 5110	10. 1030	46. 1240	12. 2210
HQ	441. 1370	7. 0790	32. 0160	9. 1800
XJ	250. 9010	5. 7270	24. 9420	6. 8940
FJ	493. 4360	12. 2880	56. 7710	14. 9630
HS	3104. 0800	60. 0200	298. 0700	108. 8600
YS	685. 7160	11. 7570	54. 9730	15. 2530
JSZ	145. 6650	4. 1090	16. 9260	4. 7020
TY	522. 5680	12. 9740	60. 1080	15. 8230
ZY	402. 0830	10. 1400	46. 3040	12. 2680
QC	2894. 9800	103. 4500	362. 6500	89. 1900
DQ	425. 0920	10. 6810	48. 9400	12. 9470
JS	2179. 0050	34. 5740	149. 3000	41. 4640
YQ	100. 3590	3. 0430	11. 7350	3. 3650

资料来源：《中国统计年鉴》（2001～2018 年）和《中国工业统计年鉴》（2001～2018 年）。

3.1.3.4　私营单位制造业全要素生产率变动原因分解

私营单位制造业 TFP 的测算与分解结果如表 3－14 所示，从私营单位制造业的平均水平来看，技术效率、纯技术效率和规模效率值分别为 0.9920、0.9980 和 0.9940，与国有控股制造业相比，各项效率值均处于领先水平，这表明我国私营单位制造业的整体效率要高于国有控股制造业。除此之外，私营控股的纯技术效率大于规模效率，这与国有控股的表现相反，充分说明了私营单位的纯技术效率更胜一筹，其规模效率有待进一步提高。整体来看，私营单位在各个效率方面远远优于国有控股。

表 3-14　　私营单位制造业全要素生产率变动分解情况

各制造业	技术效率/TFP（crste）	纯技术效率（vrste）	规模效率（scale）	规模报酬情况
NF	0.9790	1.0000	0.9790	规模报酬递减（drs）
SP	0.9870	1.0000	0.9870	规模报酬递减（drs）
JY	1.0000	1.0000	1.0000	规模报酬不变（-）
YC	1.0000	1.0000	1.0000	规模报酬不变（-）
FZY	1.0000	1.0000	1.0000	规模报酬不变（-）
FF	0.9820	0.9960	0.9860	规模报酬递减（drs）
PG	1.0000	1.0000	1.0000	规模报酬不变（-）
MC	1.0000	1.0000	1.0000	规模报酬不变（-）
JJ	0.9990	1.0000	0.9990	规模报酬递减（drs）
ZZ	0.9770	0.9810	0.9950	规模报酬递减（drs）
YSJ	1.0000	1.0000	1.0000	规模报酬不变（-）
WJ	0.9980	0.9980	1.0000	规模报酬不变（-）
SY	0.9770	1.0000	0.9770	规模报酬递减（drs）
HX	0.9780	0.9910	0.9880	规模报酬递减（drs）
YY	1.0000	1.0000	1.0000	规模报酬不变（-）
HQ	0.9840	0.9850	0.9990	规模报酬递增（irs）
XJ	0.9920	0.9990	0.9930	规模报酬递减（drs）
FJ	0.9830	1.0000	0.9830	规模报酬递减（drs）
HS	1.0000	1.0000	1.0000	规模报酬不变（-）
YS	1.0000	1.0000	1.0000	规模报酬不变（-）
JSZ	0.9900	1.0000	0.9900	规模报酬递减（drs）
TY	0.9940	1.0000	0.9940	规模报酬递减（drs）
ZY	0.9990	1.0000	0.9990	规模报酬递减（drs）
QC	0.9950	1.0000	0.9950	规模报酬递减（drs）

续表

各制造业	技术效率/TFP (crste)	纯技术效率 (vrste)	规模效率 (scale)	规模报酬情况
DQ	0.9880	1.0000	0.9880	规模报酬递减（drs）
JS	1.0000	1.0000	1.0000	规模报酬不变（－）
YQ	0.9890	0.9900	1.0000	规模报酬不变（－）
均值	0.9920	0.9980	0.9940	

从私营单位各制造行业的具体情况来看，酒、饮料和精制茶制造业，烟草制品业，纺织业，皮革、毛皮、羽毛及其制品和制鞋业，木材加工和木、竹、藤、棕、草制品业，印刷和记录媒介复制业，医药制造业，黑色金属冶炼和压延加工业，有色金属冶炼和压延加工业与计算机、通信和其他电子设备制造业等十个行业处于技术效率的前沿水平，其技术效率、纯技术效率和规模效率均处于最优状态。从技术效率的分解情况可以看出，以上十个制造行业的技术效率表现为纯技术效率，规模报酬不变。这充分说明在私营单位投资情况下，这十个制造行业的TFP达到最有效的状态，且完全是由于其纯技术水平的提高。与此同时，这十个制造行业的规模报酬不变，处于一种规模有效状态。而在纯技术效率前沿假定下，除了以上十个制造行业，农副食品加工业，食品制造业，家具制造业，石油、煤炭及其他燃料加工业，非金属矿物制品业，金属制品业，通用设备制造业，专用设备制造业，汽车制造业、铁路、船舶、航空航天和其他运输设备制造业与电气机械和器材制造业这十个行业均处于纯技术效率的前沿水平。由于其在规模效率方面是无效（规模报酬递增或者递减）的，导致这十个行业仅处于纯技术效率前沿，而不是总技术效率前沿。对于文教、工美、体育和娱乐用品制造业与仪器仪表制造业这两个行业来说，其规模效率是有效的，但由于其纯技术效率没有实现最优状态，降低了其整体的生产效率。因此，对于文教、工美、体育和娱乐用品制造业与仪器仪表制造业这两个行业来说，提高其纯技术效率是该行业提高TFP的关键。除了以上在某一方面处于效率前沿的行业，剩下的五个制造行业（纺织服装、服饰业，造纸和纸制品业，化学原料和化学制品制造业，化学纤维制造业，橡胶和塑料制品业），无论是纯技术效率还是规模效率均未实现最优状态，需要从纯技术性和规模性两个方面着手改进。

除此之外，从测算结果还可知，除化学纤维制造业处于规模报酬递增外，私营单位其他制造业行业处于规模报酬不变或者规模报酬递减状态，这与国有控股制造业行业存在很大的不同，国有控股制造行业大部分表现为规模报酬递增状态。这表明，对于处于规模无效的制造行业来说，私营单位制造业竞争相对较为激烈，其规模有效性在逐渐降低，不宜有更多的企业进入；而国有控股制造业的规模报酬可以进一步增加，国有控股制造业规模有望进一步扩大。

进一步对私营单位投资情况下各制造行业的投入松弛进行分析，在以产出目标导向模式和现有私营单位主营业务成本实际情况下，私营单位各制造业其他投入松弛估计结果如表 3 - 15 所示。从各类投入松弛估计结果可以看出，私营单位大部分制造业在销售费用、管理费用和财务费用三类投入方面的松弛基本为 0，这表现出了私营单位制造业较高的生产效率水平，这与前面对制造业各行业 TFP 的估计结果具有一致性。从私营单位制造业在销售费用、管理费用和财务费用三类投入松弛的平均水平来看，销售费用无松弛，管理费用拥有相对较大的松弛，财务费用的松弛相对较小，这充分表明私营单位的销售费用的投入无效率浪费。从私营单位各制造业的情况来看，仅有造纸和纸制品业、化学原料和化学制品制造业与仪器仪表制造业这三个行业存在一定的费用松弛，前两个行业仅存在少量的财务费用松弛，而仪器仪表制造业在管理费用和财务费用两项投入方面均存在一定的松弛，需要在这两个方面加以改进，以提高效率。

表 3 - 15　　　　私营单位各制造业投入松弛

各制造业	主营业务成本松弛	销售费用松弛	管理费用松弛	财务费用松弛
NF	0.0000	0.0000	0.0000	0.0000
SP	0.0000	0.0000	0.0000	0.0000
JY	0.0000	0.0000	0.0000	0.0000
YC	0.0000	0.0000	0.0000	0.0000
FZY	0.0000	0.0000	0.0000	0.0000
FF	0.0000	0.0000	0.0000	0.0000
PG	0.0000	0.0000	0.0000	0.0000
MC	0.0000	0.0000	0.0000	0.0000
JJ	0.0000	0.0000	0.0000	0.0000
ZZ	0.0000	0.0000	0.0000	0.1960

续表

各制造业	主营业务成本松弛	销售费用松弛	管理费用松弛	财务费用松弛
YSJ	0.0000	0.0000	0.0000	0.0000
WJ	0.0000	0.0000	0.0000	0.0000
SY	0.0000	0.0000	0.0000	0.0000
HX	0.0000	0.0000	0.0000	0.0150
YY	0.0000	0.0000	0.0000	0.0000
HQ	0.0000	0.0000	0.0000	0.0000
XJ	0.0000	0.0000	0.0000	0.0000
FJ	0.0000	0.0000	0.0000	0.0000
HS	0.0000	0.0000	0.0000	0.0000
YS	0.0000	0.0000	0.0000	0.0000
JSZ	0.0000	0.0000	0.0000	0.0000
TY	0.0000	0.0000	0.0000	0.0000
ZY	0.0000	0.0000	0.0000	0.0000
QC	0.0000	0.0000	0.0000	0.0000
DQ	0.0000	0.0000	0.0000	0.0000
JS	0.0000	0.0000	0.0000	0.0000
YQ	0.0000	0.0000	0.3480	0.0080
均值	0.0000	0.0000	0.0130	0.0080

注：表中的0.0000实际上是保留小数点后四位有效数据的情况下，数值近似为0。

为了实现最优的生产效率，进一步对私营单位各制造业投入目标进行估计，估计结果如表3-16所示，由于不同行业特点不同，其各类最优投入目标也存在较大的差异性。在实现最终生产效率的前提下，制造业行业的各类投入将会极大地缩减，极大地节约社会资源，降低生产成本。

表3-16　私营单位各制造业投入目标　单位：亿元

各制造业	主营业务成本	销售费用	管理费用	财务费用
NF	322.0300	12.1400	9.4800	4.4500
SP	99.4700	7.3000	3.7700	1.8500
JY	54.2400	6.3000	4.4500	1.7000
YC	0.2300	0.0200	0.0000	0.0100

续表

各制造业	主营业务成本	销售费用	管理费用	财务费用
FZY	417.1200	6.8600	12.2900	7.3300
FF	225.9410	9.8590	9.2420	3.3260
PG	120.9500	2.9300	3.1600	1.8700
MC	122.3000	2.9000	2.8200	1.5500
JJ	55.0300	3.6000	2.4200	1.0200
ZZ	104.3100	3.2380	4.4840	1.8840
YSJ	32.5600	1.0900	1.6000	0.6000
WJ	44.6780	1.9070	2.4260	0.5990
SY	40.6800	2.9300	1.5900	0.9900
HX	226.0030	11.2820	11.1430	4.1750
YY	48.6200	9.8600	4.5800	1.2400
HQ	17.5300	0.4040	0.4920	0.2270
XJ	222.3850	7.0230	8.2420	3.4170
FJ	284.5600	13.6000	16.1600	8.1800
HS	189.5900	2.9000	8.9200	2.0500
YS	164.3600	3.0800	3.9600	2.7300
JSZ	263.3300	10.5000	10.9300	4.0700
TY	218.5000	9.3300	11.6100	4.2100
ZY	118.4100	7.2600	8.3000	2.2900
QC	196.0400	7.3200	8.8600	2.9500
DQ	259.8300	17.6400	12.9100	4.3300
JS	79.2000	7.1000	6.9700	1.2600
YQ	20.7710	1.5540	1.6020	0.3480

资料来源：《中国统计年鉴》（2001～2018 年）和《中国工业统计年鉴》（2001～2018 年）。

3.1.3.5 外商及港澳台商投资制造业全要素生产率变动原因分解

外商及港澳台商投资制造业 TFP 的测算与分解结果如表 3－17 所示。从外商及港澳台商投资制造业的平均水平来看，技术效率、纯技术效率和规模效率值分别为 0.9380、0.9800 和 0.9560，与国有控股制造业相比，各项效率值均处于领先水平，但是其各项效率值又略低于私营单位制造业，这表明外商及港澳台商投资制造业的整体效率要高于国有控股制造业，但是又低于私营单位制造业，处于中间水平。除此之外，外商及港澳台商投资制造业的纯技术效率略大于规模效率，这与国有控股的表现相反，但与私营单位的表现一致。这同样说明了外商及港澳台商投资制造业的纯技术效率更胜一筹，其规模效率有待进一步提高。整体来看，外商及港澳台商投资制造业在各方面的效率与私营单位制造业表现出较大的一致性，且在各个效率方面远远优于国有控股制造业。

表 3-17 外商及港澳台商投资制造业全要素生产率变动分解情况

各制造业	技术效率/TFP (crste)	纯技术效率 (vrste)	规模效率 (scale)	规模报酬情况
NF	0.9490	0.9640	0.9840	规模报酬递减（drs）
SP	0.9380	0.9680	0.9700	规模报酬递减（drs）
JY	0.9690	1.0000	0.9690	规模报酬递减（drs）
YC	1.0000	1.0000	1.0000	规模报酬不变（-）
FZY	0.9360	1.0000	0.9360	规模报酬递减（drs）
FF	0.9280	0.9650	0.9610	规模报酬递减（drs）
PG	1.0000	1.0000	1.0000	规模报酬不变（-）
MC	0.9030	0.9380	0.9630	规模报酬递减（drs）
JJ	0.8790	0.9320	0.9430	规模报酬递减（drs）
ZZ	0.9220	0.9730	0.9480	规模报酬递减（drs）
YSJ	0.9300	1.0000	0.9300	规模报酬递减（drs）
WJ	0.9380	0.9650	0.9720	规模报酬递减（drs）
SY	1.0000	1.0000	1.0000	规模报酬不变（-）
HX	0.8860	0.9990	0.8870	规模报酬递减（drs）
YY	1.0000	1.0000	1.0000	规模报酬不变（-）
HQ	1.0000	1.0000	1.0000	规模报酬不变（-）
XJ	0.9070	0.9650	0.9400	规模报酬递减（drs）
FJ	0.8550	0.9500	0.9000	规模报酬递减（drs）
HS	1.0000	1.0000	1.0000	规模报酬不变（-）
YS	0.9750	0.9770	0.9980	规模报酬递减（drs）
JSZ	0.9150	0.9590	0.9540	规模报酬递减（drs）
TY	0.8110	0.9730	0.8340	规模报酬递减（drs）
ZY	0.8670	0.9680	0.8950	规模报酬递减（drs）

续表

各制造业	技术效率/TFP（crste）	纯技术效率（vrste）	规模效率（scale）	规模报酬情况
QC	0.8770	1.0000	0.8770	规模报酬递减（drs）
DQ	0.9320	0.9750	0.9560	规模报酬递减（drs）
JS	1.0000	1.0000	1.0000	规模报酬不变（-）
YQ	1.0000	1.0000	1.0000	规模报酬不变（-）
均值	0.9380	0.9800	0.9560	

从外商及港澳台商投资各制造行业的具体情况来看，烟草制品业，皮革、毛皮、羽毛及其制品和制鞋业，石油、煤炭及其他燃料加工业，医药制造业，化学纤维制造业，黑色金属冶炼和压延加工业，计算机、通信和其他电子设备制造业与仪器仪表制造业等八个行业处于技术效率的前沿水平，其技术效率、纯技术效率和规模效率均处于最优状态。外商及港澳台商投资各制造行业中处于技术效率前沿的行业个数要高于国有控股制造业，但是低于私营单位制造业。从技术效率的分解情况可以看出，外商及港澳台商投资制造业的八个技术效率前沿行业的技术效率表现为纯技术效率，规模报酬不变，这充分说明在外商及港澳台商投资情况下，这八个制造行业的 TFP 达到最有效的状态，且完全是由于其纯技术水平的提高。与此同时，这八个制造行业的规模报酬不变，处于一种规模有效状态。而在纯技术效率前沿假定下，除了以上八个制造行业，酒、饮料和精制茶制造业，纺织业，印刷和记录媒介复制业与汽车制造业、铁路、船舶、航空航天和其他运输设备制造业这四个行业均处于纯技术效率的前沿水平。而由于其在规模效率方面是无效（规模报酬递减）的，导致这四个行业仅处于纯技术效率前沿，而不是总技术效率前沿。与私营单位制造业相比，外商及港澳台商投资制造业中处于纯技术效率前沿的行业要远远低于私营单位制造业。对于外商及港澳台商投资制造业来说，没有出现仅仅处于规模效率前沿的行业，这是与国有控股制造业和私营单位制造业均不同的地方。除了以上在某一方面处于效率前沿的行业，剩下的 15 个制造行业无论是纯技术效率，还是规模效率均未实现最优状态，需要从纯技术性和规模性两个方面着手改进。

此外，除了外商及港澳台商投资制造业的八个技术效率前沿行业处于规模报酬不变的规模有效状态外，其他行业均处于规模报酬递减的规模无效状态，这与私营单位制造业的规模报酬特性有很大的一致性，而与国有控股制造业的规模性有很大的不同。这表明，对于处于规模无效的制造行业来说，外商及港澳台商投资制造业竞争相对较为激烈，其规模有效性在逐渐降低，不宜有更多的企业进入，这与私营单位制造业类似。

进一步对外商及港澳台商投资情况下各制造行业的投入松弛进行分析，在以产出目标导向模式和现有外商及港澳台商主营业务成本实际情况下，外商及港澳台商投资各制造业其他投入松弛估计结果，如表3-18所示。从各类投入松弛估计结果可以看出，外商及港澳台商投资在销售费用、管理费用和财务费用三类投入方面的松弛情况介于国有控股单位和私营单位之间，这与前面对效率的估计结果类似。外商及港澳台商投资的较多制造行业在销售费用、管理费用和财务费用三类投入方面的松弛基本为0，这表现出了外商及港澳台商投资制造业较高的生产效率水平，这与前面对制造业各行业TFP的估计结果具有一致性。从外商及港澳台商投资制造业在销售费用、管理费用和财务费用三类投入松弛的平均水平来看，销售费用松弛最大，财务费用松弛次之，管理费用松弛最小，这表明外商及港澳台商投资制造业的费用投入方面存在一定的无效率情况。从外商及港澳台商投资各制造业的具体情况来看，农副食品加工业与化学原料和化学制品制造业这两个行业存在销售费用和财务费用方面的松弛；木材加工和木、竹、藤、棕、草制品业，造纸和纸制品业，橡胶和塑料制品业，非金属矿物制品业，有色金属冶炼和压延加工业，金属制品业与电气机械和器材制造业这七个行业仅存在财务费用方面的松弛；通用设备制造业和专用设备制造业这两个行业仅存在管理费用方面的松弛。

表3-18　外商及港澳台商投资制造业投入松弛

各制造业	主营业务成本松弛	销售费用松弛	管理费用松弛	财务费用松弛
NF	0.0000	0.9740	0.0000	4.1950
SP	0.0000	0.0000	0.0000	0.0000
JY	0.0000	0.0000	0.0000	0.0000
YC	0.0000	0.0000	0.0000	0.0000
FZY	0.0000	0.0000	0.0000	0.0000
FF	0.0000	0.0000	0.0000	0.0000
PG	0.0000	0.0000	0.0000	0.0000
MC	0.0000	0.0000	0.0000	0.4270
JJ	0.0000	0.0000	0.0000	0.0000

续表

各制造业	主营业务成本松弛	销售费用松弛	管理费用松弛	财务费用松弛
ZZ	0.0000	0.0000	0.0000	6.9170
YSJ	0.0000	0.0000	0.0000	0.0000
WJ	0.0000	0.0000	0.0000	0.0000
SY	0.0000	0.0000	0.0000	0.0000
HX	0.0000	47.7200	0.0000	0.9110
YY	0.0000	0.0000	0.0000	0.0000
HQ	0.0000	0.0000	0.0000	0.0000
XJ	0.0000	0.0000	0.0000	5.7280
FJ	0.0000	0.0000	0.0000	8.0140
HS	0.0000	0.0000	0.0000	0.0000
YS	0.0000	0.0000	0.0000	1.3480
JSZ	0.0000	0.0000	0.0000	2.5450
TY	0.0000	0.0000	10.2930	0.0000
ZY	0.0000	0.0000	1.0810	0.0000
QC	0.0000	0.0000	0.0000	0.0000
DQ	0.0000	0.0000	0.0000	3.9570
JS	0.0000	0.0000	0.0000	0.0000
YQ	0.0000	0.0000	0.0000	0.0000
均值	0.0000	1.8030	0.4210	1.2610

注：表中的0.0000实际上是保留小数点后四位有效数据的情况下，数值近似为0。

为了实现最优的生产效率，进一步对外商及港澳台商投资各制造业投入目标进行估计，估计结果如表3－19所示，由于不同行业特点不同，其各类最优投入目标也存在较大的差异性。在实现最终生产效率的前提下，制造业行业的各类投入将会极大地缩减，极大地节约社会资源，降低生产成本。

表3－19　外商及港澳台商投资各制造业投入目标　单位：亿元

各制造业	主营业务成本	销售费用	管理费用	财务费用
NF	729.8400	28.5820	31.0410	9.1410
SP	389.2820	72.6060	38.3450	8.0210
JY	316.2000	91.0100	38.7500	9.6200
YC	4.1600	0.2100	0.6600	0.1100

续表

各制造业	主营业务成本	销售费用	管理费用	财务费用
FZY	902.2500	23.4500	45.3700	21.0700
FF	868.3410	37.0900	53.6370	10.2910
PG	641.7000	15.1400	28.0100	7.2600
MC	166.3630	7.8700	9.3990	4.6390
JJ	123.8760	7.1560	9.5040	2.5620
ZZ	379.1970	21.2880	25.0530	10.0030
YSJ	150.1800	5.3000	12.1300	3.4300
WJ	298.3590	10.3090	19.4790	2.6830
SY	219.2300	8.2100	6.5900	5.5100
HX	852.2870	66.3480	89.8440	20.7550
YY	204.2700	83.1300	35.6900	7.9700
HQ	354.0200	5.9300	19.4900	9.9300
XJ	869.9500	35.4200	53.3670	14.7570
FJ	451.0420	30.3610	43.0280	11.7800
HS	295.9300	5.0700	10.5500	6.4200
YS	247.5000	4.8570	10.0070	5.8930
JSZ	767.0280	35.5430	45.9420	13.1870
TY	480.6900	28.1180	45.9720	9.4150
ZY	250.5180	16.0890	22.7810	4.1720
QC	1237.9900	51.9900	126.3900	29.6800
DQ	1230.2090	86.7300	84.0790	17.4110
JS	4580.0700	164.4300	209.2200	35.7500
YQ	420.5500	14.2400	25.6600	1.4300

资料来源：《中国统计年鉴》（2001～2018 年）和《中国工业统计年鉴》（2001～2018 年）。

3.1.3.6　不同所有制下制造业全要素生产率的综合对比分析

进一步，对不同所有制下制造业全要素生产率的情况进行综合对比分析，如表 3－20 所示。从估计结果可以看出，国有控股制造业的生产效率是最低的，私营单位最高，外商及港澳台商投资次之，其中国有控股制造业的生产效率远远低于私营单位制造业和外商及港澳台商投资制造业。从各个行业生产效率的具体情况来看，三种所有制下烟草制品业的全要素生产率水平是最高的，究其原因，可能是由烟草制品业的属性决定的，该行业属于低投入、高产出的行业，与其他行业相比，其本身对技术的要求相对较低，在投入—产出的 DEA 模式下，该行业能够实现最高的技术效率水平。

表 3-20　　　　不同所有制下各制造业全要素生产率对比

各制造业	国有控股	私营单位	外商及港澳台商投资
NF	0.8240	0.9790	0.9490
SP	0.6430	0.9870	0.9380
JY	0.7390	1.0000	0.9690
YC	1.0000	1.0000	1.0000
FZY	0.6460	1.0000	0.9360
FF	0.6310	0.9820	0.9280
PG	0.5360	1.0000	1.0000
MC	0.5510	1.0000	0.9030
JJ	0.5640	0.9990	0.8790
ZZ	0.6240	0.9770	0.9220
YSJ	0.6170	1.0000	0.9300
WJ	0.5880	0.9980	0.9380
SY	1.0000	0.9770	1.0000
HX	0.5860	0.9780	0.8860
YY	0.7240	1.0000	1.0000
HQ	0.7490	0.9840	1.0000
XJ	0.6200	0.9920	0.9070
FJ	0.5960	0.9830	0.8550
HS	0.6550	1.0000	1.0000
YS	0.7360	1.0000	0.9750
JSZ	0.5590	0.9900	0.9150
TY	0.5860	0.9940	0.8110
ZY	0.5670	0.9990	0.8670
QC	0.5740	0.9950	0.8770
DQ	0.5860	0.9880	0.9320
JS	0.8220	1.0000	1.0000
YQ	0.6130	0.9890	1.0000
均值	0.6640	0.9920	0.9380

接下来，我们观察不同所有制下的效率前沿行业具体情况，结果如表3－21所示。国有控股制造业行业的效率前沿行业仅有2个，私营单位制造业的效率前沿行业最多，为10个，而外商及港澳台商投资制造业的效率前沿行业仅次于私营单位，为8个。从表3－19和表3－20的综合对比结果可以发现，我国私营单位制造业的效率水平是最高的，效率前沿行业是最多的。

表3－21　　不同所有制下的效率前沿行业

国有控股	私营单位	外商及港澳台商投资
（1）烟草制品业； （2）石油、煤炭及其他燃料加工业	（1）酒、饮料和精制茶制造业； （2）烟草制品业； （3）纺织业； （4）皮革、毛皮、羽毛及其制品和制鞋业； （5）木材加工和木、竹、藤、棕、草制品业； （6）印刷和记录媒介复制业； （7）医药制造业； （8）黑色金属冶炼和压延加工业； （9）有色金属冶炼和压延加工业； （10）计算机、通信和其他电子设备制造业	（1）烟草制品业； （2）皮革、毛皮、羽毛及其制品和制鞋业； （3）石油、煤炭及其他燃料加工业； （4）医药制造业； （5）化学纤维制造业； （6）黑色金属冶炼和压延加工业； （7）计算机、通信和其他电子设备制造业； （8）仪器仪表制造业

3.2　我国制造业全要素生产率存在的问题分析

3.2.1　我国制造业全要素生产率整体存在的问题分析

我国制造业TFP整体水平偏低，尽管呈波动上升趋势，但上升幅度不大，增长速度缓慢。尽管我国GDP于2010年超越日本，成为世界第二大经济体，但我国的经济发展模式主要是粗放型经济发展，体现为高投入、高能耗。对于制造业来说，主要体现为我国制造业全要素生产率水平整体偏低。2014年，我国制造业TFP仅为美国总体的39.89%，而计算机、电子产品等高科技制造业仅为美国29.53%（赵玉林和谷军健，2018）。制造业中大部分细分行业的全要素生产率与效率前沿面存在较大的差距。这种状况可能与我国经济发展的宏、微观环境以及政府政策导向是密不可分的。此外，我国制造业TFP的增长速度较慢，不利于我国经济高质量发展要求。尽管我国制造业 TFP 处于上升态势，但是相对于发达国家，增长速度相对比较缓慢。从 20 世纪 50 年代到 2014 年，尽管我国 GDP 年均增长率达到 6.32%（应习文，2016），分别比德国和日本高 2.98 个和 2.62 个百分点，是二者的 1.89 倍和 1.48 倍。但我国经济的 TFP 年均增长率仅为 0.95%（应习文，2016），分别低于德国和日本 0.82 个和 0.07 个百分点，仅为二者的 53.67% 和 94%。这种长达 65 年差距的累积，导致我国经济尤其是制造业发展质量与这些制造业强国差距巨大。实际上，这与我国制造业发展的历史起点、发展阶段及基本国情都有关系。随着我国经济规模的扩大，单纯依赖于量的增长已经难以为继。如果以这样的模式和速度发展下去，我国制造业发展将会继续被锁定在价值链的低端，与发达国家的差距会不断扩大。假如制造业没有质的发展，即全要素生产率处于低端水平，一旦资源和环境无法有效支撑制造业的增长，将可能导致制造业发展的停滞甚至倒退。

供给侧方面的因素对我国制造业 TFP 的提升起到了主要影响，但这种影响是负向的，需求侧的影响相对较弱。中华人民共和国成立以来直至 20 世纪末，生产技术相对落后，物资相对匮乏，难以满足人民群众日益增长的物质需求，即长期处于卖方市场。从整体而言，能够用于创新的物质和人力资本异常匮乏，而扩大生产规模也是当时经济发展的主要矛盾。而加大资源尤其是自然资源和劳动等初级生产要素的投入是解决这一矛盾最为直接、简单的方式。加之，在计划经济体制下，微观主体也缺乏足够的创新激励，这都导致生产端全要素生产率的低下。如果以改革开放为标志，除了 1950 ~ 1960 年，我国制造业 TFP 增长率为 0.59%，保持正的增长之外，直到 20 世纪 80 年代，年均增长率均为负值。改革开放后，随着外资的进入，教育发展带来的人力资本积累增加，以制造业快速扩张为主的经济 TFP 的年均增长率开始由负值转为正值，并到 20 世纪末一直维持在 1% 左右（Wang & Yao，2003）。在 21 世纪初，我国迎来了划时代的变化，即开始由卖方市场转为买方市场，这也意味着，企业面临着真正竞争时代的来临。随着经济体制的变革，企业也成为独立决策的市场主体。为了在竞争中生存和获取足够的利润，企业开始重视创新投入，不断推出新的产品，满足消费者对更高产品品质的要求，这也迎来了我国制造业 TFP 增长最快的一段时期，即在 2001 ~ 2010 年，年均增长率高达 3.69%（应习文，2016）。但是，这一阶段 TFP 的快速增长，一方面来自全球化红利释放带来的规模效应，另一方面来自改革开放的深入推进带来的国际技术的外溢效应和后发追赶优势。随着全球化红利和后发优势逐步消退，在缺乏自主创新能力的条件下，越来越难以推动企业 TFP 的提升。2007~2014 年，我国制造业 TFP 整体年均增长率仅为0.35%（赵玉林和谷军健，2018），从人均收入和消费规模来看，我国尚有巨大的发展空间。但随着人均收入的提高，消费升级开始快速换代，而企业创新能力的缺失，使其产品难以满足市场的需求，加上产业政策的失误，从而带来大量的产能闲置和资源浪费，这都抑制了制造业 TFP 的改善。新古典经济学理论告诉我们，需求和供给实现总量和结构的均衡是经济出清或者良性运转的充分必要条件。相反，无论来自哪一侧的失衡都将导致经济增长的迟缓和发展质量的下降。尽管需求侧方面的因素对我国制造业 TFP 的影响表现为微弱的正向影响，但这也意味着需求尚未得到充分的释放。而这可能也与供给侧效率低下和结构不合理有关，更为关键的是，供给侧的冲击对制造业 TFP 具有抑制作用，这都可能加剧经济结构的失衡、增长速度下降和发展质量不高。

3.2.2　我国制造业分行业全要素生产率存在的问题分析

我国制造业各细分行业的全要素生产率存在较大差距，发展很不平衡，具有优势的领域主要集中在传统行业。我国制造业所包括的制造行业门类比较齐全，既有传统制造产业，又有新兴制造产业和高端装备制造产业，由于国家政策、技术门槛、创新程度、资源配置等各种因素的影响，导致各细分行业 TFP 存在较大差距。我国制造业中处于效率前沿的行业主要体现为少数几个传统行业，主要包括木材加工和木、竹、藤、棕、草制品业与石油、煤炭及其他燃料加工业等行业，其他大部分细分行业的生产效率水平距离效率前沿水平存在较大的差距，尤其是资本密集型行业和高科技行业里面的制造业的全要素生产率普遍偏低。由于传统制造行业生产相对简单，所需的技术水平不高，对技术创新的要求程度较低，因此，相对容易实现生产效率的提升。除了具有一定垄断性的石油、天然气等行业外，木材加工等制造业加工的对象往往都是初级生产资料，这些行业附加值较低，在国民经济中所占份额也不大，地位不高，生产链条较短，对经济带动作用较弱，无法在竞争中形成主导地位。此外，这些传统行业的产品大多属于消费品，替代性也较强，由于生活习惯的不同，甚至在国际上市场空间相对较小，这都决定了尽管其全要素生产率相对较高，但对整个制造业 TFP 的影响相对较小。木材加工等行业营业收入和利润在工业中所占份额由 2017 年的 1.14% 和 1.01% 下降到

2019 年的 0.83% 和 0.64%，呈下降趋势①。相反，我国资本密集型制造业和高科技制造业的全要素生产率则相对较低，这是因为它们的发展需要较高的技术水平和高质量的人力资本，即需要投入大量的资源进行创新活动。然而，这正是发展中国家发展初期难以具备的发展条件，加之，高端制造业长期缺乏市场，微观主体创新意愿不足以及创新环境等因素制约，这些行业的发展缺乏创新动力，导致其生产效率的低水平。与发达国家相比，我国高新技术产业的差距更大。2010 年，我国高新技术产业的 TFP 达到同期美国的 46.21%，随后逐渐下降，到 2014 年，仅为美国的 37.6%（赵玉林和谷军健，2018）。

与此同时，装备制造业和高新技术产业在现代制造业中所需技术更复杂，包含更多的中间投入品，产业链较长，附加值比较高，在制造业中份额较高，对经济影响较大。一个国家装备制造业和高新技术产业的发展水平往往也决定了其在国际上的地位。尽管我国制造业增加值已经连续 11 年在世界上居于首位，占全球的近 30%，但中美贸易摩擦以来，我国部分领域的制造业甚至面临生存的问题。简言之，装备制造业、医药、计算机、电子和光学以及化学等制造业技术水平相对落后，全要素生产率低下，产品附加值较低，使我国在国际竞争中处于不利的地位。

此外，我国制造业中大部分行业全要素生产率的提升速度较慢，与我国制造业全要素生产率提升速度较慢的结论是一致的。这主要与企业创新意愿不强、动力不足，导致创新投入不够、创新能力不高有关。当然，这也意味着我国制造业 TFP 的增长尚有很大的提升空间。

3.2.3 我国分所有制制造业全要素生产率存在的问题分析

对于不同所有制的制造业来说，其全要素生产率表现出了一定的差异性。具体来看，我国分所有制制造业全要素生产率存在的问题如下。

（1）对于国有控股制造业来说，国有控股制造业 TFP 的提高更多表现为规模效率的提升，其纯技术效率水平相对较低，而处于技术效率前沿的细分行业主要集中在传统行业，往往处于垄断地位。整体而言，国有控股制造业 TFP 远低于私营单位和外商及港澳台商投资制造业的 TFP。具体来说，国有

① 资料来源：根据 2018 ~ 2020 年历年《中国统计年鉴》相关数据计算获得。

企业在烟草制品业和石油、煤炭及其他燃料加工业处于技术效率的前沿水平。然而，在烟草制品业，家具制造业，石油、煤炭及其他燃料加工业，黑色金属冶炼和压延加工业与汽车制造业、铁路、船舶、航空航天和其他运输设备制造业这五个制造业处于纯技术效率前沿，而没有实现规模效率前沿。与此同时，纺织类的国有企业处于规模效率前沿，而没有实现纯技术效率前沿。在化学原料和化学制品制造业，黑色金属冶炼和压延加工业，汽车制造业、铁路、船舶、航空航天和其他运输设备制造业与计算机、通信和其他电子设备制造业这四个制造行业处于规模报酬递减的无效状态。而国有企业在其他制造业细分行业都处于规模报酬递增的规模无效状态，需要进一步扩大这些行业的规模。

国有企业是中国特色社会主义制度的重要物质基础和政治基础，是发挥社会主义体制优势的重要保障之一。国有企业的职能和作用相对复杂，有的国企承担了部分公共管理的职能，还有一部分尽管涉及国计民生和国家产业安全，但与民营企业一样，通过公平竞争参与到市场中，以获取利润最大化为目的。发展目标的多样性决定了其评价标准的差异。因为承担公共职能的国有企业更多以社会效益为目标，而非追求利润最大化。尽管需要提高运营效率，加大创新力度，但由于产品价格受到限制，导致同样的投入产出价值较低，人为拉低了企业全要素生产率。所以，在这里，我们仅考虑在竞争性领域经营的国有企业。随着社会主义市场经济的完善，原有国有企业的垄断地位将会逐渐削弱，从而面临更激烈的竞争。假如国有制造企业 TFP 一直维持较低水平，资源将流向效率较高、收益较好的民营企业和外资企业。这将导致国有企业在经济中的比重逐渐降低，甚至面临退出的危险，将在一定程度上削弱社会主义体制的优势。然而，如果采用政府补贴的方式，尽管可以维持企业的运营，但这将造成整个社会资源的极大浪费，拉低整个社会运行的效率和发展质量。

（2）对于私营单位制造业来说，在不同分类的效率方面整体优于国有控股企业。相对而言，其纯技术效率水平整体较高，但规模效率却相对较低。换句话说，私营单位制造业 TFP 的提高更多表现为纯技术效率提升而非规模效率，而技术效率的提升来自技术进步和管理效率的提高。简言之，相对于国有企业而言，民营企业发展质量相对较高。具体来看，民营企业在酒、饮料和精制茶制造业，烟草制品业，纺织业，皮革、毛皮、羽毛及其制品和制鞋业，木材加工和木、竹、藤、棕、草制品业，印刷和记录媒介复制业，医药制造业，黑色金属冶炼和压延加工业，有色金属冶炼和压延加工业与计算机、通信和其他电子设备制造业这十个行业中处于技术效率的前沿水平。然而，尽管民营企业在农副食品加工业，食品制造业，家具制造业，石油、煤炭及其他燃料加工业，非金属矿物制品业，金属制品业，通用设备制造业，专用设备制造业，汽车制造业、铁路、船舶、航空航天和其他运输设备制造业与电气机械和器材制造业等十个细分行业均处于纯技术效率的前沿水平，但在这些行业却没有实现规模效率，即缺乏规模有效性。相反，在文教、工美、体育和娱乐用品制造业与仪器仪表制造业这两个行业处于规模效率前沿，而没有实现纯技术效率前沿。其他各个制造行业既没有实现纯技术效率前沿，也未实现规模效率前沿。

私营单位规模小、灵活性大，避免了中间代理环节使其能够更快地对市场变化做出反应，更好地适应市场竞争。规模较小，行业集中度不高，既是民营企业参与竞争的优势之一，同时又成为制约其发展的外部条件。整体而言，民营企业规模偏小，利润总额相对较少，从而导致其抵御风险的能力较弱，也缺乏足够的创新投入条件。而民营企业增加值在经济中所占比重稳步增加，也为社会提供了大量的就业岗位。以 2019 年为例，民营工业企业的营业收入占整个工业的 33.83% 和 31.38%，同时吸纳的就业人员占 52.31%。[①] 民营企业由于管理体制和经营体制更适应市场的需求，因而在对外投资方面，更容易与国外接轨。加之，如果考虑到政治因素，民营企业“走出去”受到的干扰和阻力相对也会更小。民营企业的创新成果与生产效率结合得更为紧密，一旦投入资源进行创新，能更高效地转化为生产力。因而，如果民营企业规模过小，发展不足，难以有效地与国外企业去竞争，而且通过民营企业的高效发展，可以为国有企业发展提供足够的压力，有助于激发其经营活力，提升其效率。此外，民营企业的高效发展也能够为国有企业改革提供缓冲力。

（3）对于外商及港澳台商投资制造业不同类型的效率而言，在不同分类的效率方面同样优于国有控股制造业，且略低于民营企业制造业 TFP。其中在烟草制品业，皮革、毛皮、羽毛及其制品和制鞋业，石油、煤炭及其他燃料加工业，医药制造业，化学纤维制造业，黑色金属冶炼和压延加工业，计算机、通信和其他电子设备制造业与仪器仪表制造业等八个细分行业中处于技术效率的前沿水平。而在酒、饮料和精制茶制造业，纺织业，印刷和记录

① 资料来源：根据《中国统计年鉴 2020》相关数据计算获得。

媒介复制业与汽车制造业、铁路、船舶、航空航天和其他运输设备制造业这四个行业均处于纯技术效率的前沿水平，但却没有实现规模效率前沿。与此同时，外资企业在其他 15 个制造细分行业中既没有实现纯技术效率前沿，也未实现规模效率前沿。与民营企业类似，外商及港澳台商投资制造业 TFP 的提高更多地表现为纯技术效率的提升，其规模效率相对较弱。

在早期，外商直接投资企业进入我国不仅弥补了我国资本的不足，还能够将更为先进的技术和管理带到国内，有助于我国制造业 TFP 的改善。然而，随着我国经济的发展，前一种效应逐渐弱化，但后一种效应依然是我国经济发展所需要的。国内企业与跨国企业通过供应链协作提升其创新能力和管理水平，有助于其生产效率的提高。外商直接投资的进入可以使我国企业加强与外部的交流，加速企业吸收人类一切优秀的文明成果，增强我国企业的创新能力。此外，跨国企业作为外商直接投资的主体，其产品往往是全球供应链的一部分，扩大了出口规模，使我国经济更好地融入全球化进程中，为经济发展增添活力。与此同时，它们也提供了大量的就业岗位，甚至大批的技术人员，提高了我国人力资本的积累。外商直接投资也通过竞争效应为国有企业和民营企业带来正的溢出效应。因而，我国要继续优化和改善营商环境，吸引 FDI 的进入。但 FDI 能够进入的领域及其规模大小，不仅需要考虑对我国制造业 TFP 带来的积极作用，还涉及国家安全、产业安全以及国际政治形势的变化。这需要我国完善相应的法律法规，在法律许可的情况下，遵循市场规律，支持跨国企业规模的适度扩大，助推我国制造业 TFP 的提升。

3.3　我国制造业全要素生产率存在问题的原因分析

3.3.1　政府经济职能与市场经济体制要求不匹配，阻碍资源的合理配置

政府对国家政治、经济和社会公共事务的管理具有强制性、动态性、扩张性等属性。在市场经济中，政府作为“看得见的手”对资源配置起着重要作用，它主要通过对资源的直接配置和对经济活动的直接或间接影响体现出来，进而对企业的生产行为产生重要的影响，从而影响生产效率。

我国制造业 TFP 随着政府职能尤其是经济职能的调整而变动。在我国，政府经济职能的变动不仅影响制造业 TFP 的变动，更是其变化的推动力。中华人民共和国成立后至党的十八大前后，尽管不同的发展阶段，资源配置的方式发生了革命性的变化，政府经济职能也持续地调整和优化，但整体而言，我国经济发展的核心在于扩大生产规模，满足人民日益增长的物质需求。这一过程还可以分为两个阶段：改革开放前，我国实行计划经济体制，政府几乎掌控着所有资源的配置，在经济发展中居支配地位。技术水平的落后以及发展战略的影响决定了加大初级生产要素投入、实现生产规模迅速扩大是各级政府经济发展的主旋律。政府经济职能的极大化，挤占了微观主体作为利益主体的发展空间，抑制了其积极性，从而导致经济总量增长的同时，全要素生产率却为负值。改革开放之后，开始引入商品经济和市场经济，政府将部分资源配置的权利交予市场，与此对应，也赋予微观主体一定的决策自主权和收益权。随着政府职能的变迁、外部发展环境的好转，更为先进技术的引入推动了技术进步，资源配置使资源使用效率的提高，都推动了制造业 TFP 的好转。到 1992 年，我国正式确立社会主义市场经济体制。此后，政府经济职能转变，开始进入一个崭新的阶段，尽管保持足够的增长速度，扩大经济总量依然是发展的重心。但是市场开始在资源配置方面起基础性作用，也开始吸引更多外商直接投资进入我国，技术进步开始加速，配置效率进一步改善，生产效率得以提升。到 21 世纪初，加入世界贸易组织（以下简称“世贸组织”），我国工业品市场迅速扩大，进一步改善了规模效率，促进了市场机制的完善，微观主体的活力和积极性被激发，管理能力提升，创新投入持续增加，成果不断积累。同时，全球化的快速发展也为我国制造业效率提高带来了溢出效应。

政府经济职能的变迁以及市场经济的完善，也使我国经济规模快速扩张，至 2010 年经济总量跃居世界第二。影响我国制造业 TFP 各种有利的因素不断释放之后，全球化红利和经济制度变迁带来的第一波红利开始消退，制造业 TFP 开始快速下降。如果超大规模经济体量继续维持较高速度的规模扩张，那么生产要素的边际收益递减规律决定了需要投入的资源越来越多，甚至超出社会承受能力，这也意味着以规模扩张为主导的发展模式难以适应新的发展阶段。尽管我国社会主义市场经济在不断完善和发展，但脱胎于计划经济中的社会主义市场经济，依旧存在政府经济职能的不完善、错位、越位和缺位现象，这不利于激发市场的创新活力，从而导致不利于全要素生产率的提高。资源配置是影响全要素生产率的一个非常重要的因素，然而，我国资源配置效率较低，且存在地区间、行业间的资源错配，势必不利于生产效率的提高。我国制造业各细分类行业之间全要素生产率存在较大的差异性，这与我国制造业之间的资源配置效率和资源错配有很大的关系。制造业行业间资源配置在很大程度上受到政府宏观调控、国家政策引导等非市场因素的影响，进而导致行业间资源配置效率较低，以及资源配置效率之间较大的行业差异性，进而导致制造业各行业全要素生产率的差异性。

3.3.2　微观主体创新动力不足，导致制造业 TFP 增长缓慢

我国制造业创新活动规模有所增加，创新意识明显增强，创新投入也不断扩大。2012 年，我国规模以上工业企业中具有 R&D 活动的企业占比仅为 13.7%，但到 2019 年，这一比重增加到 34.2%，增加了约 20%。新产品研发经费从 2012 年的 7998.5 亿元增加到 2019 年的 1.699 万亿元，增长了 1.12 倍。与此同时，欧盟在 2010 年具有研发活动的企业已经达到 53% 左右。2019 年，我国工业研发强度为 1.43%，而德国 2014 年则达到了 4.5%。更为重要的是企业从研发活动中获取的收益并不明显，2018 ~ 2019 年，具有创新活动企业的平均利润率为 6.28%，没有创新活动的却为 6.09%。[①] 创新活动的收益不高，严重阻碍了企业从事创新的意愿。这也从侧面反映出，创新活动未能成为大多数企业利润的主要来源。可能的原因在于，除了创新收益可能存在滞后性之外，我国企业大多处于价值链中低端，在低端水平的应用性创新难以产生原创性和颠覆性的创新，或者关键零部件受制于人，增加了产品成本，从而可能导致创新投入高、收益低。一些企业通过“寻租”等形式拥有垄断地位，或者通过违规“抄袭”而攫取了本应由创新企业获取的收益，降低了创新活动的收益率，使企业不愿再加大创新投入，出现劣币驱逐良币的现象。此外，企业也缺乏对创新成果的保护意识，或者保护手段比较落后和单一。大多数企业将创新成果作为商业秘密或者内部技术保密资料，不允许企业之外的人接触相关技术资料，但却无法避免内部成员出现“道德风险”或者技术人员流失导致创新成果被侵权。此外，我国企业目前还难以

① 资料来源：2013 ~ 2020 年历年《中国科技统计年鉴》以及根据历年中国科技统计年鉴相关数据计算获得。

通过独有的加密技术和特有的技术来保证产品不被模仿，因此，企业希望通过“发挥时间上的先发优势”，以占领市场保护自己的创新收益。事实上，这一方式能够实现创新成果保护的企业占比不足2.5%。根据国务院发展研究中心的数据，依赖于申请专利保护的企业在工业企业中占比仅有7.3%。这从一个侧面反映，我国知识产权保护意识的淡薄，宣传工作不够。调研中还发现，一些企业负责人和技术人员认为，知识产权法律无法有效保护创新成果被侵犯，或者维权成本太高，甚至面临取证较难的问题。在维权过程中，可能还存在地方保护主义，对侵权行为惩罚不够，或者执行困难，这促使企业放弃通过知识产权保护维护自身的创新成果和收益。还有一些传统行业中企业面临去产能、去库存的经营压力，甚至面临生存压力，既缺乏足够的收益去保证创新的投入，也使企业负责人缺乏足够的时间和精力去推动创新活动。

从所有制和规模来看，企业在创新意愿和效果上差异也比较明显。整体而言，国有企业和集体企业的创新意愿远低于民营和外商投资企业，而且创新成效也明显不如后者。主要可能是国有企业和集体企业“所有者虚置”的问题依然未能得到有效解决，对企业管制相对较多，尤其是缺乏合理的激励机制。调研表明，在部分国有企业的下属企业，工资和奖金总额确定之后，几乎没有再调整的空间。即使需要调整，也面临繁杂的手续。创新成果和收益与个人的收益一旦不相关，企业负责人和科技人员将不愿再承担任何风险从事创新活动，因而降低了创新的意愿。即使有创新活动，创新的周期也比较长。假如同时进行创新投入，民营和外商投资企业新产品上市销售要远快于国有企业。此外，假如国有企业在行业中处于垄断地位，凭借垄断优势，可以获取足够的利润，则企业进行创新的意愿也不高。当然，创新的意愿也与企业规模有关，在民营企业中，小企业从事创新活动的份额为29.6%，不足大企业的40%。

3.3.3 外部环境的不完善，难以为制造业TFP发展提供有效支撑

微观主体进行创新的最大动力源自创新收益或利润的增加，这也是创新的重要目的之一。创新收益由创新的收入和成本构成，因而，收入的提高和成本的降低是扩大企业利润的基本途径和方法。相反，创新成本过高无疑拉低了创新的利润，在我国这是阻碍企业创新能力增强的重要因素。而良好的

营商环境可以有效地降低企业的创新成本，进而激励企业从事创新活动或加大创新投入。尽管近些年来，我国营商环境有了很大程度的改善，根据世界银行《全球营商环境报告2020》，我国营商环境在全球190个经济体中的排名由2012年的第91位跃升到2020年的第31位，实现了较大幅度的跃升，但是与新西兰、新加坡和我国香港等地区相比，仍然存在一定的差距。而人力资本发展水平、可获得贷款的便利程度和成本高低、制度成本以及政府发展政策带来的机会成本都是企业发展不得不面对的外部环境。

创新投入也可以分为两个方面的内容，即人力资本和物质资本这两种最基本、最重要的要素。与一般经济活动不同的是，创新活动投入的不是一般的劳动力，而是高素质劳动力或者高质量的人力资本①。一般情况下，包含企业家在内的人力资本不仅是创新活动的发起和推动者，往往也决定了创新的成效，尤其是行业内的领军人物、骨干人才。对大多数企业而言，缺乏足够的创新"人才"是企业无法有效从事创新的最大障碍。尽管我国R&D人员全时当量规模居世界首位，2019年高达315.2万人年，高于美国的155.5万人年，甚至是德国的4.39倍。然而，我国的R&D人员的人均投入却非常低。2019年，我国每万人口中R&D人员全时当量为22.51人。同期，德国则高达88.56人，是我国的3.93倍。② 这从另一个侧面反映了我国创新人才的匮乏，也难以有效支撑起创新型国家。当然，这还仅仅是数量上的差异，如果将教育和培训体系质量的异质性也纳入人力资本评价中，这种差距可能会更大。即使在这有限的从事创新活动的人才中，由于教育体系的低效和激励机制的落后，培养的人才缺乏创造性和包容性，用人机制僵硬，尤其是国有企业，人员流动性差，不利于创新知识的流动和溢出。尽管民营企业用人机制相对灵活，但是由于中小型企业创新能力较弱，缺乏足够的创新平台，或者生活环境不够便利，难以招募到合适的人才。调研结果表明，不同规模和行业以及不同所有制性质的大多数企业都面临创新人才短缺的问题。一般而言，创新活动不确定性较高、周期比较长，长期稳定的资金支持是从事创新活动的前提和成功的基础。因而，能否以相对便捷的方式、较低的成本获得信贷或融资支持企业经营和创新活动成为度量一个地区营商环境优劣的标准之一。缺乏稳定的资金来源，资金成本过高，手续繁杂一直是制约我国企

① 在这里，高质量的人力资本不仅包含科学家、研究与开发人员，而且包括在某一领域具有独特造诣的特殊人才以及企业家等参与到创新活动中的高素质劳动力。

② 资料来源：根据《中国科技统计年鉴2020》和《世界统计年鉴2020》相关数据计算获得。

业运营和创新能力提高的重要因素。我国企业融资的短期成本不断下降，而长期成本持续上升。这是因为银行长短期借贷利率变化所致。此外，企业从民间获取资金的成本在所有区域中最低利率高达 8.94%，比从银行获取的显性融资成本至少要高 69%（中国财政科学研究院 2019 年“降成本”调研综合组，2019）。另外，我国企业尤其是中小企业在融资过程中还面临大量的融资担保费用、信用评价费用、时间和精力成本，甚至包括一部分“寻租费用”等各种难以统计的隐性成本。企业尤其是中小企业融资成本的上升，除了企业自身存在的管理、经营等不规范的原因外，也受到我国融资渠道和环境的影响。中小企业往往不具备到证券市场融资的条件，也难以发行企业债券，银行和民间借贷往往成为融资的主渠道。然而，大型银行向中小企业放贷的交易成本和机会成本可能都比较高，这将抬高融资成本或者降低银行利润，因而大型银行缺乏向中小企业贷款的动力，甚至提升借贷门槛。加之，我国为中小企业服务的中小金融机构比较少，加剧了企业获取资金的难度。这都意味着，企业创新所需要的长期借贷成本不断上升，甚至无法获取足够的资金支持。创新投入的高成本，甚至无法获取足够的资源进行投入，明显拉低了企业创新利润，阻碍企业创新能力的提升。

此外，制度性成本和机会成本也是影响制造业创新和 TFP 变动的重要外部因素，其中市场准入和不同行业相对收益率的差异是典型的代表之一。市场进出的难易程度不仅反映营商环境的优劣，更涉及资源配置的优劣，影响企业配置效率和创新意愿。制造业创新机会成本的高低，也影响企业的资源配置的决策方向。以金融业和房地产业为例，据 2020 年的年报数据，上海证券交易所 A 股市场中十家银行①的净利率最低的为邮政储蓄银行 22.47%，最高为中国银行 36.27%，位居中位数的兴业银行净利率高达 33.32%。而根据《2021 中国房地产百强企业研究报告》公布的数据，全国百强房企净利润率在持续下降的基础上，2020 年也高达 11.2%。与此同时，根据工信部公布的数据显示，我国制造业的平均利润率仅为 2.59%，即使华为和格力电器这两家中国制造业典型代表，2020 年的净利率也仅为 7.25% 和 10.4%。对于大多数企业而言，将资源配置到制造业面临高昂的机会成本，因而，他们会将更多资源配置到利润率更高的金融、房地产等领域，这些领域恰恰与政府的发

① 这十家银行分别为中国工商银行、中国建设银行、中国农业银行、中国银行、招商银行、交通银行、兴业银行、中国邮政储蓄银行、浦发银行和中信银行。

展政策或监管的强弱有关。这都不利于制造业的发展。

另外，我国企业创新活动相对封闭，利用和整合外部资源的能力不强。随着国际局势的变化，我国制造业能够直接从外部得到技术尤其是高端技术的机会越来越少，企业开始关注自主创新、加大企业内部人力和研发经费的支出，这是产业技术水平发展到一定阶段不得不面临的转型问题。但加强自主创新并不意味着要封闭自己或闭门造车，同样可以借助国内外高等院校、科研机构等创新主体的力量，降低创新的风险和成本。这可能是由于高校和研究机构体制相对僵化，尤其是前者，高校人员不允许或难以从合作中获取应有的收益，从而不愿意加强合作，或者相关人员的创新成果缺乏合适的转化渠道，无法有效应用到生产实际中去。此外，由于考核机制不合理，使得高校的研究成果难以商业转化，从而降低了企业合作创新的兴趣。因此，大多数企业更愿意选择与供应链上下游的供应商或客户进行创新合作，以加速创新成果的应用和转化。然而，全球经济发展历程表明，高等院校是社会上不可忽视的创新主体之一。除了高等院校和科研机构自身的原因之外，企业平时缺乏与高等院校的互动机制，缺乏基本信任，也阻碍了二者之间的合作，不利于企业创新生态网络的构建和扩展以及创新风险和成本的降低，一定程度上丧失了扩大创新利润的可能性，从而降低了创新的动力和意愿，抑制全要素生产率的提高。

3.4　本章小结

为了对我国制造业 TFP 有一个全面的了解，本章分别从制造业整体、不同所有制、行业以及地区等四个维度测算了制造业 TFP，并从宏观冲击（供给冲击、需求冲击和其他冲击）、纯技术效率及规模效率视角对我国制造业全要素生产力变动进行分解，以分析影响其变动的来源。通过本章的实证研究，主要得出以下四个结论：（1）从制造业整体水平看，我国制造业全要素生产率呈缓慢波动上升趋势。从全要素生产率变动的宏观冲击来看，供给冲击是影响制造业 TFP 的主要影响因素，需求冲击和其他冲击是影响制造业 TFP 的次要因素。这充分说明，对我国制造业进行供给侧结构性改革，对于提高我国制造业全要素生产率具有实际可行性。（2）从细分行业来看，绝大多数行业处于无效率状态。在整个样本期内，石油、煤炭及其他燃料加工业是我国制造业中为数不多的处于绝对效率前沿的行业。与此相反，酒、饮料和精制茶制造业，造纸和纸制品业与专用设备制造业行业则处于较低水平。2011 年开始，木材加工和木、竹、藤、棕、草制品业生产效率开始改善，是目前我国制造业各细分类行业中生产效率水平较高的行业之一。2007 年之后，农副食品加工业行业生产效率大部分处于前沿水平；而在此之前，则无效率。烟草制品业的生产率在整个样本期间依次表现为效率前沿、无效率和效率前沿的依次更替变化。其余大多数行业，基本上都是处于无效率状况。(3) 根据企业所有制的不同，制造业 TFP 表现出较大的差异性。私营企业制造业在全要素生产率、技术效率和规模效率方面的有效性最好，外商及港澳台商投资制造业次之，且都优于国有控股制造业。与此相对应，处于效率前沿行业由多到少的也依次是私营单位、外商及港澳台商投资和国有企业。此外，国有控股单位制造业大部分表现为规模报酬递增的规模无效状态；而私营单位制造业和外商及港澳台商投资制造业规模有效的行业较多，其规模无效行业主要表现为规模报酬递减。(4) 从分地区制造业全要素生产率及其分解情况来看，各个地区在技术效率、纯技术效率和规模效率方面表现出了较大的差异性。

在此基础上，本章还从制造业整体、不同所有制及行业等三个维度分析了我国制造业 TFP 变动存在的问题，并分别从政府职能调整、微观主体创新动力以及外部环境三个方面探究引起这些变动的深层次原因，以为后续提出改善我国制造业 TFP 的路径提供借鉴和依据。

第4章　生产性服务业发展对制造业TFP的影响

对我国制造业 TFP 的测算结果表明，不仅整体水平不高，而且在不同所有制和行业间也存在巨大的异质性。一方面，制造业 TFP 的这种状况与我国经济发展要求不相符，甚至导致制造业发展的停滞或衰退，使我国无法顺利完成工业化。另一方面，这预示着我国制造业尚存在较大的发展空间，也具备一定的后发优势。然而，如何充分利用后发优势，促进我国制造业 TFP 改善，成为摆在社会各界面前的问题之一。那么，世界上的制造业强国是如何推动制造业发展的呢？又能给我国制造业转型提供哪些经验借鉴呢？这些经验对我国是否合适呢？这一系列问题的回答，就构成了本章的主要内容，即在总结世界上主要制造业强国制造业发展的基础上，探寻如何推动我国制造业升级，实现全要素生产率的改善。

4.1　世界主要制造业强国制造业发展简要回顾

从目前世界制造业发展的格局来看，尽管我国是世界上制造业规模最大的国家，但从竞争力和附加值的角度看，美国、德国和日本等国家无疑是站在世界顶峰的。那么，这些国家是如何变成制造业强国的呢？我国制造业目前也面临发展方式的转变，这些国家发展的经验和教训有哪些是值得借鉴的？这都是需要回答的问题，下面主要以上述三个制造业强国为例，考察其成长的路径，以期对提高我国制造业发展质量有所帮助。

4.1.1　美国制造业发展历程回顾

纺织工艺的革新以及专业化分工的推进，使生产效率迅速拉升。随之而来的冶炼技术的进步和动力革命则进一步加速了生产效率的变化，这使生产规模迅速扩大，产出快速增加。发轫于英国的工业革命，起初在欧洲各国传播，最终跨越大西洋，来到了美国。但面对英国出口技术和新机器的禁令，美国不仅加大力度鼓励技术移民，还直接引进新技术（王睦欣，2020），提升制造业的技术水平。1820～1860 年，美国东北部地区的毛纺织业和造纸业人均工业增加值年均增长率分别达到 2.7% 和 5.0%，劳动生产率[①]有所提升（王睦欣，2020）。尽管当时的美国在世界创新体系中尚不具有足够的话语权，更多的基础研究源自欧洲，但追求自由和崇尚个人主义文化的美国依然成为创新大国。高昂的人力成本也加速了机器的应用，也为美国的创新提供了广阔的市场。此外，持续不断的创新最终推动了铁路、轮船等交通工具技术的进步和成本的降低，这为其拓展国际市场提供了基础和前提条件。市场的扩大会进一步刺激新技术的产生和应用，生产规模会进一步扩大。为了从法律上保护创新者的权益，激励个体和企业从事创新活动，立国之初，美国就将知识产权保护制度作为一项基本法案写入《美利坚合众国宪法》。此后，美国发明专利申请速度加快（王睦欣，2020）。随着经济的发展和知识产权法案的完善，1909 年，美国对知识产权的保护范围也由最初的书籍、地图和期刊扩展到所有的智力劳动成果。时至今日，美国公民的知识产权保护意识非常深入人心。另外，当时正处于自由资本主义的上升期，尽管也存在不同程度的贸易保护主义，但是，相对而言，国际贸易处于起步和蓬勃发展时期，以及殖民地的开拓都为创新提供了较好的外部条件。如果说第一次工业革命的技术创新成果更多源于工人的生产经验，那么第二次工业革命的创新成果则更多的是建立在科学进步的基础上，从而能够为制造业的发展和全要素生产率的提高提供更为充沛的动力。与此同时，在 19 世纪末期至 20 世纪初，美国实现了工业化（马振华，2017）。美国制造业增加值也由 1899 年的 46 亿元增加到 1939 年的 245 亿元（按 1939 年美元价格计算），增加了 4.3 倍，1899 年在 GDP 中的份额占 25.4%，美国超越英国，成为世界上制造业产值最高的国家（迈伦丁·戈登和梁志坚，1999）。然而，伴随着市场规模迅速扩大，新技术的不断应用也使企业生产能力急剧攀升，自由资本主义让位于托拉斯垄断资本主义。这将赋予企业足够的垄断势力，不仅可以占有消费者剩余，

① 由于美国投入数据获取困难，难以估算其制造业全要素生产率，因此，采用劳动生产率做替代变量，反映技术创新对制造业生产效率的影响。

而且利用不对称的力量，将大量的具有弱势地位的企业挤出市场，从而巩固其垄断地位。假如没有政府的干预，市场的这种作用机制将会相互加强，从而形成不受控制的经济势力，甚至在某一领域只存在一个或几个企业，这将会扼杀整个社会的创造活力。为了有效应对这一问题，美国政府以法律的形式干预了市场的运行，即 1890 年诞生了世界上最早的反垄断法案——《谢尔曼法》，试图通过竞争以保证资源的优化配置，为企业发展提供良好的外部制度环境。尽管发生了两次世界大战，但战火都未殃及美国本土，加之，美国资源丰富，地广人稀，这为接受大量高素质移民的流入创造了前提条件。而人力资本是创新和提高制造业全要素生产率必不可少的要素之一，进一步增强了美国制造业的创新能力，诸如合成材料、喷气飞机、电讯设备等新技术不断涌现出来。此外，美国政府也通过大量的采购计划，为企业的创新活动提供了坚实的资金支持。这都为美国制造业的快速发展奠定了基础，在“一战”和世界经济大危机暂时中断之后，1939～1949 年，美国制造业年均增长率更是高达 11.2%（迈伦丁·戈登和梁志坚，1999）。美国制造业强大的创新能力，不断提高的生产效率，极大地释放了生产力，也使制造业规模不断变大。实际上，在大萧条前夕，美国已经确立世界制造业大国和强国地位。1929 年，美国工业产值在世界工业中所占比重高达 48.5%（王睦欣，2020），而且在众多领域的技术水平都处于领先地位，生产组织方式也不断创新，提高了资源使用效率。

随着美国在“二战”期间积累的军事技术开始向民用领域转移，美国制造业积累的强大优势进一步得到巩固。至 20 世纪 70 年代，美国完成了工业化阶段，开始进入“后工业化时代”。与此同时，全球化步伐开始加快，为了降低成本，以跨国公司为代表的国际资本力量在全球重新配置资源。而以电子技术和生物技术为代表的第三次科技革命的到来，使美国又一次抢占了工业革命的制高点，将产业发展的重点由资本密集型向技术密集型转换。鉴于国内居高不下的劳动力成本，美国制造业开始将加工等低附加值的环节向发展中国家转移。从量的角度看，美国制造业增加值和就业人员在经济中的比重均出现不同程度的下降趋势，其中美国制造业增加值在 GDP 中的比重由 1955 年的 28% 下降到 2019 年的 10.93%，下降了近 17 个百分点。[①] 与此相对应的是以金融和信息服务为标志的现代服务业的崛起。20 世纪初以来，美国

① 资料来源：世界银行 WDI 数据库。

服务业比重就持续呈上升趋势，其占 GDP 的比重由 1960 年的 58%，增加到 2019 年的 81%。[①] 毋庸置疑，美国制造业规模变小了，然而，这并不意味着美国制造业变弱了，恰恰相反，美国制造业依然处于世界的顶端。这是因为，通过结构调整，美国制造业集中优势资源发展装备制造业、芯片、航空航天等高端制造业，而这些行业处于产业链前端，对整个产业链具有较强的控制能力。高端制造业的生产包含更多知识等生产要素，越来越多的经验证据表明，生产性服务业投入的增加可以提升制造业的生产效率（韩德超，2013；余东华和信婧，2018；华广敏，2019；郭然和原毅军，2020），增强其竞争力。而以生产性服务业为主体的现代服务业发展则满足了其发展的基本要求。因而，美国不仅可以通过机器设备而且通过控制现代制造业的中间投入来控制制造业产业链，占据主动权，并享有一定的垄断收益。

4.1.2 后发优势下的日本制造业崛起之路

与美国不同，日本作为制造业强国的后起之秀，并未经历人类完整的工业化历程，而是通过国家与市场相结合的国家资本主义模式，实现了对传统制造业强国的追赶。

明治维新是日本具有划时代意义的一次制度变革。它意味着日本开始确立资本主义制度，也标志着日本开启了工业化进程。面对与先行工业化国家在技术方面的巨大差距，日本将纺织业作为工业化启动初期的核心行业。为此，日本政府开始从欧美等国家引进先进技术和设备，以提高纺织业生产效率，推动制造业发展。由于明治维新改革得不彻底，市场经济并没有在日本完全确立起来，取而代之的是“政商”合作的一种模式。这可能是由于日本的资产阶级并不是从封建社会内部自发产生的，制造业的发展难以完全依赖于资本本能的驱动。尽管这种模式可以将日本快速带入资本主义时代，但其发展却缺乏大量的微观市场主体，也在一定程度上导致日本制造业缺乏创新活力。加之，技术人才匮乏，对引进的技术和设备也缺乏消化吸收和再创新的能力。正因如此，早期引进的技术和设备难以发挥预期的作用，经营陷入困境。而市场机制的缺乏，也使资源流动受到限制。为了有效解决这一问题，日本政府不仅将这些企业以赠与或低价出售的方式转移给私人企业，而且选

---

① 资料来源：世界银行 WDI 数据库。

派大批人员到欧美等国学习先进技术，以解决人力资本的短缺。另外，日本大力开展各种层级的教育，积累发展所需要的人才。此外，由于日本缺乏具有活力的企业，市场容量偏小，资源匮乏，工业化进程中重点发展军事工业，并以此为后盾通过战争和掠夺殖民地，弥补自身的不足。在工业化进程进入快车道之后，日本政府开始重视科学的研究与技术的传播，以更快消化吸收引进的技术，加快推进制造业发展。政府参与工业化的优势之一在于拥有的资源数量和动员能力要比普通的企业大得多，因而，制造业发展的速度会相对较快。到 1940 年，日本用大约 60 年的时间，走完了欧美国家近两百年的历程（薛春志，2011），建立了相对完善的教育体系和完整的工业体系，这为“二战”后日本制造业的快速恢复和发展奠定了基础。

“二战”重创了日本经济，制造业发展的步伐基本停滞，与美国之间的技术差距被进一步拉大。然而，随着国际政治局势的变化，朝鲜战争爆发，需要庞大的军需物资，而日本作为补给地具有得天独厚的地理优势，同时，日本还是美国政治上的伙伴。因此，欧美国家向日本转移了大量的先进技术，加上日本拥有较为雄厚的人才基础，这为其制造业技术水平的提高和市场的扩大提供了千载难逢的良机。日本也及时总结和吸取了早期工业化的经验教训，并以现代西方经济理论为指导，开始完善市场经济，从体制上为制造业发展提供了良好的外部条件。然而，日本并没有完全放弃对经济的干预，而是以产业政策的方式来加速推动制造业创新能力的提升和快速增长。技术水平跨越式发展的同时具有足够的市场消纳生产规模的扩张，日本制造业迎来高速增长的黄金期。另外，政府加大对电力、交通、钢铁等基础工业和基础设施的投资，为生产扩张提供足够的公共产品，消除发展瓶颈。在发展政策上，日本凭借有利的国际局势，不断扩大在欧美市场的份额，同时采用进口替代战略，推动自身制造业的发展。“二战”后到 1968 年，用了 20 年左右的时间，日本从几乎一片废墟已经成长为世界第二大经济体。日本通过引进大量的先进技术和装备实现了技术的飞速发展，迅速缩小了与欧美国家的差距，也实现了主导产业由钢铁、造船等传统行业向电机、电子等新兴制造业转换。然而，技术水平的提高和积累也使技术引进变得困难，引进的速度开始出现明显的下降。为了提升自主创新能力，一方面，“二战”后，日本特别重视引进技术的消化吸收和再创新（薛春志，2011）；另一方面，组织社会力量对制造业发展过程中遇到的重大共性问题、关键问题进行攻关，这也成为日本官产学研模式的雏形。随着制造业的快速发展，需要投入的资源也越来越多，而日本的资源大多依赖于外部市场，在供给上不仅存在极大的不确定性，也容易受到价格波动的影响，尤其是20世纪70年代的石油危机，使日本社会各界意识到粗放的生产方式将导致制造业发展变得不可持续。为此，日本制造业开始由资本密集型向知识密集型转变，并确定了生物技术、空间技术等领域作为重点支持和发展的方向。与此对应，日本于20世纪70年代末80年代初提出了“技术立国”的发展战略，并与贸易立国相结合，即通过制造业技术水平和创新能力的提升，增加产品的知识含量和附加值，进而改变以往制造业发展过于依赖资源的状况，提升制造业国际竞争力。官产学研的技术创新模式则是实现技术立国的具体行动和策略。为了弥补企业创新能力的不足，充分发挥不同创新主体的优势，并结合日本制造业发展的历史文化与特点，形成了独具特色的日本创新模式。经过近10年的发展，日本逐步摆脱了依赖资源的传统发展模式，制造业发展质量显著增强，迈入世界制造业强国序列。

随着日本制造业在国际市场上的份额越来越高，与欧美国家之间的贸易摩擦也越来越频繁，“广场协议”的签订，大幅削弱了日本制造业的竞争力，经济发展也一度陷入困境。为了改善这一局面，日本展开了以制造业为中心的结构改革之路，意图以制造业创新能力的提升重振经济。其核心在于加强基础研究，激发科技人员的积极性，完善知识产权保护、优化科技评价体制以及推动官产学研的合作，进而提升日本制造业的自主创新水平，使其成为世界原创技术的发源地之一。时至今日，这依然是日本制造业发展的基本目标。制造业的不断升级和经济的快速增长也带动了服务业的发展，反过来影响制造业的发展。日本服务业增加值在GDP中的比重在工业化完成之前一直呈上升趋势，之后，尽管有波动但处于相对稳定状态。日本服务业占比从1950年的29.7%增加到2009年的71.53%，上涨了近42个百分点。之后，处于相对稳定状态，并略有下降。2018年达到69.31%。但是，从整体上看，日本服务业表现出典型的“鲍莫尔”成本病（田正，2017）。2005~2012年，日本制造业TFP增长率为0.5%，而同期服务业TFP的增长率则为负值，仅为-0.2%，其中关键原因为生产性服务业在服务业中所占比重较低，且呈下降趋势（庞德良和苏宏伟，2016）。一方面，可能是因为日本在重振制造业的同时，错失了信息时代发展的良机，导致服务业结构调整缓慢，难以满足智能化时代制造业的需求；另一方面，日本制造业对生产性服务业的拉动作用强于生产性服务业对制造业的促进作用（田正，2017）。这说明，日本生产性服务业发展与制造业的关系为“需求遵从”（韩德超，2009）。从日本制造业投入结构看，中高端制造业对生产性服务需求的比重不断提升。但日本经济泡沫破灭之后，制造业发展处于调整期，难以为生产性服务业提供足够的市场空间。但生产性服务业发展的不足，将会导致制造业投入的短缺或成本的上涨，不利于结构升级和竞争力的提高。

日本制造业的发展历程勾勒出了后进国家如何实现制造业由小变大、由弱变强的路径。毫无疑问，国际政治环境等外部因素的变化的确对日本制造业的发展起到了重要的推动作用，但对于技术创新和传播的重视，以及不遗余力地加大人才培养的力度则是决定性因素。

4.1.3 德国制造业由弱到强的成功之路

德国作为制造业强国的又一个典型代表，其成长路径颇具特色，可为发展中国家推动制造业高质量发展提供可借鉴的经验。

相对于美国，尽管德国在地理位置上更接近于第一次工业革命的中心——英国，然而，后者开启工业化的时间甚至略迟于前者。这主要是因为早期四分五裂的德意志民族缺乏启动工业化的制度环境和统一的市场，但是普鲁士王国的崛起、德意志同盟及德意志关税同盟的先后成立彻底改变了这一不利的局面。在英国即将结束第一次工业革命之际，德国开启了自身的工业化道路。而 1848 年欧洲革命后，一系列封建制度的废除，资本主义制度的确立以及行会垄断特权被取消不仅为德国工业革命的发展彻底扫清了障碍，也标志着其工业革命开始进入发展的快车道。相对于日本的明治维新，德国从封建社会向资本主义社会的转变更彻底，这为后续德国工业化飞速发展提供了制度保障。实际上，早在德意志联盟成立之前，受英国工业革命的影响，普鲁士王国已经出台了打破垄断、鼓励开办企业和从事商业活动的政策措施，并被其他邦国所模仿和借鉴。更为重要的是，德国是一个异常重视教育的国家。在 19 世纪初，教育家洪堡除了创办了世界上第一所具有现代意义上的大学——柏林洪堡大学之外，还推动了包括小学、中学、大学教程及教师培训考核制度等一系列的教育制度改革，构建了较为完善的教育体系。1825 年，普鲁士政府还颁布法令要求强制实行义务教育制度，普鲁士的学龄儿童入学率在 1825 年为 43%，到 19 世纪 60 年代已达到 97.5%（沈永兴，1985；钱撷羽，2018）。到 1911 年，德国的在校生占全部人口的 15.82%，每万人拥有 9.49 所国民学校。德国的学校不仅重视一般知识的传授，还强调掌握应有的职业技能，甚至参加业余教育往往成为企业招聘学徒的必备条件之一。这都大大提高了公民素质，为德国工业化积累了大量的人力资本。

尽管德国工业化启动比较晚，但却具有了后发优势。在发展初期，直接跨越第一次工业革命的历程，政府以煤炭、冶金和铁路建设作为主导产业，并且从英国、法国引进了大量的先进技术和设备，学习英国的生产组织方法和管理等，这无疑大大加快了工业化进程。1835 年，德国仅有一条长为 6 公里的铁路，而英国已有 544 公里。然而，五年之后德国的铁路里程已经达到 548 公里，1850 年更是高达 7200 公里。15 年时间，增长到 1200 倍，其发展速度令人惊叹（钱撷羽，2018）。铁路建设的飞速发展，不仅提高了运输效率，而且大大降低了运输成本，加快了生产要素的流动，进一步推动了工业化进程。此外，还带动了产业链上下游相关行业的增长，典型的代表就是机车制造业的进步。这也促使德国的工业化开始由能源、原材料和基础设施建设向制造业转移。19 世纪 70 年代，德国已经步入世界制造业大国和发达资本主义国家之列。良好的发展势头一直延续到"一战"前，德国在化学工业、汽车制造业等领域迈上世界尖端之列，由此奠定了德国世界制造业大国和强国的地位。德国工业化和制造业发展之所以如此迅猛，可能与德国早期对教育和技能的重视、政府的推动、正确的发展战略以及德国人的性格特征有关。但德国制造业的发展并非一帆风顺，可能囿于缺乏足够的经验，在起步初期也缺乏足够的创新能力，德国企业更多选择仿造甚至伪造英国的产品，在节约成本，以较低价格向市场销售的同时侵害了英、法等国企业的利益，最终促使英国在《商标法》中以"侮辱性"的条款对德国的产品加以区分。然而，在波折中，德国社会各界及时进行反思，吸取教训，并确立了产品应该以质取胜的基本理念，以至于后来这成为德国制造业的象征与代表。

接踵而来的两次世界大战和大萧条重创了德国制造业。"二战"后，市场经济制度在德国确立。这种制度的最大特征在于市场经济是经济运行的核心模式，但政府并不放弃对经济的干预。因此，德国①在恢复和振兴经济时，政府加大对基础行业的支持力度，加之，德国雄厚的工业基础以及积累的大量人力资本，使其制造业迅速恢复到"二战"前的水平。为了修复战争带来的损害，世界迎来了大规模的需求，以及美国"马歇尔"计划的实施，都为德国制造业再次高速增长提供了良好的外部环境。此后，尽管其在经济中的

① 这里所说的德国实际上指的是联邦德国，并未包含德国统一前的德意志民主共和国。

份额略有下降，但整体而言机械制造业、电气制造、汽车制造等传统优势行业开启了长达 40 余年的高速增长模式。德国制造业在 GDP 中的比重由 1991 年的 24.85% 下降到 1994 年的 20.8%。除了 2009 年的欧债危机之外，一直保持在 20% 左右波动。但是，这一份额在西方发达国家中排在首位。[①] 这可能是以下两个方面的原因造成的：一方面，这是进入后工业化时代产业发展的客观规律，制造业比重呈下降趋势，而服务业比重呈上升趋势，最终成为经济发展的主导产业。然而，与美国等其他发达国家不同，尽管服务业在德国 GDP 中的份额由 1991 年的 56.37% 上升到 2020 年的 63.59%，但在主要发达国家中比例是最低的。[②]这是因为，面对服务业在世界范围内的快速增长，德国政府审时度势，权衡利弊，坚定地继续实施“制造立国”的发展战略，并对经济适时进行了引导干预，以确保制造业维持在一定的份额上。实际上，在德国，包括服务业在内的其他产业的发展都依赖于制造业的发展。为此，德国政府以实施制造业结构升级作为应对的基本策略。20 世纪 90 年代开始，德国政府开始出台各种规划和政策措施，鼓励新能源、信息技术、生物技术和遗传工程等尖端制造业的发展，在保持传统制造业发展的基础上，推动高新技术产业快速增长，实现制造业结构调整。进入 21 世纪，德国更强调健康、气候和信息技术与传统制造业的融合发展，并于 2013 年提出了“工业 4.0”计划，开启了智能化时代，也将人类带入“第四次工业革命”中。毫无疑问，这都是以德国制造业强大的创新能力为基础。正是德国一直以制造业作为立国之本，才使其在 2008 年的金融危机中免受大的影响，并迅速从低谷中走出。另外，1990 年，民主德国的实力逊于联邦德国，统一之后，经过结构的调整实现经济融合，加之世界经济进入低谷，德国制造业经历短暂的下降后逐渐恢复。此外，发展中国家的崛起在一定程度上可能挤占了德国产品在世界市场上的份额，由于德国市场容量相对有限，制造业主要依赖于外部市场，这也导致德国制造业增加值降低。

另一方面，德国制造业还有一个典型的特征就是“小而精”，即企业规模都不大，但都在特定领域具有极强的创造力和绝对优势地位。2015 年，微型和小型企业个数在德国制造业中比重分别为 64.4% 和 25.1%，二者总计为 89.5%，占据了绝对优势。尽管小型企业在制造业中的销售份额并不高，仅为 7.3%，但是，在全世界 3500 个中小型隐形冠军企业中，德国拥有 1400 多

---

①② 资料来源：根据世界银行 WDI 数据库相关数据计算获得。

个，占全球总数的一半（张继宏，2016；董鹏等，2019）。这些企业由于规模偏小，产品附加值也高，且企业往往不为人们所熟知，在国际贸易中往往不被人关注，与东道国的贸易摩擦较少。此外，中小企业高品质的产品为产业链上下游企业提供了高附加值和高可靠性的中间投入，极大地提升了其他企业产品的品质，推动了整个德国制造业的发展。

4.2 总结与启示：生产性服务业带动制造业结构升级

从西方发达国家制造业发展的历程看，不同国家既有在不同环境与历史条件下独有的特征，也有产业发展的共性规律。主要体现在以下三个方面。

（1）从演进的方式看，三个国家发展的差异颇大。美国的历史环境决定了其建国之初就尊崇个体主义的文化、倡导自由的精神，在经济发展中，就体现为自由主义甚至早期的无政府主义的市场模式。因而，美国制造业的发展更多属于市场主导下的自然演进模式，微观主体更多是在相对充分的自由竞争中发展壮大，对市场竞争具有极强的适应能力。然而，日本则相反。日本制造业发展是在自上而下的资本主义改革完成之后才启动的，时间相对较晚，这种模式的缺点是缺乏发育良好的微观基础，而这是产业发展和市场经济运行的基础和保障。为了快速实现工业化，政府深度参与工业化进程，尤其是在早期阶段，从而导致了起步的困难。然而，一旦这种模式结合市场力量之后，其推动制造业发展的速度比自然演化的模式要迅速得多。德国则介于二者之间，姑且称为德国模式。简言之，德国模式具有自然演化的特点，但政府也通过规划和政策引导介入产业发展之中。实际上，德国政府的介入既与其发展的理念和哲学有关，也与其工业化启动时间晚于英国、美国有关。可是，德国政府不会深度干预经济运行①。这既可以充分释放市场在经济发展中对个体能够产生足够激励和监督成本比较低等优势，也可以在一定程度上避免市场失灵或个体无政府主义对经济带来的损害。

（2）从实现方式看，创新能力的构建是共同的选择。技术创新和高端设备最终都要归结到人才上。但不同的文化和环境的差异，对人才的集聚方式

---

① 尤其是在“二战”之后德国社会市场经济体制确立以后。实际上，在特殊时期，比如战争时期，经济遇到不可逆转的重大冲击时，不同国家的政府也会运用管制的方法深度控制经济，但西方国家的这种管制往往是在法律规定基础之上进行的。

并不相同。对美国而言，高质量的教育体系和个体创造力的释放为美国制造业创新培养了大量的人才，增加了国家的人力资本积累。开放的人才战略以及良好的环境吸引了全世界优秀的人才源源不断地进入美国，成为人力资本积累重要的组成部分。日本和德国则不同，可能囿于国土面积的狭小，人才的培养主要依赖于国内自身的积累。二者都异常重视教育体系的完善和发展，不遗余力地投入教育，为制造业发展提供创新人才。除此之外，日本更注重人员的交流，学习西方先进的技术和经验，而德国更关注于科学知识与职业教育和技能的结合，不仅提供创新人才，而且从基础层面提高公民的技能。从技术进步的方式看，所有的国家都经历了技术引进到自主创新，引领世界制造业发展。三个国家工业化启动之时，世界上已经具有更为先进的技术，因而，不约而同地采用技术引进，以模仿创新的模式促进制造业发展。随着制造业实力的攀升，处于领先地位的制造业面临无技可仿的境况，需要借助于自主创新模式才能推动制造业进步，引领世界发展。只不过美国和德国实现自主创新比日本要早一些。

（3）生产性服务业发展推动了制造业结构升级。制造业的发展离不开资源的投入，不同的发展阶段，投入的资源大相径庭，与人类的认知规律雷同，制造业投入的生产要素同样经历了从简单到复杂的过程。无论是先行的美国、德国还是后进的日本，都是从矿产资源的开发推动工业化进程和制造业发展，大量的机器设备和劳动力的投入，实现了生产规模的迅速扩大。如果放在历史的角度看，现在看似落后的制造业，在人类刚刚进入工业革命时代之初，也代表着最先进的生产力，生产效率得到了极大的提升。随着技术的发展，生产过程越来越复杂，需要投入更多的中间品才能满足生产和市场的要求，以应对激烈的竞争。从早期投入更多的资本品到如今更多的知识，都遵从了这一基本规律。制造业持续不断的进步也带来了其他产业的变化，更具体地说，服务业在经济中的份额大幅上升，而且与制造业发展存在耦合作用。但是在不同国家，制造业和服务业的地位略有不同。对美国而言，除了保留和发展一些尖端的制造业之外，转向以服务业发展驱动经济社会和制造业发展，制造业属于从属地位。但对德国和日本而言，尤其是对前者，制造业依然是经济社会发展的支柱，尽管服务业在 GDP 中的份额远高于制造业，但却从属于制造业的发展。

这些国家制造业发展的经验为我国制造业质量的提高和发展方式的转变提供了宝贵的经验，主要有以下三点。

（1）处理好政府与市场的关系是我国制造业全要素生产率提高或者说高质量发展的重要问题之一。无论是政府驱动的还是市场自然演化的制造业发展，都能够实现制造业由弱到强的转变。从人类的实践经验看，单纯自然演化模式下的制造业发展将会极其缓慢，尤其在世界分工的格局下。除了早期的工业化国家之外，这种模式几乎难以成功。日本和德国的发展经验表明，政府干预下的市场驱动模式的确能加速工业化及转型的进程，一定程度上可以避免市场固有的缺陷。但日本早期的教训也证实，如果缺乏发育良好的微观基础，政府干预过度可能会带来一定的副作用。综合观之，德国的模式相对比较好。我国的社会主义市场经济是从计划经济转型而来的，国有经济代表国家参与到经济运行中，也可以发挥我国的体制优势，但对于发展质量的提高，或者说使我国转变为制造业强国，处理好政府干预与市场驱动的关系，厘清二者的边界将会变得至关重要。

（2）提升企业创新能力是实现制造业由弱变强的关键因素。正如制造业强国发展历程所表明的，提升创新能力有两个重要的方面：一是足够的人才；二是处理好技术引进与自主创新的关系。完善教育体系，切实加大教育投入，实现我国由人力资本强国向人力资本强国转变，为制造业发展提供源源不断的人才。尽管我国人口基数大，吸收大规模的移民进入也不具备条件，但对于特殊人才，要适度地放开移民政策，弥补国内人才培养的不足。尽管我国制造业技术水平得到极大提升，但与强国之间还有较大差距，要千方百计地加大开放力度，通过不同渠道采取形式多样的手段和方法，引进先进技术和设备，加速我国制造业创新能力提升并大力提升我国的自主创新能力，实现双轮驱动。

（3）服务业的发展在制造业由资本密集型向知识密集型转变过程中具有举足轻重的地位。无论是以服务业为主导的美国，还是以“制造立国”和“技术立国”的德国与日本，在制造业结构升级过程中，服务业在经济中的比重不断提高是不可避免的现象。当然，在不同国家，由于发展战略不一样，制造业与服务业之间的发展关系各异，即经济发展的驱动力来自制造业还是服务业各有差异。尽管过度服务化会导致一个国家产业“空心化”，对经济持续稳定增长和安全性带来危害①，但是，生产性服务业的发展却为制造业

① 美国、英国等部分发达国家实施的“再工业化”战略，实际上就是对发展过程中产业“空心化”的一种纠偏。

的转型和结构高级化提供了足够的支撑和必要条件。从要素投入的角度看，资源密集型、资本密集型和知识密集型三种类型的制造业在我国都不同程度地存在，这也是大国经济发展不平衡所导致的。但整体而言，我国制造业正处于由资本密集型向知识密集型的过渡期。对知识密集型制造业而言，服务业尤其是生产性服务业的发展尤为关键，不仅涉及服务业内部结构的升级，而且影响制造业结构的转型。实际上，随着资本的深化，在向资本密集型转移过程中，我国服务业的产出比重已经不断上升（郭凯明等，2020）。因而，下一节重点关注我国生产性服务业发展对制造业 TFP 的影响。

生产性服务业发展对制造业 TFP 的影响主要通过两种途径：直接效应和间接效应。随着企业面临的需求日益多样化以及市场竞争的加剧，企业将一些内部化的职能如法律、售后服务等活动外部化，这些外部化的部门逐渐形成一个产业（吕政，2006；韩德超和张建华，2008），即生产性服务业。这意味着，制造业分工在不断深化，根据斯密的分工理论，这正是生产效率的来源之一。更为重要的是分工细化之后带来的动态效应，即生产性服务业自身效率的提高带来的成本的降低以及服务的多样化，成为提升制造业 TFP 的最直接来源。因为在生产过程，不仅资本密集度提高能提升生产力，生产过程中迂回程度的加深也是提高生产力的重要因素（韩德超，2011），这些都直接影响制造业 TFP 的变动。另外，生产性服务业发展需要投入大量的人力资本和物质资本，同时，从事生产性服务业的劳动者收入往往也更高（郭凯明等，2020），这不仅鼓励人们加大对人力资本的投资，也拓展了制造业的市场空间，为其发展提供更好的发展环境。然而，我国生产性服务业的发展能否成为提升制造业 TFP 的重要手段呢？面对生产性服务业内部的异质性，不同的细分行业的影响又如何？这需要借助经验的证据来回答。

4.3 生产性服务业发展对我国制造业 TFP 影响的实证分析

4.3.1 模型构建、变量选取及数据说明

4.3.1.1 模型的构建

考察生产性服务业发展对制造业 TFP 的影响，根据相关理论和已有研

究，构建以下模型：

$$TFP_t = C + \beta' SD_t + \phi' X_t + \mu_t \tag{4-1}$$

其中，*TFP* 代表制造业 *TFP*，*SD* 代表生产性服务业发展状况，*X* 为若干影响因素，*C* 为截距项，β'、ϕ'为系数，μ 为随机变量，*t* 表示时期。

制度经济学认为，经济社会发展的关键取决于制度的优劣（田国强、陈旭东，2018），因为制度提供的激励决定着微观主体努力的方向及成效的大小，进而影响企业技术创新状况和资源配置的效率，最终影响制造业 TFP。近 40 年以来，建设和完善社会主义市场经济体制是我国经济社会发展中最重要、影响最深远的制度变革。从宏观方面看，生产要素市场的建立和不断发育，各种要素在市场作用下相对的自由流动，资源的边际收益不断向边际成本靠拢，社会生产率得到极大提升。随着营商环境不断优化，法治体系的日趋完善，不仅为企业带来了较为稳定的、可预期的发展环境，而且降低了各种制度性的交易成本，这都有助于制造业效率的提高。从微观角度看，市场机制的引入，产权保护制度的实施，企业家精神得到较为充分的释放，微观主体的活力被激发，企业不断加大投资和研发力度，创新能力显著增强，市场竞争力变得越来越强。此外，现代管理制度的引入，企业治理体系和治理能力现代化水平的推进和提升，管理效率持续改善，这使制造业的全要素生产率不断提高。国内企业充分利用上一轮全球化国际产业转移和分工深化的难得机遇，凭借较低的成本优势和规模优势，制造业快速扩张，释放了规模效应，有助于制造业 TFP 的改善。简言之，一系列市场经济制度的建设和不断完善，显著提高了我国制造业 TFP。因此，在考察转型期国家生产性服务业发展对制造业 TFP 的影响时，假如忽略制度的作用，不仅遗漏了解释变量，引起模型设定偏误，而且扭曲其他变量的影响，导致估计结果不精确。

因此，为了正确评估转型期国家生产性服务业发展对制造业 TFP 的影响，同时，考虑到全要素生产率的滞后性，将制度变量和被解释变量的滞后项引入式（4－1）中，构建如下扩展模型：

$$TFP_{i,t} = C_{i,t} + \alpha TFP_{i,t-j} + \beta SD_{i,t} + \lambda Ins_{i,t} + \pi SD'_{i,t} \times Ins'_{i,t} + \phi X_{i,t} + \mu_{i,t} \tag{4-2}$$

式（4－2）中，$TFP_{i,t}$是模型的被解释变量，度量地区 *i* 第 *t* 期制造业的全要素生产率，$TFP_{i,t-j}$为 *j* 阶滞后项，作为模型的解释变量。为了考察不同类型生产性服务业发展对制造业 TFP 的影响，本章将生产性服务业划分为内资生产性服务业（记为 $DCS_{i,t}$）与生产性服务业外商直接投资（记为 $SFDI_{i,t}$）两种类型，并用 $SD_{i,t}$表示地区 i 第 t 期生产性服务业发展的情况。$ins_{i,t}$表示地区 i 第 t 期市场化改革进程中的制度发育程度。考虑到生产性服务业发展与制度变量之间的相互作用，将二者的交互变量引入模型中，为了使其更具有经济意义，分别对生产性服务业发展和制度变量进行中心化处理，即 $SD'_{i,t} = SD_{i,t} - \overline{SD}$，$Ins'_{i,t} = Ins_{i,t} - \overline{Ins}$，$\overline{SD}$、$\overline{Ins}$分别为 DCS 或 $SFDI$ 和 Ins 的总体均值。X 为控制变量。

从日本制造业的发展经验看，通过技术引进以弥补制造业技术水平的差距，推动制造业发展是后进国家制造业发展进程中的优势之一。从我国早期发展的经验看，充分吸收和利用了国外先进的技术水平，快速推动了我国制造业技术水平的提高从而影响了全要素生产率的变动。那么，技术流动的速度和规模意味着知识传播的快慢以及企业能够从外部获取技术的条件。所以，将知识流动的状况纳入控制变量之中。研发投入往往决定了企业创新能力的高低，进而影响制造业 TFP。乔（Chor，2010）发现，一个经济体拥有较多的人力资本或物质资本时，有助于提升制造业 TFP。第 2 章的理论分析表明，规模经济也是制造业 TFP 的来源之一。故本章选用知识流动状况、制造业研发投入、人力资本投入、固定资产投入及制造业规模作为控制变量，$u_{i,t}$为随机误差项，α、β、λ、π、ϕ 为系数，C 为常数项。

4.3.1.2　变量选取

（1）全要素生产率。全要素生产率常用的有索洛残值法、超越对数生产函数、DEA 法等测算方法。每种方法各有优劣，但考虑到参数法在生产函数上存在偏误，更多的研究选用以 DEA 结合 Malmquist 指数为主的测算方法（朱树林，2013）。因此，沿袭第 3 章估算全要素生产率的方法，采用更为优化的 *SSBM* 模型估算不同区域制造业 TFP 的发展状况。

为了消除价格影响，我们对工业总产值和固定资产净值进行了价格调整。工业总产值利用工业 GDP 平减指数（以 2010 年为基期）进行平减，资本净值利用固定资产投资价格指数（以 2010 年为基期）进行调整。固定资本的估算采用较为成熟的永续盘存法，借鉴单豪杰（2008）的思路，其计算方法为把各地区 1981 年工业部门实际固定资本形成额除以折旧率与 1981 ~ 1986

年投资增长率的平均值作为初始资本存量①，且假设各省的折旧率相等，并取为10.96%。

（2）生产性服务业。要研究生产性服务业对制造业TFP的影响，首先要解决生产性服务业外延的范围和测算。研究出发点的不同，可能导致对其界定的范围也有所差异。在这里，我们借鉴胡晓鹏（2008）和韩德超（2013）的研究及考虑统计数据的可得性，根据2015年国家统计局关于生产性服务业的分类划分②及数据的可得性，我们选取物流服务业、金融服务业、商务服务、信息服务业和技术服务等作为生产性服务业的细分行业。用生产性服务业增加值占GDP的比重测度地区 i 第 t 期生产性服务业的发展状况。本章将 $DCS_{i,t}$ 定义为内资生产性服务业增加值占GDP的份额，计算方法为：地区 i 第 t 期生产性服务业增加值占GDP的份额乘以内资服务企业个数在服务业中的比例。用地区 i 第 t 期实际利用的生产性服务业外商直接投资额在外商直接投资总额中的比重作为 $SFDI_{i,t}$ 的替代变量。

（3）制度变量。由于制度本身的广泛性与复杂性，加上研究目的的多样性，学术界关于制度的度量远未能达成一致意见。常用经商环境的优劣、高等教育质量的高低、知识产权保护的强弱（Park and Lippoldt，2005）以及法律和秩序状况（Hyun，2010）、非国有经济发展情况等指标作为制度的代理变量。它们都从一个侧面反映了一个国家或地区制度发育的基本情况，为了更为全面地反映制度的状况，一些国际组织或研究机构根据制度包含的基本内容构建了制度化指数作为替代变量，而部分学者根据这些内容构造了多层次的指标，并对各个指标进行加权作为代理变量。董莉军（2017）从财产权以及商业、投资、金融自由度四个维度指数构造了我国的经济自由度指数来衡量制度。而朱福林（2017）在此基础上，把政府效率也纳入测算范围，进行加权后作为制度的替代变量。王小鲁等（2021）编写的市场化指数包含了政府与市场、非国有经济、产品和要素市场发育以及法制建设等内容，这正好是我国市场化改革进程中涉及的五个最主要方面。此外，该指数还具有客观性、一致性和连续性等优点。因而，本章借鉴魏婧恬（2017）的做法，用

---

① 由于我国行政区划调整，为了保持数据的一致性与连贯性，1997年以前重庆的数据不纳入四川的统计范围，同时，1988年之前把海南的数据排除在广东省的相关数据之外，并与这两个地区单独作为行政区划之后的数据合并使用。

② 对生产性服务业分类标准见国家统计局网站，http：//www.stats.gov.cn/tjsj/tjbz/201506/t20150604_1115421.html。

各地区的市场化指数测度制度状况。

（4）其他变量。不同地区技术引进经费与购买国内技术经费之和代表知识流动的状况。考虑到地区间的异质性，将该指标进一步处理，将其除以利税总额作为知识流动的替代变量（韩德超，2013），用 $knf_{i,t}$ 表示地区 i 在第 t 年知识流动状况，并取对数值。$RD_{i,t}$ 表示地区 i 在第 t 年规模以上工业行业研发投入占主营业务收入的比重，衡量研发投入情况。$humcap_{i,t}$ 表示地区 i 在第 t 年工业行业科学家和工程师的人数占科技活动人员的比例，衡量人力资本投入状况。$RD_{i,t}$ 表示地区 i 在第 t 年工业行业研发投入占主营业务收入的比重，衡量研发投入情况。$Fai_{i,t}$ 表示地区 i 在第 t 年工业企业固定资产投资在 GDP 中的比重，度量固定资产投入状况。$scale_{i,t}$ 表示地区 i 在第 t 年规模以上工业企业销售收入占工业总产值的比例，测度行业规模对生产效率的影响。

4.3.1.3 数据说明

本章选用全国 30 个省、自治区和直辖市 2010～2018 年的面板数据进行研究。考虑到西藏产业结构的特殊性，故未将其列入样本中，也不考虑港澳台地区。由于无法获取吉林省、四川省和海南省三个地区外商直接投资细分行业的数据，在考察生产性服务业外商直接投资影响时也没有包括这三个省份的数据。所有数据均选自历年《中国工业统计年鉴》《中国统计年鉴》《中国固定资产投资统计年鉴》《中国分省份市场化指数报告》以及各省、自治区和直辖市历年统计年鉴。工业出口总额和 GDP 分别用工业生产者出厂价格平减指数和 GDP 平减指数进行平减，服务业外商直接投资用第三产业增加值平减指数进行平减。

4.3.2 实证检验与结果分析

4.3.2.1 平稳性检验及内生性问题

为了避免变量之间可能出现伪回归现象及传统的 t 检验失效，需要对模型中相关变量进行单位根检验和协整检验。本章选用 LLC、HT、Breitung 三种方法对各变量进行单位根检验。结果表明，所有变量在 10% 的显著性水平下都无法拒绝原假设，即各变量都存在单位根，为非平稳序列。而各变量的一阶差分项均在 1% 或 5% 水平下拒绝了原假设，这意味着各变量的一阶差分项都是平稳序列。换句话说，各变量是一阶单整序列。在此基础上，采用

Pedroni 检验进行协整检验，结果显示，在 5% 的水平下拒绝了原假设，这说明各变量存在协整关系。

当被解释变量的滞后项作为解释变量被引入模型之后，$TFP_{i,t-j}$ 与 $u_{i,t}$ 之间不可避免地存在相关性，同时考虑到解释变量和被解释变量之间可能存在逆向因果关系，比如制造业结构升级或者全要素生产率的改善将会进一步推动国内生产性服务业发展或吸引更多跨国服务公司进入我国等，这都导致模型中出现内生性问题。如果不解决这一问题，参数的估计将是有偏的。布伦德尔和邦德（Blundell & Bond，1998）提出的系统广义矩（SysGMM）法，较为有效地解决了这一问题。故采用此法，并选择 *TFP* 的三阶和四阶滞后值、SD、SFDI 及 *Ins* 的滞后一期作为各自的工具变量。为了保证 SysGMM 能够成立以及工具变量是有效的，需要对随机扰动项进行自相关检验，并对工具变量进行过度识别检验。从结果可以看出，扰动项的二阶自相关系数在 10% 的水平下不显著，这意味着扰动项不存在二阶自相关，即 SysGMM 是适用的。Sargan 检验结果表明，模型中的工具变量在 10% 的水平下都是有效的。简言之，模型（4－2）可以进行 SysGMM 估计，检验结果如表 4－1 所示。

表 4－1　　生产性服务业发展对制造业 TFP 影响回归结果

解释变量	内资服务业发展（*DCS*）		服务业外商直接投资（*SFDI*）	
	（1）	（2）	（3）	（4）
$TFP_{i,t-1}$	0.73*** (0.00)	0.69*** (0.00)	0.79*** (0.00)	0.68*** (0.00)
$TFP_{i,t-2}$	0.02* (0.09)	0.10* (0.01)	0.07** (0.02)	0.02* (0.06)
$SD_{i,t}$	0.49*** (0.00)	0.23*** (0.00)	0.15 (0.11)	0.02 (0.24)
$Ins_{i,t}$	—	0.19*** (0.00)	—	0.08*** (0.00)
$SD'_{i,t} \times Ins'_{i,t}$	—	0.34*** (0.00)	—	0.31 (0.31)
$\ln(knf_{i,t})$	0.28*** (0.000)	0.27*** (0.000)	0.24*** (0.008)	0.17** (0.016)

续表

解释变量	内资服务业发展（*DCS*）		服务业外商直接投资（*SFDI*）	
	(1)	(2)	(3)	(4)
$RD_{i,t}$	0.66*** (0.00)	0.78*** (0.00)	0.33* (0.09)	0.80** (0.02)
$Fai_{i,t}$	0.39 (0.17)	0.11*** (0.00)	-0.19 (0.11)	0.32* (0.06)
$humcap_{i,t}$	0.03* (0.08)	0.05** (0.04)	0.04* (0.08)	0.07* (0.07)
$scale_{i,t}$	0.02* (0.06)	0.11*** (0.01)	0.04** (0.02)	0.05*** (0.00)
C	-0.21** (0.03)	-0.57** (0.02)	0.79** (0.02)	0.68*** (0.00)
AR（1）	-2.71*** (0.00)	-2.36* (0.06)	-2.10** (0.03)	-2.09** (0.04)
AR（2）	-1.41 (0.16)	-1.37 (0.11)	-0.56 (0.58)	-0.90 (0.37)
Sargan test	19.79 (0.83)	25.82 (0.78)	22.91 (0.63)	15.70 (0.87)
Observation	210	210	189	189

注：( ) 中数据为 p 值；***、**、* 分别表示符合 1%、5%、10% 的显著性水平。

4.3.2.2　检验结果分析

本章在模型（4-1）和模型（4-2）中分别探究了 *DCS* 和 *SFDI* 对我国制造业 TFP 的影响，并把回归结果做对比分析，在揭示制度变量产生效应的同时，以更为精确地评估二者的关系，估计结果如表 4-1 所示。具体而言，在模型（4-1）中忽略了制度变量的影响，在回归结果中表现为第（1）列和第（3）列；模型（4-2）则相反，对应的是表 4-1 中的第（2）列和第（4）列。

首先，我们考察内资生产性服务业发展对制造业 TFP 的影响。在表 4-1 第（1）列中忽略制度变革的影响，实证结果显示，*DCS* 的回归系数为 0.49，且在 1% 的水平下显著。这意味着，内资生产性服务业在国民经济中份额每增加 1 个百分点，将推动制造业 TFP 提高 0.49 个百分点。与式（4－1）相比，式（4－2）中引入了制度变量，回归结果表明，*DCS*、*Ins* 及二者交互变量的回归系数分别为 0.23、0.19 和 0.34 且均在 1% 水平下显著，换言之，它们的发展均显著增强了制造业 TFP，且二者具有较显著的互动作用。这一事实证明，模型（4－2）比模型（4－1）更精确地评估了服务业发展对制造业 TFP 的影响，即在考察服务业发展对制造业 TFP 影响时，的确不能忽略制度变量带来的影响。

根据第（2）列的回归结果，可以将内资生产性服务业发展对制造业 TFP 的影响表述为：

$$\frac{\partial TFP_{i,t}}{\partial DSC_{i,t}} = 0.23 + 0.34(ins_{i,t} - ins) \tag{4-3}$$

由式（4－3）可知，当地区 i 第 t 期的市场化指数刚好达到全国平均水平时，内资生产性服务业在国民经济中的比重每增加 1 个百分点将提升制造业全要素生产率 0.23 个百分点。如果把生产性服务业作为中间品投入，将其对制造业 TFP 的提升作用称为服务业发展的“中间效应”，将生产性服务业与制造业展开资源竞争对后者的阻碍作用定义为“竞争效应”。实证结果表明，在我国，内资生产性服务业发展的“中间效应”强于“竞争效应”，即生产性服务业发展提高了制造业 TFP。当地区 i 的市场化指数每高于全国平均值 1 个单位时，内资生产性服务业发展将推动制造业 TFP 提高 0.57 个百分点，相比 *Ins* 为均值水平时，高了 0.34 个百分点。换言之，内资生产性服务业对制造业 TFP 的影响不仅与自身发展水平有关，还与市场化改革的推进程度密切相关。具体来讲，当一个地区相较于全国平均水平而言，具有更为完善的市场制度，那么，内资生产性服务业发展对制造业 TFP 的影响将会随着制度的进一步完善而增强；抑或相反。这是因为生产性服务业改善了制造业 TFP，而以完善的市场经济基本制度为标志的制度变革则加快了生产性服务业发展的步伐，进一步放大了内资生产性服务业发展的影响。这从另一个侧面解释了为什么我国市场经济比较发达的东部沿海地区制造业的发展强于制度建设相对落后的中西部地区。由对称性可知，当地区 i 的内资生产性服务业发展达到全国平均水平时，*Ins* 每增加 1 个单位，将提高我国制造业全要素生产率 0.19 个百分点，验证了前述的理论分析。当 *DCS* 的份额高于全国平均水平 1 个单位时，市场化改革带来的边际效应为 0.34 个百分点。这说明，市场化改革对制造业TFP的影响随着生产性服务业的快速发展而提高。这可能是由于生产性服务业的快速发展需要更加完善的市场机制，这促使各级政府进一步加快推进市场化改革，从而为制造业发展提供了更有利的制度环境。

其次，我们分析生产性服务业外商直接投资与我国制造业TFP的关系。在第（3）列中，忽略制度的作用，*SFDI*的回归系数为0.15，但不显著。这意味着，从统计意义上讲，*SFDI*的变动对我国制造业TFP并没有显著的影响。这并不难解释，具备合适的传导路径是服务业“中间效应”产生的前提条件。当*SFDI*提供的服务恰好是制造业所需的中间投入，即二者存在前向联系时，前者才能推动后者的发展；一旦二者之间联系的渠道不存在或者被切断，那么，无论*SFDI*如何变动都无法对制造业TFP产生影响。尽管我国制造业的出口结构正在由劳动密集型向资本密集型甚至知识密集型转变，但是知识密集型产品不仅所占份额相对较小，而且大部分是以加工贸易尤其是进料加工贸易的形式出口的（徐大伟，2020）。实际上，我国制造业依然没有摆脱以初级生产要素投入为主的粗放型发展模式，技术含量相对较低，而我国低技术制造业的服务化水平远低于高技术制造业（尹伟华，2020），造成对信息技术、商务服务等现代服务业需求的不足。2018年，批发零售和运输仓储占我国制造业服务投入的61.1%。从制造业细分行业来看，纺织服装业投入的比例远高于其他行业，几乎占到整个服务投入的3/4，达到72.59%，即使投入比重最低的金属冶炼业也达到53.23%，超过一半以上。然而，同一时期，信息传输和计算机服务的投入却仅仅为2.16%。从服务的性质讲，我国制造业投入的服务以传统的生产性服务业为主。另外，在服务业外商直接投资中，投入最多的三个领域分别是房地产、租赁和商务服务、信息传输及计算机服务等行业，占外商投资的份额分别为22.84%、20.06%和13.02%，而我国制造业投入最多的批发零售和交通运输业所占比例分别为10.95%和7.90%。由此可知，跨国公司提供的服务主要以现代生产性服务为主，可能更多是为了满足下游外商投资企业的需求，然而，这与国内制造业投入的服务在结构上不匹配，所以难以有效提升其比较优势。第（4）列的结果表明，在考虑制度效应后，*Ins*的回归系数为0.08，且在1%的水平下显著，这说明，市场化的改革有助于增强我国制造业TFP，与前面的实证结果相一致。尽管*SFDI*及其与*Ins*的交互变量的回归系数分别为0.02和0.31，但均不显著，即二者的相互作用无法对我国制造业TFP产生显著的作用。造成这一现象的原因，可能还是 *SFDI* 的非显著性或无效性，从而使制度的改善对 *SFDI* 的作用无法有效传递到制造业上。总之，无论是否考虑制度效应，*SFDI* 的变动都无法影响我国制造业 TFP。

最后，我们看控制变量对制造业 TFP 的影响。从表 4 – 1 可知，无论对 *DCS* 还是 *SFDI* 而言，$TFP_{i,t-1}$ 和 $TFP_{i,t-2}$ 的回归系数均大于零且至少在 10% 的水平下均显著。这意味着一个国家或地区制造业 TFP 存在一定的滞后效应，也从另一个侧面验证了模型设置的正确性。无论哪一种类型的生产性服务业，$knf_{i,t}$ 的回归系数分别为 0.27 和 0.17，且至少在 5% 的水平下显著。这意味着，知识的流动和扩散的确提高了我国制造业 TFP，与事实相一致。从我国制造业发展经验来看，正是在引进先行工业化国家相对发达的生产技术的基础上，通过消化、吸收到再创新，迅速地提升了制造业整体技术水平，增强了企业创新能力，从而有助于改善制造业 TFP。$RD_{i,t}$、$humcap_{i,t}$ 和 $scale_{i,t}$ 的回归系数均大于零，且至少在 10% 的水平下显著，即制造业研发投入的增加以及制造业规模的扩大都能够显著增强我国制造业 TFP。然而，相对于其他变量，$humcap_{i,t}$ 的回归系数比较小。这意味着，我国人力资本在经济发展中尤其是对高质量发展的要求而言，其作用尚未充分发挥出来。可能的原因源自两个方面：一方面，目前人力资本投入的水平无法满足经济发展的需求，结构上可能也存在不匹配的问题；另一方面，可能人力资本使用过程中存在不合理的因素，抑制了人力资本应有的作用。然而，在忽略制度效应时，$Fai_{i,t}$ 的回归系数分别为 0.39 和 –0.19，且不显著，与理论相悖。但引入制度变量后，回归系数分别为 0.11 和 0.32，且在 1% 和 10% 的水平下显著，符合预期。这可能是数据质量不高所造成的。

4.4 本章小结

制造业内部结构的优化是提升我国制造业全要素生产率的重要途径之一。通过对美国、日本和德国等世界制造业强国制造业发展的经验分析后发现，处理好政府与市场的关系、技术引进与自主创新的关系、大力积累人力资本以及生产性服务业的发展都影响制造业发展和转型的速度与深度，其中制造业中生产性服务投入比重的提升不仅是企业创新能力提升的表现，也是知识性制造业发展的关键所在。如果这一事实得以确认，实际上意味着生产性服务业的发展能够成为改善制造业 TFP 的有效路径之一。

接着，本书利用 2010 ~ 2018 年 30 个省、自治区和直辖市的面板数据，分析了不同类型生产性服务业发展对我国制造业 TFP 的影响。研究结果表明：（1）忽略制度的影响，内资生产性服务业发展有助于改善我国制造业 TFP。当考虑制度的作用后发现，二者依然呈显著的正相关关系。与此同时，制度变量及其与内资生产性服务业交互变量的回归系数均大于零，且在 1% 的水平下显著。这说明，市场体系的完善不仅有助于提升我国制造业 TFP，而且内资生产性服务业发展对制造业 TFP 的影响随着市场化改革的推进而增强。从另一个侧面也反映，假如忽略制度的影响，估计结果将存在偏误。总之，内资生产性服务业发展显著增强了我国制造业 TFP。（2）不考虑制度变量，生产性服务业外商直接投资对我国制造业 TFP 没有显著的影响。可是，在模型中引入制度变量后发现，以市场化为标志的制度建设依然显著增强了我国制造业 TFP，虽然生产性服务业外商直接投资与制度变量交互项的回归系数为正数，但是却不显著。这意味着，从统计的角度看，二者之间不存在影响我国制造业 TFP 的相互作用。换句话说，无论是否考虑制度的影响，生产性服务业外商直接投资的变动都不能显著提升我国制造业 TFP。（3）技术知识的流动、研发投入的增加、人力资本的改善、制造业固定资产以及制造业规模的扩大，都能够显著提升我国制造业 TFP。但相对于其他因素而言，人力资本作用相对偏弱。

在前述的分析中发现，制度变革对我国制造业 TFP 具有显著的改善作用。然而，鉴于考察的重点在于如何通过产业的协调发展以提高制造业 TFP，故缺乏对二者之间关系的深入探讨。第 2 章的理论分析也表明，制度变革是供给侧改革视角下影响我国制造业 TFP 变动的新动力。因此，下面将从制度变革的角度探寻提升我国制造业 TFP 的路径。

第5章　政府经济职能转变对我国制造业TFP提升的影响

在我国长达40年的高速增长中，政府推动的各种改革措施是经济增长和全要素生产率变动的原始动力之一，而以政府经济职能的转变为核心的经济体制机制改革是众多改革的核心内容之一。那么，政府经济职能的转变是如何推动经济增长和全要素生产率提高的，即政府在经济发展中是如何运作的，面对新的发展环境，未来应该如何调整才能在保证一定的增长速度的前提下，持续提升全要素生产率，提高经济发展的质量，增强经济竞争力和可持续发展能力？实现这一目标的关键在于厘清政府与市场的关系和边界，明晰在不同发展阶段政府的经济职能，在此基础上尝试构建政府经济职能改革指数，并探讨对制造业全要素生产率的影响，为实现政府经济职能转变推动制造业全要素生产率持续改善提供思路借鉴。

5.1　政府与市场边界的演变

从经济发展的角度看，政府经济职能的两端分别为：一端是除了市场无法提供而社会发展必不可少的产品或服务之外，政府不发挥任何作用，即完全自由的市场经济，这种状态下的政府经济职能处于极小化状态；另一端是几乎不存在市场主体和行为，经济发展由中央作为决策的枢纽，代表公民和国家利益的政府动员各种资源进行生产决策，各个微观主体作为具体执行机构，经济社会发展的所有职责都由政府来承担，即计划经济，此时政府经济职能处于极大化状态。从人类实践的历史看，政府经济职能要么处于两端的极值状态，要么处于两个端点之间的某一种状态，当然，大多数国家和地区属于后者，即大多数国家既不是处于完全自由状态，也不是完全的中央计划经济，差别在于哪一种状态更占优势。具体而言，传统的西方工业化国家更偏重于自由放任的经济，但“福利国家”的政府经济职能却远高于自由经济条件下的政府经济职能。社会主义或者由社会主义转型过来的政府一般偏向于承担更多的职能，随着市场化改革的推进和经济体制的不断完善，政府的经济职能不断得到优化。在这两个极值状态下找到一个合适的位置，是学术界和政府决策者共同面临的问题。同时，这个位置在短期内相对固定，长期内随着经济社会发展而变化，当然这种变化是遵循一定规则或原则的。我们尝试从不同经济体政府经济职能演变的历程探寻政府与市场的相对边界，以为我国政府经济职能转变提供基本思路。

5.1.1　西方国家政府经济职能的演变

5.1.1.1　自由放任时代的政府经济职能

亚当·斯密在《国富论》中提出的政府经济职能是分析政府与市场边界的出发点。一般认为，斯密的著作开启了“自由放任”时代，即减少政府干预，给市场和个人以更大的经济活动空间。实际上，斯密对政府经济职能的界定来自对资本主义早期“重商主义”政府职能的调整。无论是早期通过行政干预禁止货币输出，还是后期的鼓励出口、限制进口，英国政府通过监管、垄断、设立贸易障碍以及政府授权许可等手段对经济活动进行干预。而斯密认为，商业活动可以推动经济增长，而显然这些商业活动需要建立在共同遵守的规则基础上。同时，分工的发展可以扩大市场，推动商业发展。政府的行为可以促进商业发展和经济增长，也可以阻碍其发展。因此，他认为政府的主要经济职能应该限定于保护和促进商业活动，即限制政府经济职能，或者将政府职能最小化。

斯密对政府经济职能的界定是为了促进商业活动的发展，并不包括推动经济增长这一目标。这可能主要是因为斯密对政府经济职能的思考和界定更多来自对重商主义时代现实的观察，在斯密生活的年代还没有宏观经济的概念。基于当时政府对个人经济活动的干预，斯密及其追随者对政府经济职能仅仅做了一些限定或者缩小，而不是完全取消，甚至指出政府应当在商业活动法中发挥积极作用，比如提供基础性服务和大型基础设施等。基础性的服务主要包括行政服务、物权、合同保护等，从国家诞生和存在的角度看，它们是一个政府应该具备的一些必要职能，当然这也是商业活动顺利开展必不可少的公共产品。道路、港口等大型基础设施私人部门无法提供。斯密指出，在私人部门可以投资或者条件允许的情况下，应该支持私人部门通过融资建设这些基础设施。这意味着，市场能够提供的产品或服务应该由市场来提供而非政府。关于教育方面，斯密已经开始区分基础教育和高等教育，认为前者应该由政府来提供，后者则应由个体来承担。此外，尽管斯密主张应该关注贫困人群，但并没有将收入再分配和稳定经济纳入政府经济职能中。之所以持有这样的观点，一方面是因为在工业革命早期，欧洲大多数经济学家和社会主流观点将贫困视作负外部性的制造者，帮助穷人的主要目的是消除由贫困造成的潜在危机。因而，这主要由教会或者社区来负责。另一方面，斯密认为当时的政府无法在再分配和稳定经济方面发挥应有的作用。实际上，斯密还指出，应该关注可能存在的“政府失灵”，当市场这只“无形的手”无法有效运行，满足不了社会生产和发展的基本条件时，政府应该通过“看得见的手”进行干预。然而，当时资本主义正处于快速上升时期，资本主义的社会生产力还未得到完全的释放，社会矛盾还尚未充分显现。因此，社会的注意力可能集中在斯密所倡导的政府经济职能可以促进商业发展，扩大贸易，帮助资本家快速开拓市场从而积累巨额的财富，市场存在失灵的问题尚未引起当代经济学家和政策制定者的重视，甚至被忽略掉。

5.1.1.2 纠正市场失灵的政府经济职能

随着工业革命的推进和资本主义的发展，社会生产力得到巨大的释放，在自由放任时代尚未积累起来的问题逐渐显现出来，各种矛盾充分爆发，市场失灵对资本主义经济造成的损害成为政策制定者不得不面对的问题之一。在20世纪20年代，一场横跨西方资本主义各个国家的经济危机彻底将自由放任时代积累的问题呈现在西方经济学家和政府决策者面前。这使他们意识到缺乏政府有效作用的自由市场存在难以避免的缺陷，无法保障经济平稳有序地运转。为了维护资本主义制度，推动经济社会发展，早期工业化国家调整了政府经济职能，以解决发展遇到的各种问题和矛盾，即重新厘定政府和市场的边际。传统经济学理论中，讨论政府与市场的边界，也正是以此为出发点。

德国是最早在学术上探讨“自由放任”政府局限性的国家，正是在这样的背景下，在19世纪后半叶，以马克思为代表的社会主义学者形成了反对资本主义的基础理论。马克思看到了自由放任资本主义经济体制的弊端，为了有效应对这些问题，他提出应赋予政府更多职能，而这一思想在苏联得以实路。据报道，斯大林时期的经济学家斯特鲁米林曾经说过："我们的任务不是学习经济学，而是改变经济学，我们的行为可以不受任何经济法则的约束"（维托·坦茨，2014）。至此，政府与市场边界的两种极值状态得以确立。尽管马克思的理论当时并未被主流经济学家所重视，但随着德国经济危机引起更多的社会问题，马克思的理论被社会民主党所接受，推动了工人运动的发展。当然，并不是所有的学者都接受马克思的理论和观点，但引起了主流经济学家关于政府经济职能的更多思考和讨论，开始呼吁政府应该承担更多的经济职能。新历史学派的瓦格纳就是典型的代表人物之一。瓦格纳认为，政府支出、税收以及债务系统的完善可以减少自由竞争的市场可能造成的社会缺陷和经济缺陷，政府也应该在国民收入分配中发挥作用。因而，他支持政府为实现既有的社会目标而扩大税收，提高政府支出。而阿特金森（Atkinson，2004）指出，工业革命带来了失业、退休和经济周期，并最终对政府的经济职能产生了深远影响。20 世纪 30 年代初期的世界经济危机迫使经济学家和政策制定者坚信自由放任的市场经济存在严重的失灵和周期性问题，假如政府不纠正市场的失灵，经济恢复到均衡状态将是痛苦和漫长的一个过程。正是基于思考如何熨平经济波动，推动资本主义制度的完善，政府决策者和经济学家提出了调整政府经济职能以干预经济的对策建议。

在凯恩斯看来，财政政策可以作为政府稳定经济增长的重要工具之一，其中为失业人员提供补贴是其中的内容之一，从某种意义上看，它也具备一定的再分配功能，但这与瓦格纳倡导的政府应向富人征收更多的税收、为低收入群体提供公共服务不同，在瓦格纳看来，政府代表了独立特定个体之外的群体的利益。通过为较低收入者①提供服务，降低生产成本，从而缩小二者间的贫富差距，本质上这属于政府的再分配行为。与此不同的是，凯恩斯主张为失业人员或者穷人提供补贴的基本目的是通过提高这部分群体的收入，进而提高其消费水平，拉动经济增长，熨平经济波动，而非为了实现收入再分配。基于对大危机的思考以及帮助资本主义恢复经济，凯恩斯在《就业、利息和货币通论》中提出赋予政府新的经济职能，即实现充分就业。大多数经济学家都接受这一观点并认为，政府增加支出，建设公共工程，能够扩大

① 瓦格纳定义的较低收入者是相对于富人阶层的，具有相对性，而非一定是缺乏基本生活资料的穷人，与现在的相对贫困概念类似。

总需求，提供足够的就业岗位，帮助经济重新回到正确轨道上来，即政府支出能够抵御经济危机。随着大萧条之后至20世纪60年代，政府经济职能的扩大最终导致了“混合经济”的产生，罗斯福“新政”和凯恩斯主义暂时取代了斯密的自由放任的资本主义。

“二战”之后，随着西方资本主义发展迈入黄金期，企业创新能力增强，技术进步速度加快，经济保持较高的增长速度，这为政府收入和支出的增长提供了基本条件。根据瓦格纳的观点，社会越现代化，经济发展水平越高，所需要的公共服务就越多。随着经济规模的扩大，经济波动或者说经济周期的破坏性越来越强，个体需要抵御风险或者为抵御风险做好准备，尤其是大萧条还深深烙在人们记忆中时，这种需求就成为一种必不可少的存在，而经济周期属于系统性风险，市场无法提供相应的服务，政府成为责无旁贷的承担者。从布坎南的观点来看，政府同样作为追求自身收益最大化的理性主体，也有一种冲动去获取更多可以支配的资源。无论从政府自身或者社会公众理念的转变，还是经济现代化发展提供的财力保证来看，政府经济职能扩大都成为社会发展新的选择。于是，社会保障发展成为政府经济职能变化的重要表现之一。社会保障的发展不再集中于之前的贫困能够为经济社会发展带来负的外部性的假定，而是基于这是公民应该有权享有政府提供的社会援助。政府职能在由向特定对象提供援助过渡到覆盖全社会的援助机制过程中不断扩充其自身的职能。

现代社会保障制度的建立和完善成为政府经济职能扩大的里程碑式的标志。尽管在工业革命早期欧洲部分国家的政府已经出现了不同表现形式的社会保障制度，如1842年挪威政府颁布的“矿工抚恤金”计划、1847年瑞典实施的“济贫法”等。但现代意义上的真正的社会保障法案是1883年德国颁布了现代社会保障史上的第一部社会保险法案——《健康保险法案》及随后的《事故保险法案》和《年老与残疾法案》等，实现了第一次由政府帮助工人抵御疾病、事故以及年老等风险。在前两项法案中，政府的职能仅仅局限于监管职能上，而非以财政支出扩大的方式参与其中，但在《年老与残疾法案》中，政府首次以直接出资一定比例的方式为残疾人士或70岁以上的老人提供社会保障。德国的社会保障法案建立了由政府监管或者参与的强制保险制度，直到如今，这些法案传递的基本理念依然对整个世界社会保障制度的发展和政府经济职能的变化和调整产生着非常重要的影响。20世纪60年代，约翰逊总统提出，为了消除贫困，应该扩大联邦政府的经济职能，并以法律的形式体现出来。于是，教育也被纳入政府支出的范围。随着经济发展，美国政府向居民提供的福利也越来越多，一些年纪不太大且无残疾的人也可以领取政府提供的补贴，这些补贴可以使公民不参加工作也能生存下去，比如各州发放的住房福利、孕妇及年轻母亲的专项福利等。此外，政府也对未成年人的援助范围不断扩大，原来有双亲的儿童未被纳入援助范围，到后来只要父母一方失业即可，寄养家庭儿童也属于援助对象，儿童年龄也上调到 18 岁。教育、福利以及援助未成年人项目纳入社会保障的范畴，并不断扩大覆盖范围，进一步扩充了政府经济职能。

政府的经济职能在原来以资源配置为核心的基础上，增加了收入再分配和经济稳定两项功能。当然，前者是政府最基本的功能，后者是在前者基础上的扩展。假如政府不能提供基本的公共服务或基础设施，经济社会将无法有效地运行。相对于自由放任时代的政府经济职能，政府经济职能的增加是随着工业化大生产，在纠正市场失灵过程中产生的。“二战”后至 20 世纪 90 年代，收入再分配的职能不断加强的主要原因在于，经济波动时个体需要抵御风险，尤其是大萧条还深深烙在人们记忆中时，这种需求就成为一种必不可少的存在，而经济周期属于系统性风险，市场无法提供相应的服务，政府成为责无旁贷的承担者。因此，美国政府为整个劳工阶层构建了现代意义上较为完整的社会保障体系，在完善收入分配制度和再分配制度方面的职能得到加强，以纠正市场失灵，而在英国和北欧地区，福利国家开始出现。此外，越来越多的人相信，政府扩大支出，将有助于经济趋于稳定，较好地避免衰退。以社会保障为主要表现形式的再分配作用不断得到强化，使其成为西方发达国家政府支出的重要组成部分，加之，经济稳定政策缺乏对称性，政府支出在国民经济中所占比重呈上涨趋势。经济稳定发展反过来又验证前期政府干预经济和扩大经济职能的正确性，进而形成正反馈效应，将会导致政府经济职能的进一步扩大。

5.1.1.3 全球化时代的政府经济职能

全球化把世界不同国家和地区的资本、人员和技术等有关经济发展的各种要素联系起来，构建成为一个相互作用和相互影响的网络，在合理配置资源、降低生产成本、增加利润的同时，由于网络上个体存在强弱不同的联系效应，从而增强了个体面临的外部风险，为了有效保护企业或个体免受外部风险的侵扰，政府需要采取一定的措施和行动，调整其经济职能，比如增加支出等。这意味着，政府的经济职能不仅受国内经济社会发展的影响，还与一个国家或地区经济的对外依存度有关。因而，在全球化时代，政府经济职能的变动将会面临更为复杂的环境和影响因素。

人们经常谈到的全球化指的是20世纪80年代初延续至今的现象与过程，主要得益于信息技术的发展以及自由主义思潮重新成为经济发展的主流。自从罗斯福新政和凯恩斯宏观经济学诞生以来，政府对经济长期干预的不良表现不断累积，20世纪70年代后半期出现了传统经济学理论难以解释的“滞胀”现象，凯恩斯主义受到质疑和冷落（Prescott，1986）。政府失灵也成为整个社会面临的新课题。与市场失灵一样，不适当的政府干预政策或措施使资源配置无法达到帕累托最优状态，造成生产效率的下降或社会福利的损失。政府失灵主要表现为行政效率低下、官僚主义、政府机构的自我扩张等，其中市场和私人部门发展受到抑制导致的效率低下是政府失灵的突出表现。一般而言，公共机构提供的服务和支出往往替代了社会组织或者私人部门的职能。为了满足日益增长的财政支出需要对社会设定较高的税率，而这将直接损害个人和企业的激励机制，挤出私人部门的投资和消费，拉低整个社会的生产效率。与此对应，社会公众对政府提供的公共服务产生严重的依赖，助长“搭便车”的行为，增加道德风险，比如过高的社会福利，使原本可以就业的人员自愿放弃就业机会，但收入水平却并没有下降多少，这就鼓励一些人自愿失业，不仅对其他人有失公平，而且造成人力资源的浪费。政府是否需要纠正市场缺陷，取决于二者的成本。当政府干预的弊端更大，即政府干预给社会带来的成本高于由市场的供给成本，那么就应该由后者来向社会供给相应的服务或产品；否则，政府应该扩大职能，干预经济运行。政府干预还可能造成另外一个极端，即不仅没有解决市场失灵，而且可能造成政府失灵，即二者同时失灵。比如政府支出过度扩张时，就会降低社会福利水平，影响社会经济发展，甚至造成政府债务危机。因此，学者们开始重新关注政府的经济职能。许多国家推行私有化改革，适度收缩政府经济职能，私人部门以不同的方式参与到原来由政府提供的基础设施建设中（Harris，2004）。在技术方面，信息技术加速了全球化的进程，互联网技术、新一代的人工智能技术等现代科技的发展，极大地改变了人们的交往方式，以极低的成本实现随时随地的连接和交流，彻底改变了信息交流的方式和成本。技术进步带来的交通和通信成本的降低以及在各国开放政策的推动下，为了降低成本，扩大利润，跨国公司在全球范围内配置资本和人员，全球货物贸易急速膨胀，以产品内分工为特征的全球化生产网络快速生长。与此同时，一个全球化的金融市场也以前所未有的速度促进了不同经济体和企业之间的业务联系。全球化在促进经济繁荣的同时，也为一国经济带来了额外的风险。一般来说，对于一个网络而言，节点越多，网络连接密度越大，一旦一个节点受到冲击，那么必将快速地在网络中传播和蔓延开来，其他节点发生意外的概率越高。全球化构建的经济网络使一国的对外贸易更容易受到外部环境的影响，尤其对金融市场而言更是如此。当金融市场彼此联系时，与实体经济投资无关的投机性资本突发性的大幅流动会积累风险，甚至引起金融危机。为了帮助私人部门和个体抵御这种意外的风险，政府经济职能需要做相应的调整，即在冲击到来之际，需要政府扩大或减少支出，或者加强监管，以降低为本国经济带来的损害。总之，一国经济越是开放，全球化程度越高，需要政府发挥的经济作用可能越大，政府经济职能就越多，尤其是社会保障方面的支出增加。

在全球化时代，考虑政府与市场的边界，不仅要从国内的视角而且需要从更宽广的视角，即一个经济体与外界的联系状况分析政府应该发挥什么样的作用，同时还应该考虑政府发挥作用的实际能力及其对宏观经济的影响。政府的经济职能究竟应该扩大还是缩小，抑或维持不变，学术界并没有形成一致的意见。一方认为，防范风险、维护经济稳定、提供强有力的社会保障体系不仅是政府的经济责任，而且是社会责任，因此应该扩大政府经济职能。另一方则认为，防范风险不能也不应该仅仅依靠政府的力量，当个体生活在一个市场机制相对完善、运行良好的自由社会时，其也可以从社会组织或团体，甚至家族中获得应有的帮助或支持，这也能够帮助个体或组织防范一部分风险，尤其国家激励社会组织或团体发挥应有的作用时，更是如此，比如中国的农民从家族或者集体中获取一定的生活支撑等。如果政府介入过多，可能会在一定程度上抑制个体或组织的行为，不仅可能造成资源配置扭曲，而且导致整个社会效率下降。因此，在政府提供社会保护政策时，应该给个体和社会组织适当的激励，为其发展预留出足够的空间，鼓励其在政府提供公共服务的基础上为自身或社会提供额外的保护。

5.1.2　我国政府经济职能的变动

我国政府的经济职能随着社会主义制度的确立以及经济体制的改革而不

断演化与发展，实际上体现的是政府与市场在经济发展中作用的差异。从时间的逻辑顺序上看，大致分为改革开放前的计划经济时代的政府职能、改革开放后到社会主义市场经济体制确立的过渡阶段的政府经济职能变迁以及社会主义市场经济体制完善的政府职能发展三个阶段。

改革开放前，全能型的政府集中和动员了全社会的资源，在积贫积弱的中国建立了较为完整的工业体系。然而，计划经济的弊端随着时间的积累日益凸显并被整个社会所认识，因而，1978 年之后，以农村土地承包责任制为标志的制度创新，由农村到城市、由农业到工业、由上而下的改革开放大幕被拉开了，开始探索中国特色社会主义道路，其中最核心的变革之一为建设和完善社会主义市场经济体制。同时，政府经济职能则随之而动，这也意味着政府经济职能随着经济社会的发展而不断移动其边界，因而，我们从社会主义市场经济体制发展的历程回顾政府职能的变动。渐进式的改革路径决定了我国经济体制的变化和政府职能变动的速度相对于“激进式”的改革要缓慢得多。在改革开放初期，面对计划经济长期的思维惯性以及对马克思主义中国化道路的探索，我国采取了增量式改革的方法，即计划经济作为经济体制的主体地位，对经济增量部分或存量的部分领域引入市场机制。在党的十二大报告上，关于所有制的形式方面，提出了国营经济主导下发展多种经济形式的问题。尽管国营企业和集体经济依然占据绝对的主导地位，但外商投资或合作企业开始设立，而且吸引外部资本进入我国被写进根本大法——《宪法》中。此外，城镇手工业、工业、建筑业、运输业、商业和服务业等领域开始向非国营经济开放。所有制形式的变化意味着不同经济利益主体的存在，尤其是私人企业也作为其中的一部分，大一统的计划经济体制已经不能满足经济社会发展的需要。因而，提出了要实行计划经济为主、市场调节为辅的经济体制与之进行匹配。虽然，计划模式依然是配置资源的主要模式，但与之前相比，在经济运行中开始重视和利用价值规律，并借助“看不见的手”进行资源的配置，是经济体制改革的重大突破。鉴于存在不同类型的资源配置方式，就存在区分计划与市场发挥作用的领域，即涉及政府与市场的边界问题。诚然，由于市场配置资源的方式刚刚起步，处于萌芽时期，其所影响的区域在经济版图上似乎可以忽略不计，然而，它反映了人们主动遵循客观规律并发挥客观规律作用的意愿。随着社会各界对计划和市场规律认识的不断加深，市场的作用也由原来的辅助性，过渡到计划与市场相统一，即计划经济应建立在市场经济的基本规律基础上，且提出“国家调节市场，市场引导企业”的经济体制改革的思路。然而，由于经济体制和社会管理的环境没有发生质的变化，政府职能并没有太大变化。在城镇中，现代意义上的社会保障体制依然尚未建立。在农村中，随着集体逐步瓦解，农村医疗合作制度以及对孤寡老人的救助制度也失去了依赖的基础，进而导致农民失去了仅有的低水平的社会保障。然而，1992 年，邓小平的南方谈话解答了长期以来困扰经济体制改革的认知上的困惑与迷思，即在社会主义国家，计划与市场应该是什么样的关系。邓小平明确指出，计划与市场仅仅是资源配置的手段和方式，而非区分社会主义与资本主义的本质与标志。本质上，这也契合了世界经济发展的基本潮流，即混合的市场经济①。在西方资本主义国家，市场经济中同样有政府干预，这种干预也是广泛意义上的一种计划，而计划经济中同样应该利用市场经济的优势，二者的差别在于二者哪个更占优势。1993 年，全国人大在宪法修正案中，首次将实行社会主义市场经济取代计划经济写进宪法中。至此，我国社会主义市场经济体制正式确立。之后，我国开始步入不断完善和发展社会主义市场经济的阶段，而经济运行方式的变化以及经济总量的不断发展必将带来政府职能边界的调整。同年，在《中共中央关于建立社会主义市场经济体制若干问题的决定》中首次提出要建立社会保障制度，这意味着政府在干预经济方面进行收缩，却在提供公共服务方面开始承担更多的职责，以适应经济体制改革的最新进展。

党的十五大报告明确提出，在国家宏观调控下发挥市场对资源配置的基础性作用，时至今日，这依然是建设社会主义市场经济未竟之事业。要充分发挥市场机制的作用，就需要重新划定政府与市场的边界，即政府应该提供哪些产品和服务，以更好地发挥市场的优势。市场对资源配置的作用需要资源在不同的经济主体之间的流动得以实现，并形成良性竞争，这需要不同经济主体的充分发育，尤其是发育尚不够充分的非国有经济。因此，推动非国有经济成分发展也成为完善社会主义市场经济体制不可或缺的内容之一。在这之后，我国持续不断地完善社会主义市场经济体制，调整政府与市场的边界，以适应经济社会的不断发展。在公共服务方面，1997～1999 年分别在城镇企业建立了职工养老保险制度、医疗保险制度和失业保险制度，加上之前的生育保险和工伤保险，至此，我国城市建立了现代社会保障制度框架。

① 实际上，即使在现在，不仅社会主义国家有国有经济成分，资本主义国家同样存在国有经济成分，在美国，国有经济所占比重达到 10% 左右，瑞典等国家可能更高。

2002年，党的十六大指出，完善政府的经济调节、市场监管、社会管理和公共服务的职能，减少和规范行政审批是构建现代市场体系重要的组成部分，而且要建立健全同经济发展水平相适应的社会保障体系，对政府经济职能重新做了明确的界定，也为未来的体制改革指明了基本方向。这一职能不仅适应了新的经济体制改革和发展的需要，而且也借鉴了西方发达国家政府经济职能演变过程中的有益因素。此后党的十八大报告除了强调必须加快完善社会主义市场经济体制，鼓励和支持非国有经济发展之外，还指出通过深化体制改革，建设创新型国家的发展战略以及推进公共服务均等化。这意味着，经历了30年的高速增长，我国经济总量迅速壮大之后，迎来了由数量扩张转向更多关注增长质量的新的发展阶段，即量变引起质变。实现以创新作为主要动力驱动经济发展，一方面，需要继续深化市场和科技体制机制改革，实施知识产权战略，优化和完善政府经济职能；另一方面，需要加大投入力度，强化基础研究、前沿技术研究和社会公益技术的供给，这些领域或者具有较强的外部效应，或者对人力资本和资本投入的要求比较高，需要不同部门、企业相互协作，集中优势资源，方能实现技术的突破，而单个企业或个别企业由于资源有限，无力或无法承担相应的任务，因而需要国家提供相应的服务，这也是我国体制的优势之一。西方发达国家也通过产业政策、法律等手段的干预实现本国企业的科技进步，如经由政府采购、设置贸易壁垒甚至国内法律等手段确保企业的投入有足够的回报。更为重要的是，绝大多数先行工业化国家都特别重视基础研究的作用，比如美国，尽管基础研究的投入采用多元化的社会投入模式，但政府的投入占一半左右（石金叶、范旭，2019），为企业的科技创新提供足够的公共产品。当然，一个社会创新能力的形成并不是一蹴而就的，因为基础研究和创新能力的形成需要长期的积累。从提出建设创新型国家至今，尤其是党的十八大以来，我国在持续不断地改革不适应新的发展阶段的各种制度弊端，并取得了一些重要的突破性进展，比如政府机构改革和职能的转变、依法治国等制度的建设，都为提升整个社会创新能力提供了更好的环境和条件。正如党的十九大报告中习近平总书记所述，“创新驱动发展战略大力实施，创新型国家建设成果丰硕”。根据我国经济发展新的变化，政府原有的经济调节功能的内容作了一些微调，即不断创新和完善宏观调控，以提升创新能力为抓手，实现经济增长方式的转变和可持续发展。在公共服务方面，在城镇，不断扩大社会保障的覆盖率，将城镇非就业居民也纳入保障的范围，基本上实现了全覆盖。在农村，2003年开始建立新型农村合作医疗，最初主要以帮助农民解决“大病”造成的风险，以防止农民因病返贫。随着经济发展和政府财力的增强，这一合作医疗制度不断完善，保障范围不断扩大，形成既保障大病和普通疾病，也保障住院疾病和门诊疾病的综合性的医疗保险制度。2009 年，我国建立了新型农村社会养老保险制度，尽管最初是在部分地区展开试点，年满 16 周岁的非在校学生且未参加城镇职工养老保险的农民都可以参保。即使 60 周岁之前没有参与缴费，年满 60 周岁的农民都可以领取政府提供的基础养老金。2011 年，《中华人民共和国社会保险法》的颁布不仅作为我国社会保障史上重要的里程碑，而且以法律的形式把社会保障制度固定下来。虽然到 2020 年，我国才对所有农民养老保险制度实现全覆盖，而且保障水平相对较低，甚至不能保障丧失劳动能力农民的基本生活，但是新型农村社会养老保险制度终结了历史上我国农民缺乏社会化的养老保险制度，揭开了政府为全社会提供社会保障制度的新历史，强化了政府公共服务的供给能力，也可以实现社会的再分配，实现社会公平。不可否认，我国存在社会保障的水平还不高，参保率还不高，缺乏全国统筹机制，还未建立全国统一的社会保险公共服务平台等诸多问题。然而，随着经济发展水平和质量的提高，政府财力的持续改善，政府将会不断强化和完善相应的职能。

5.1.3　对政府经济职能演变的思考

我们需要明确政府究竟应该有哪些经济职能，应该承担什么样的职责，发挥什么样的作用，从而明晰政府的边界在哪里，市场的边界在何方。这取决于多种因素，对于不同的国家或经济体，也没有统一的标准答案。正如前面分析的中外不同历史时期政府经济职能的演变，它与每个国家的历史、政治、价值观以及经济发展水平等都相关。即使同一个国家，在不同的发展阶段或历史时期，理论的发展抑或是人们观念的变化也会导致政府经济职能的变动，进而导致政府与市场的边界不停地演变，比如英国曾经在 19 世纪是自由资本主义的发源地和典范，但福利经济学的诞生为政府干预经济提供了理论基础，20 世纪中叶它却成为世界上第一个福利型国家，政府通过税收和支出工具引导资源配置的方向，同时也改善了收入再分配的不平等程度。

放任自由的市场经济理论起源于西方，并契合了工业革命初期资本需要快速发展和扩张的环境与需要，因而得到诸多西方学者和政策的坚定支持与拥护，并被社会广为接受，即他们信奉自由的市场，并认为市场是有效的且可以自动实现经济平衡或自我恢复平衡，即“市场原教旨主义”。然而，20世纪30年代和20世纪80年代的金融危机证明，他们是错误的，美联储前主席格林斯潘也承认市场原教旨主义是错误的（Dash，2010）。事实上，尽管斯密被认为是自由资本主义理论的开拓者，但并不是“市场原教旨主义”的倡导者和拥护者。斯密主张，为了让市场尽可能高效地运转，就需要政府在深思熟虑之后再进行干预，尽可能地消除人为造成的市场失灵。这说明斯密并不反对政府干预，反而主张政府需要及时纠正市场可能出现的失灵，但他认为，政府不应该过分强调以公共部门活动代替市场行为，将太多的精力集中在为使结果公平、收入分配均等而进行的收入调整上，却没有尽力避免市场失灵。因此，政府应当集中精力避免市场失灵，而不是在事后对市场进行修补或纠正，这应当成为政府在发挥经济职能时的一条根本原则。规模大小不一频繁发生的经济危机引起了整个西方世界对市场原教旨主义的反思，而稳定经济、降低个体面对的风险成为政府新的经济职能。在没有政府干预的情况下，贫富差距扩大是市场经济发展的必然结果，而同情弱者是人类在处理社会关系时利他主义的外化和表现，追求收入的相对均衡也成为贯穿古今中外人类共同的追求。在生产力得到高度发展的资本主义时代，利用政府的力量而非社会自发的作用实现这一目的成为社会的诉求。经济学理论也证明，相对均等的收入有助于经济的增长，因而收入再分配就成为现代政府的基本职能之一。此外，社会主义国家的崛起也让西方发达国家意识到资本主义的弊端，也在一定程度上加速推动了政府经济职能的变动。尽管提供国防、司法等公共产品依然是政府最基本的职能，然而，以收入再分配为主要表现形式的资源配置、对风险的防范和稳定经济三大职能更被世人所关注。从整体而言，扩大政府支出有助于满足社会需要并提升公共福利，但这意味着对经济干预程度的加深。为了履行职能，政府需要将支出和税收作为政策工具，对于相对成熟的市场经济经济体更是如此。然而，当政府承担越来越多的职能，需要大幅增加税收来满足不断膨胀的支出时，监管工具和政府的负债就变得非常重要，而政府负债又与一个国家的货币在世界上的地位相关。例如自2008年的金融危机以来，美国政府加强对金融市场的监管，至少对于其走出危机起到了重要作用。然而，经济职能的扩大意味着对经济更多的干预，这可能造成各种市场行为的扭曲，从而出现了所谓的“政府失灵”。20世纪70年代末期，资本主义世界的“滞胀”宣告了长期以来的政府干预政策的确存在“失灵”的现象，为了解决这一问题，政府职能让位于市场机制的自由主义政策再次成为决策者的选择，而政府支出尤其是公共福利等支出具有刚性，即存在“棘轮效应”，这将使收缩政府职能、削减支出变得异常困难，甚至变得不可行。相对于斯密时代，这一时期的政府职能依然扩充了许多，更确切地说它属于“混合经济”，只不过政府的部门职能由私人部门代替，对一些监管也适度放松，尤其是金融领域，最终导致了 2008 年席卷世界的金融危机。为了应对危机，美国政府加强了监管，即适度扩大了政府经济职能。西方发达国家政府职能的变迁表明，政府的经济职能随着资本主义的发展与矛盾的暴露以及对经济规律认识的深化而不停地完善与调整。

对我国而言，政府经济职能的变化路径大相径庭。计划经济体制的确立意味着计划代替了市场，政府不仅需要提供经济社会发展各种必需的公共产品，而且需要代替市场配置各种资源，提供相应的社会保障①。在生产力水平相对较低时，实行高就业和低工资，工资标准由国家统一制定，集中统一管理，这从根本上消除了资本主义的收入分配不平等的现象。除非发生自然灾害等不可抗力的意外冲击，企业都是按照中央的统一计划安排进行生产，无法根据市场情况自行安排生产，产品被中央统一调拨，不存在需求不足的问题，加之，当时我国也无法有效地融入全球化进程，外部经济波动缺乏相应的路径或渠道传递到国内，不会发生市场机制下企业自由决策可能导致的生产无序状态而带来的经济不稳定。在计划经济体制下，政府职能是“全能型”的，政府全方位深度参与到经济运行过程的每一个环节，在避免了资本主义制度下市场机制的各种失灵和弊端的同时，也拒绝了市场机制本身具有的优势，尤其是对微观主体的激励机制和分散决策机制，不仅可以更好地促进经济增长而且能够降低决策失误带来的风险。随着经济规模的扩大，计划经济体制的缺点也越来越明显，如何推动经济社会又快又好地发展，提高人民生活质量，成为摆在中华儿女面前的一个重大问题。市场机制只是作为资源配置的一种方式被人们认识并接受，如何将计划与市场的优势结合起来、扬长避短，成为我国经济体制改革的基本思路和方向之一。实际上，这也是世界经济发展的基本潮流，即不同制度之间相互借鉴，以充分发挥各自的优势。社会主义市场经济体制的确立和完善要求企业成为市场决策的微观主体，

---

① 正如前文所述，在计划经济时代，一般由企业作为国家的代表或者执行者承担社会保障的职能。

绝大多数领域的资源需要企业根据市场环境的变化而改变使用的方式和用途，以获取最大化的利润，而不同性质产权的企业需要在公平的环境中相互竞争，因而，资源配置应该由市场起基础性作用，政府将不再直接采用划拨的模式进行资源配置，在一些关键和特殊领域，即使参与资源配置也需要按照市场的模式进行，以维护市场运行的基本规则。因而，相对于计划经济时期，政府极大地收缩了资源配置的边界，也从根本上改变了资源的配置方式。市场机制的有效运行不可避免地带来收入差距的扩大，甚至带来收入分配的不平等，只有政府以合适的方式干预才能实现社会主义共同富裕的基本目标，这对政府职能提出了新的要求，其中完善社会保障制度成为最为常用的策略之一。分散决策的决策机制一定程度上可以降低中央统一决策的风险，但也难以有效克服决策的盲目性，容易造成经济的短期波动。此外，随着我国快速融入全球化进程以及世界制造业分工垂直化不断加深，外部经济的波动通过产业链快速传递到国内，加剧了经济波动的程度。经济波动带来的宏观环境不稳定将会影响企业的决策过程，因而，需要政府提供一个相对稳定的发展环境，这为我国政府经济职能提出了新的要求，即稳定经济。当然，在不同的发展阶段，为了实现特定的发展目标，政府经济职能也会做局部的微调，比如社会主义市场经济确立之后的20多年，政府经济职能的变动是为了完善市场机制，推动经济快速增长。党的十九大之后，我国在继续扩大经济总量的同时，提高发展质量成为发展的主要矛盾之一，而完善市场机制，提升微观主体的创新能力成为解决这一问题的主要手段，那么，政府经济职能必将服务于这一目标。

目前，绝大多数学者对政府经济职能讨论隐含的一个假设是其职能局限在一个国家的国土之内，而忽略了全球化时代国与国之间可能带来的“溢出效应”。全球化时代资源配置、收入再分配和稳定经济等不仅是一个国家内部的问题，而且是具有国际性的问题，比如金融问题、气候问题等。假如有一个世界联合政府或机构，则可以提供全球公共产品，使部门资源在全球范围内有效配置，从而降低可能面临的共同风险，然而由于不同国家经济发展水平、政治体制不同，利益诉求各异以及价值观和意识形态的差异，这将成为乌托邦式的理想。退一步讲，即使在具有相同制度基础和价值观的区域之中采取协调一致的政策也是困难重重。实际上，全球化时代，政府在经济方面的对内和对外职能往往很难区分开，对内职能的变动影响到其他国家政府政策的变化和职能的调整，即对内职能通过联系效用具有了对外的性质；反之亦然。

通过对比西方发达国家和我国政府经济职能的演变与市场之间的关系，可以发现一些共同的特征：（1）政府与市场的边界是动态的而非固定不变的，它们之间的关系与一国的经济发展程度、政治制度、历史传统、文化和价值观都有关系。同一国家在不同发展阶段，其政府职能可能也存在较大差异。（2）不同的国家或地区，由于一些偶然的事件或选择，政府与市场边界演变的起点可能存在完全不同的路径。（3）政府经济职能随着经济增长而逐渐扩大，主要表现为政府支出在国民经济中所占份额增加以及政府监管的加强，这是因为政府需要应对的或者处理的问题与一国的经济规模呈正相关，进而影响政府与市场的边界。（4）目前，资源配置、收入再分配、降低个体面临的风险以及稳定经济是世界上绝大多数政府都拥有的基本经济职能。

5.2　政府经济职能转变指数构建及测算

在完善社会主义市场经济前提下建立创新型社会是提升制造业 TFP 和推动其高质量发展的基本路径，而关键在于深化体制改革，其中经济体制改革最为核心的问题在于合理划分政府与市场的边界，即政府经济职能的转变。然而，考察政府经济职能转变对制造业转型发展影响的首要问题是如何度量经济职能的转变。构建一套较为系统、科学的指标体系以反映我国政府经济职能变迁是一个非常困难的事情，它不仅涉及如何选取合理的指标而且涉及如何获取相应的数据。在借鉴其他指数构建经验的基础上，结合我国的实际情况，本节尝试构建我国政府职能转变指数，为量化其对制造业 TFP 的影响提供基础。

5.2.1　政府经济职能转变指数构建的原则

构建科学合理的政府经济职能转变指数应该遵循科学性、系统性、可获得性、权威性以及一致性等基本原则。科学性是评价活动最基本的要求之一，评价活动是否科学取决于指标体系的科学性程度。政府经济职能转变指标体系的构建必须从以经济理论为基点而确定的政府与市场的合理边界出发，并需要结合我国经济社会发展的实际情况，遵循发展的基本规律以及世界各国政府经济职能演变的基本趋势。政府经济职能涉及经济发展的不同维度，不同方面也存在一定程度的耦合关系，因而，指标体系的设计需要从不同层面和角度，涵盖各个维度经济体制的改革状况，而非简单的经济指标的罗列和堆砌。而指标体系的构建还需要满足每个指标是可以获取的以及可度量的。无论在理论上多么完美的解释，如果无法找到合适的指标替代或者未被纳入国家统计的范围，抑或采集的指标存在歧义，都无法将其准确地进行量化，在实际操作中都是不可行的。为了保证量化结果的权威性，指标数据均来自国家相关部门、地方政府或权威部门的统计数据，不采用少数专家根据主观判断的评分法进行量化。如果变量无法进行量化或者缺乏权威机构的统计数据，将采用相近或相关变量进行替代或者暂时放弃该指标。尽管从长期看，经济体制改革是一个动态过程，但短期来讲，它具有一定的稳定性。此外，尽量选取通用的且不同省份统计年鉴或者权威报告共有的指标，在保证指标体系纵向具有可比性的同时兼顾不同区域之间可以进行横向比较。

5.2.2 政府经济职能转变指数设计思路

结合我国政府职能与市场边界的变动趋势与现阶段我国经济发展的主要目标，即在完善社会主义市场经济的前提下建设创新型社会，实现经济的可持续和高质量发展，本书提出我国构建经济体制改革指数的思路框架如下。

（1）强调市场化进展与政府经济职能的关系。继续完善社会主义市场经济体制，使市场在资源配置中起决定性作用依然是我国经济体制改革的基本方向。市场化进展不仅反映了政府职能的调整，也是我国经济体制改革的结果。从政府经济职能变动的角度看，市场化进程体现为政府与市场关系的调整。这既体现了市场在经济发展中的地位和作用，也呈现了政府的相应作用，从两个层面说明了资源配置的状况。

（2）强调创新环境的营造与政府经济职能的关系。增强创新能力，改善发展质量，成为未来经济发展的主旋律。在我国政府的经济职能中，对创新的影响主要包括两个方面的内容。一是参与到创新活动中。国有企业或者国有控股企业作为政府的代表参与到各类创新活动中。然而，国有企业参与市场创新活动的方式与改革开放前存在质的差别，目前，国有资产管理部门更多以资本为纽带对涉及未来国家发展重大战略的技术创新活动进行指导和引导，而非以行政命令的方式推进创新活动。换句话讲，政府对创新活动的直接参与要么是民营经济无法或不愿参与的活动，要么是遵循市场的规律与其他主体进行“同台竞技”。二是政府为包括国有经济在内的所有微观主体提供有利于创新的环境。毋庸置疑，创新的主体是企业和科研机构，但必须有一个良好的环境才能有效地激发微观主体的创新活力，而政府在营造创新环境上是不可或缺的主导力量，这又与政府职能的调整与改变密不可分。结合我国政府经济职能的基本特征和发展趋势，在指标体系的选取上，主要考虑对创新环境的构建，即突出对政府“管理”和“服务”两种基本职能的评价，以监测创新社会环境的建设。

（3）强调公共服务与政府经济职能的关系。公共服务涉及的范围非常广泛，既可以是服务与创新有关的政策、法律法规等方面的事项，也可以是与公民日常生活生产相关的活动，比如社会保障、文化服务等。前者直接与企业的创新活动有关，不过其内容可以纳入创新环境的营造。尽管后者直接服务于居民的日常生活，但是，一方面，公共服务水平受政府经济职能转变的制约，另一方面，它也间接反映社会资源配置的方向以及为建立创新型社会提供辅助条件，这也是我国政府职能转变的重要内容之一。因而，将政府公共服务的供给能力纳入指标体系中，突出对政府经济职能转变的评价。

5.2.3　政府经济职能转变指数设计结构

政府经济职能转变指数主要包括市场化建设、创新环境及公共服务三个方面的内容，涉及 7 个二级指标、19 个三级指标和 47 个四级指标，如表 5－1 所示。这一指数体系设置的基本准则是政府通过职能调整从而为微观主体的决策提供良好的外部环境，即重点在于构建政府行为影响企业的决策外部变量。之所以这样选择是因为本章考察的核心在于分析政府经济职能的变动对制造业发展的影响，而不是考察企业自身的决策，即研究的视角为政府经济职能变动带来的影响。

市场化进程主要包括政府与市场的关系、法治环境两个二级指标，6 个三级指标和 7 个四级指标。本书在借鉴王小鲁等（2021）研究成果的基础上做了一些调整，主要是对法治环境的三级指标做了一些微调。之所以这样调整是因为，市场经济是法治经济，良好的法治环境是维护市场运行的基本前提和必要条件。中国的律师制度是伴随着我国的法治环境逐渐成熟和完善的，律师作为国家和社会二元结构中社会法律力量的代表，因而，律师数量的多少

表 5－1　　经济体制改革指数指标框架

项目	一级指标	二级指标	三级指标	四级指标
经济体制机制改革指数	市场化进程	政府与市场的关系	资源分配指数	市场分配经济资源比重
			政府规模指数	政府规模
			市场干预指数	政府对企业干预
		法治环境	法治服务指数	法治服务人员状况
			法治环境指数	社会公共安全支出
				犯罪率
			法治意识指数	知识产权保护状况
	创新环境	创新创业基础设施	基础设施指数	互联网普及率
				移动电话普及率
			经济发展指数	居民人均消费水平
				消费增长率
				人均 GDP
				地区 GDP 增长率
				高科技企业发展状况
			教育指数	教育经费支出
				教育经费支出增长率
				教育经费支出占 GDP 比重
			人口素质指数	受教育程度
		科技服务环境	科技服务业发展指数	科技服务业就业人数
				科技服务业就业比重
				科技服务业增加值
				科技服务业增加值占比
			孵化器发展指数	科技企业孵化器数量
				孵化毕业企业数量
			科技服务金融指数	企业研发经费金融支持度
				孵化器的风险投资状况
				孵化器孵化基金支持
		公平竞争环境	市场结构指数	非国有经济工业企业营业收入规模
				非国有经济工业企业固定资产投资规模
				非国有经济工业企业就业规模
				新增企业数
			经济自由度指数	地区进出口比重
				地区国内贸易额比重

续表

<table>
<tr><th>项目</th><th>一级指标</th><th>二级指标</th><th>三级指标</th><th>四级指标</th></tr>
<tr><td rowspan="12">经济体制机制改革指数</td><td rowspan="12">公共服务</td><td rowspan="6">社会和文化发展</td><td rowspan="3">社会保障指数</td><td>社会保障支出</td></tr>
<tr><td>养老保险</td></tr>
<tr><td>医疗保险</td></tr>
<tr><td rowspan="3">文化建设指数</td><td>文化建设费用</td></tr>
<tr><td>公共图书馆数量</td></tr>
<tr><td>文化艺术演出</td></tr>
<tr><td rowspan="6">卫生生态指数</td><td rowspan="3">卫生指数</td><td>卫生医疗机构</td></tr>
<tr><td>卫生人员</td></tr>
<tr><td>卫生费用</td></tr>
<tr><td rowspan="3">生态环境指数</td><td>城市绿化覆盖率</td></tr>
<tr><td>城市生活垃圾处理</td></tr>
<tr><td>公共厕所</td></tr>
</table>

很大程度上反映了一个地区的法治力量。尽管公证人员与律师有区别，但同样代表了一个地区法治实践的社会力量。同时，考虑到数据的可得性和权威性，我们使用律师和公证人员数量占人口的比重作为法治服务中介的发育程度用以反映法治服务状况。各省、自治区的犯罪率则从法治结果的角度度量各地区的法治环境，较低的犯罪率代表较好的法治环境，否则，则相反。各地区用于社会公共安全方面的支出代表为了维护良好的法治环境而投入的资源，因而，我们也将其纳入法治环境指数中，并用社会公共安全支出在地方财政总支出中的份额作为替代变量。严格意义上，任何地区都需要必要的投入维护社会公共安全，但是，一般意义而言，地方政府投入的资源越多意味着地方的治安环境越差；否则，则相反。知识产权保护是对技术创新有效的激励措施之一，也是维护市场秩序的重要条件。知识产权需要拥有人主动申请且审查合格后，方可受到应有的保护，所以，知识产权保护的状况实际反映了一个地区公民的法治意识，我们称之为法治意识指数。本书中使用各地区申请受理的三种专利数量测度知识产权保护状况。

创新环境的优劣影响制造业的创新能力，优化营商环境，为增强企业创新能力提供良好的外部环境是各级政府进行体制机制改革的目标之一，这也是我国建设创新型国家的具体路径和方法。根据影响企业创新的外部因素并结合政府经济职能变动的方向，本书从创新创业基础设施、科技服务环境以及公平竞争环境三个层面构建创新环境指数。互联网普及率和移动电话普及率不仅直接反映了基础设施的发展状况，更说明了地区数字化经济发展的状况，而数字化经济则是未来经济社会发展的重要方向和趋势。基础设施为企业创新提供了良好的外部环境条件和基本的“硬件”设施，而政府的发展规划和引导很大程度上决定了建设的速度和质量。实际上，数字经济的产值或增加值以及数字经济的人才建设等能更好地说明其发展状况，令人遗憾的是，目前缺乏权威的分类统计数据。经济规模的大小往往决定了一个地区市场容量的大小，而市场容量则是影响企业创新决策的重要变量之一。经济发展水平和消费能力与创新的层次相关。因而，我们选用消费增长率和 GDP 增长率作为反映市场规模动态变量的指标，居民人均消费水平和人均 GDP 度量地区经济的发展水平和消费能力。高新技术企业作为创新的载体，其数量的多少度量了一个地区高新技术企业创新创业的水平，故也将其纳入经济发展指数。微观主体的创新活动离不开人力资本的参与，而教育支出的多少很大程度上决定了一个地区人力资本积累的状况，成为影响企业创新能力的重要因素之一。选用教育经费支出及其增长率、教育经费支出占 GDP 的比重作为教育支出的替代变量。而人口素质不仅与人力资本投入有关，更反映了其存量状况，因而我们增加了一个三级指数——人口素质指数，并用大专以上学历人员占总人口的比例作为替代变量，与教育经费支出一起度量创新环境中人才支持情况。

科技服务环境直接影响企业的创新活动和创新绩效，也是决定创新环境优劣的重要标志之一。科技服务环境主要包括了三个三级指标，分别是科技服务业发展指数、孵化器发展指数和科技服务金融指数。科技服务业就业规模与产值规模共同反映了科技服务业的总规模。为了避免不同地区经济规模的差异，将就业人数占全部就业人员的比重也作为细分指标，与前者共同反映科技服务业就业状况。同样，以科技服务业的产值及其占 GDP 的份额度量产值规模。科技企业孵化器主要是为培育和扶植高新技术中心企业的服务机构，是中小型科技企业创业孵化的基础条件，孵化器数量的多少很大程度上影响当地企业创新创业的意愿和活力。尽管现在各种类型的科技企业孵化器采用市场化、企业化的运作模式，但政府的扶持政策是必不可少的。我们用科技企业孵化器数量、科技企业孵化器当年毕业企业数量两个分项指标作为孵化器发展指数的替代变量。金融是现代经济发展的“血液”，创新的发展离不开金融的支持。本书选用规模以上工业企业研发经费内部支出中获得金融机构贷款额、科技企业孵化器获得风险投资额及孵化器孵化基金总额三个指标度量地区科技服务金融指数。

一般而言，市场竞争的激烈程度是影响企业创新决策的重要变量之一。拥有一个更为公平的竞争环境能够激励企业积极从事创新活动，加大投入力度。市场结构和经济自由度度量了一个地区公平竞争的环境，因而，我们使用这两个指标构建公平环境指数。由新古典经济学理论可知，企业数量的多寡或进入的难易程度决定了市场结构状况和竞争程度。尽管非国有经济的发展可以作为度量一个地区市场化进程的维度，但它也可以反映一个地区的市场结构状况。地区的非国有经济发展越充分，竞争程度往往越激烈。因此，我们使用非国有经济发展反映地区经济市场结构发育情况。非国有经济在工业企业主营业务收入中的比例、非国有经济在全社会固定资产总投资中所占比例以及非国有经济就业人数占城镇总就业人数的比例三个维度能较好地反映非国有经济的发展状况，因而，我们直接借用王小鲁等（2021）评价各地区市场化状况的研究成果。非国有经济的发展是从所有制角度反映了地区市场结构，但难以完整地反映整个市场的竞争状况，为此，我们增加新增企业数作为四级指标，与非国有企业发展状况一起度量市场结构发育状况。如果说市场结构反映了企业竞争的状况，体现了商业自由，而贸易状况则从市场交易的角度反映了一个地区经济自由化的程度。本书用各地区的国内贸易额、各地区国内贸易额占 GDP 的比重，即从国内货物或服务流动的角度考察各地区的贸易自由度，而各地区进出口总额及其占全国进出口总额的比例则代表与世界其他国家之间的贸易自由度。

提供较为完善的公共服务既是现代政府的基本社会职能之一，也是政府经济职能的一项重要内容。从对政府经济职能转变即提高社会创新能力的角度，本书将公共服务划为社会和文化发展以及卫生生态两个维度。前者包括社会保障指数和文化建设指数两个三级指标，后者由卫生指数和生态环境指数作为替代变量。由于教育支出作为创新基础设施的“软件要素”，因而不再将其纳入公共服务。卫生指数主要由卫生医疗机构状况、卫生人员数以及卫生费用三个细分指标构成。建设和完善社会保障体系，为公民提供良好的社会保障，是世界各国政府提供的最重要的公共服务内容之一。同时，在世界大多数国家中，养老保险和医疗保险在整个社会保障体系中占有主体地位，在我国更是如此。因而，我们用社会保障支出、养老保险和医疗保险参保状况三个层面构建社会保障指数，其中社会保障支出用各地区社会保障支出占财政总支出的比例作为替代变量，分别用参加养老保险和医疗保险的人数占总人口的份额测度养老保险和医疗保险发展状况。创新社会的构建和现代市场经济的良好发育离不开良好的文化环境，我国各级政府也不断加大公共财政支出对文化建设的支持，我们使用文化建设费用、公共图书馆数量和文化艺术演出情况度量文化建设，具体而言，分别用文化事业费占财政支出的比重、人均拥有图书册数及人均观看的文化演出场次数作为文化建设三个细分指标的替代变量。生态环境建设涉及我国经济发展的可持续性，也是判断经济发展质量的一个重要方面。微观主体的利益最大化原则导致负的外部效应存在，造成市场失灵，加强监管和投入力度，维护公共利益和可持续发展，成为政府重要的职责。客观地说，对生态环境的建设应该包括广大农村在内的所有区域，然而，考虑到数据的可获得性，我们使用城市生活垃圾处理、城市绿化覆盖率和公共厕所建设三个维度构建生态环境指数的细分指标，具体而言，分别使用城市生活垃圾无害化处理率、城市人均绿地面积以及每万人公厕数量来测度生态环境建设的三个细分维度。考虑到不同区域经济社会规模的差异，我们分别选取每万人拥有的医疗机构数、每万人拥有的卫生人员数以及人均卫生费用三个四级指标测度卫生指数。

5.2.4 数据说明、计算方法及结果

考虑到西藏数据的缺失以及经济结构的相对独特性，未将其纳入样本范围，同时，也未考虑港澳台地区。所有数据来自历年《中国统计年鉴》《中国科技统计年鉴》《中国火炬统计年鉴》《中国社会统计年鉴》《中国财政统计年鉴》《中国律师统计年鉴》《中国法律年鉴》以及相关部门公布的权威数据。

政府经济职能转变指标体系中包含四级指标，第四级指标为基础指标。除了市场化进程中政府与市场的关系来自王小鲁和樊纲团队的研究成果之外，其余所有基础指标的原始数据均来自不同类型的统计年鉴或根据年鉴数据计算而得。由于各项指标代表不同的含义，统计数据的量纲也不一致，缺乏可比性，因此，需要对所有指标进行无量纲化处理，以方便对比和计算。无量纲计算的方法采用常用的标准化的方法，这种方法也被《中国民生发展指数报告》《中国市场化指数》等在指数化计算过程中采用。在指标体系中，可以将第四级指标的计算分为两大类，一类是指数对应的原始数据与体制机制

改革呈正相关关系，即原始数据越大，对应的指数越高，体制机制改革效果越好，我们称之为“正向指标”。正向指标的计算方法为：

$$V_i = \frac{v_i - v_{min}}{v_{max} - v_{min}} \tag{5-1}$$

其中，V_i 是某个地区第 i 个指标的指数值，v_i、v_{min}、v_{max} 分别代表第 i 个指标的原始数据、所选样本内的最小值和最大值。

另一类指数则相反，原始数据与政府职能转变要求的效果呈负相关关系，即原始数据越大，对应的指数越小，转变效果越差，我们称之为“逆向指标”。本书中市场分配资源的比重、政府规模、政府对企业干预、社会公共安全支出、犯罪率等五个四级指标属于“逆向指数”。为了便于计算，需要将其转化为“正向指标”，而逆向指标正向化处理首先需要保证处理后的指数具有一定的实际含义。为此，在不同的研究中采用的方法各异，唐任伍团队在《中国民生发展报告》中对比值类和百分数指标分别使用取倒数法和“100 减去指标值”的互补法，而王小鲁等（2021）使用变换的阈值法，为了保持与正向指标的计算逻辑保持一致，我们借鉴王小鲁等的处理方法，具体表述为：

$$V_i = \frac{v_{max} - v_i}{v_{max} - v_{min}} \tag{5-2}$$

由于指标之间相互独立，去量纲化处理之后，数值相差不大，因而，我们采用大多数评价体系中惯用的线性加权法作为评价我国政府经济职能转变的计算方法，而线性加权法关键的问题在于如何确定各级指标间的权重。一般而言，确定权重的方法主要有主观赋权法和客观赋权法两种。德尔菲法和层次分析法是前者的典型代表。尽管主观赋权法可以较好地借助专家的经验，而且可以确定未来的发展趋势给予不同影响因素不同的评判，但这种方法受个人主观判断影响较大，而且与选择的专家也有关，因而可能导致结果的主观性。客观赋权法的代表性方法主要有主成分分析法、熵值法以及均方差法等，这些方法权重的确定取决于数据自身的特征，由于更具客观性从而得到较为广泛的应用。然而，对于连续变化的时间序列数据，各因素的权重随着变量的变动而发生变化，这将导致同一指标在不同时间可能具有不同的权重，从而使数据之间缺乏可比性。王小鲁和樊纲团队在借鉴国际经验的基础上，使用算术平均法对不同时间的市场化指数进行了估算，即给予不同指标相同的权重，而且他们发现使用算术平均法代替主成分分析法是可行的（王小鲁、樊纲，2004）。考虑到本书数据为地区的面板数据，因而，我们也使用算术平均法来计算各项分指数和总指数。截至2021年，市场化指数仅提供2008~2016年各地区的面板数据，考虑到短期内经济环境和制度变化的稳定性和连贯性，本书借鉴俞红海（2010）的处理方法，使用2011~2016年各地区市场化指数的平均增长幅度作为2017年的增长幅度。在此基础上，采用同样的方法估算2018年各地区的市场化指数。

根据上述的指标体系，2008~2018年各地区政府经济职能转变总指数得分情况见表5-2。

表5-2　　2008~2018年各地区政府经济职能转变总指数得分

地区	2008年	2009年	2010年	2011年	2012年	2013年	2014年	2015年	2016年	2017年	2018年
北京	0.56	0.55	0.53	0.55	0.56	0.58	0.60	0.59	0.60	0.62	0.64
天津	0.42	0.41	0.43	0.43	0.48	0.49	0.47	0.48	0.49	0.51	0.51
河北	0.32	0.32	0.32	0.34	0.32	0.33	0.37	0.39	0.40	0.43	0.44
山西	0.28	0.27	0.29	0.30	0.30	0.31	0.32	0.33	0.33	0.34	0.34
内蒙古	0.29	0.31	0.31	0.32	0.30	0.32	0.31	0.32	0.32	0.33	0.33
辽宁	0.39	0.38	0.37	0.38	0.38	0.37	0.39	0.39	0.39	0.40	0.40
吉林	0.33	0.34	0.31	0.32	0.32	0.34	0.34	0.36	0.36	0.35	0.37
黑龙江	0.29	0.30	0.29	0.29	0.33	0.33	0.34	0.34	0.35	0.35	0.35
上海	0.55	0.55	0.56	0.56	0.55	0.55	0.58	0.58	0.60	0.61	0.61
江苏	0.50	0.53	0.54	0.57	0.59	0.59	0.58	0.58	0.57	0.56	0.55
浙江	0.50	0.53	0.55	0.56	0.58	0.59	0.59	0.60	0.60	0.61	0.63
安徽	0.33	0.34	0.34	0.38	0.41	0.39	0.42	0.40	0.39	0.38	0.39
福建	0.40	0.41	0.41	0.42	0.43	0.45	0.45	0.46	0.45	0.46	0.47
江西	0.33	0.34	0.34	0.35	0.33	0.32	0.37	0.38	0.39	0.40	0.41
山东	0.41	0.42	0.42	0.43	0.42	0.43	0.46	0.46	0.47	0.48	0.48
河南	0.32	0.34	0.34	0.36	0.34	0.36	0.38	0.40	0.41	0.42	0.43
湖北	0.32	0.33	0.34	0.35	0.35	0.38	0.39	0.39	0.39	0.39	0.40
湖南	0.30	0.32	0.33	0.35	0.32	0.33	0.38	0.39	0.41	0.42	0.45
广东	0.47	0.47	0.50	0.50	0.50	0.53	0.57	0.57	0.58	0.61	0.63
广西	0.29	0.30	0.29	0.30	0.34	0.35	0.35	0.35	0.35	0.35	0.35
海南	0.27	0.28	0.29	0.32	0.35	0.35	0.36	0.34	0.33	0.36	0.35
重庆	0.33	0.35	0.39	0.39	0.39	0.40	0.44	0.45	0.46	0.46	0.49

续表

地区	2008 年	2009 年	2010 年	2011 年	2012 年	2013 年	2014 年	2015 年	2016 年	2017 年	2018 年
四川	0.34	0.35	0.37	0.38	0.37	0.38	0.40	0.41	0.42	0.43	0.44
贵州	0.23	0.23	0.20	0.21	0.26	0.27	0.28	0.29	0.30	0.31	0.31
云南	0.27	0.28	0.30	0.31	0.26	0.27	0.29	0.29	0.29	0.30	0.32
陕西	0.28	0.28	0.29	0.31	0.32	0.34	0.36	0.37	0.38	0.40	0.41
甘肃	0.21	0.20	0.21	0.23	0.23	0.23	0.26	0.27	0.29	0.31	0.32
青海	0.23	0.24	0.24	0.23	0.23	0.24	0.25	0.26	0.26	0.26	0.28
宁夏	0.27	0.26	0.26	0.26	0.27	0.30	0.32	0.32	0.32	0.32	0.34
新疆	0.23	0.23	0.22	0.22	0.21	0.21	0.24	0.24	0.25	0.27	0.28

5.3 政府经济职能转变对制造业全要素生产率影响的实证分析

5.3.1 模型与指标的构建

一般而言，根据新古典经济学理论和已有的研究，分析各种影响因素对行业或地区 TFP 的影响，构建如下模型：

$$TFP_{i,t} = C + AX_{i,t} + u_{i,t} \tag{5-3}$$

其中，TFP 为全要素生产率，A 为系数矩阵，X 为影响变量，u 为随机误差项，i，t 分别代表地区和时间，C 为常数项。

由第 2 章的理论分析可知，政府经济职能变化带来的制度变迁将会影响 TFP 的变化，因而，我们将政府经济职能转变指数引入模型中，考察其对制造业 TFP 的影响。考虑到 TFP 变动的滞后性，将其滞后项引入解释变量中，构建如下模型：

$$TFP_{i,t} = C + TFP_{i,t-n} + Str_{i,t} + AX_{i,t} + u_{i,t} \tag{5-4}$$

其中，n 代表 TFP 的滞后期，Str 为政府经济职能转变指数，为了更为细致地分析其对制造业 TFP 的影响，我们分别从市场化进程、创新环境建设以及公共服务三个方面的内容做对比分析，并用地区 i 第 t 期的相应指数作为其替代变量，

且记为 $Gor_{i,t}$、$Ine_{i,t}$ 和 $Pus_{i,t}$。TFP 的估算采用第 3 章的 DEA 方法。各地区的物质资本存量采用常用的永续盘存法，其中固定资产的估算借鉴单豪杰（2008）的做法，把各地区 1980 年工业实际固定资本形成额除以折旧率与 1981～1990 年投资增长率的平均值之和的比值作为初始资本存量，且假设各省的折旧率相等，并取为 10.96%。劳动力的投入选取各地区工业企业就业人数。由于我国行政区划调整，为了保持数据的一致性和连贯性，1988 年之前广东省的相关数据不包含海南的数据，并将海南数据独立出去，与此类似，1997 年以前重庆的数据不纳入四川的统计范围，将重庆单独考虑。本书用工业行业相关数据作为制造业的替代变量，并以 1981 年为基期，利用工业生产总值平减指数对各地区的固定资产投资进行平减。

借鉴其他关于全要素生产率相关研究的成果以及根据第 2 章的理论分析，主要将影响因素分为三类。

第一类因素与规模经济相关。我们主要考虑规模报酬变动情况、对外开放度以及制造业显性比较优势三个变量指标。规模报酬变动对应于制造业投入的各种要素规模变化能够对制造业 TFP 产生的动态效应；对外开放度则反映对外开放水平带来的“规模溢出”效应程度。改革开放以来尤其是加入世界贸易组织以来，我国充分抓住上一轮全球化发展的良好机遇，大力吸引外资，利用我国经济发展的比较优势，使我国经济规模快速扩大，这将会为 TFP 的变动产生溢出效应。因而，我们用制造业显性比较优势表征工业制成品在国际出口中的相对显性比较优势的情况测度制造业经由进出口贸易带来的规模效应。其中，规模报酬变动用平均成本系数作为替代变量，对外开放度用吸引外资情况测度对外开放度。具体计算方法为：规模报酬变动 $Rts_{i,t}$ 表示为地区 i 第 t 期工业的主营业务总成本除以主营业务收入，并以 2008 年为基期，其余年份的平均成本与基年进行对比得到平均成本系数。用实际利用外资总额占 GDP 的份额，并将其指数化，测度地区 i 第 t 期制造业对外开放度 $Opd_{i,t}$。

显性比较优势指数（revealed comparative advantage，RCA）由巴拉萨（Balassa，1965）提出，被定义为一国某一商品或行业的出口总额在总出口中的比重相对于该行业在世界所有国家出口所占份额，用于度量国际贸易中产业竞争力的高低，其表达式为：

$$RCA_{is} = \left(\frac{e_{is}}{\sum_{s=1}^{N} e_{is}}\right) \Big/ \left(\frac{\sum_{i=1}^{G} e_{is}}{\sum_{i}\sum_{s} e_{is}}\right) \quad (5-5)$$

其中，i 代表国家，s 代表行业或产业，N 为行业中部门个数，G 为国家总数量，e_{is}是 i 国 s 行业出口总额。一般而言，当 $RCA>1$，表示该产品或行业在世界市场上拥有比较优势，具有较强竞争力；当 $RCA<1$，则表示相反。

显性比较优势指数往往用来甄别一个经济体的特定行业在国际贸易中是否具有比较优势。对于小国经济体而言，由于区域资源禀赋结构的单一性（蔡昉，2009），内部之间特定行业的比较优势没有明显的不同。然而，对于像我国这样的经济大国，地区之间的要素禀赋存在明显的异质性，使各个区域的制造业具备了国与国之间所拥有的比较优势的差异性。以广东和青海为例，2018 年，广东省研究与开发人员达到 102.3 万人，而青海省却仅为 12.98 万人，前者是后者的 7.88 倍。但是，青海省的人均耕地面积为 1.48 亩，为广东省的 2.58 倍。① 这意味着，广东省在人力资本投入方面比青海省有比较优势，而青海在农业生产方面具有比较优势，尤其与其特有的气候资源相结合，形成了青海的特色农业优势。从经济总量的角度看，2018 年广东省国民生产总值高达 14700 亿美元（以 2018 年汇率计算），低于韩国，却高于澳大利亚，假如将我国每个省份视作一个独立的经济体，那么，广东省则位居世界第 12 位。尽管青海省仅为 432.98 亿美元，在全国排名倒数第二位，但依然高于世界排名第 85 位的科特迪瓦。②鉴于我国地区要素禀赋结构和经济总量存在巨大差异，故可以将各省、自治区或直辖市视作类似于小国相互独立的经济体，因而，RCA 同样适用于测度大国经济内部不同地区制造业的竞争优势状况。综上所述，本书选用 *MRca* 度量我国不同地区制造业显性比较优势。

第二类因素与要素配置相关。近年来，要素错配对 TFP 的影响受到社会各界人士的关注，大多数学者阐释了相关机理，但由于资源错配方面的统计数据不全面，从而限制了测定的结果和应用，但是我们尝试选取合适的指标在一定程度上反映资源配置对 TFP 的影响。我们引入技术流动指数、劳动力流动指数和资源闲置状况等因素。其中，用技术和劳动力流动指数分别度量生产要素在不同行业之间流动程度带来的 TFP 的变动，并将技术流动指数定义为地区 i 第 t 期国内技术交易额与国外引进技术合同交易额之和占 GDP 的份额，同时把各地区的客运量进行指数化之后测度劳动力流动状况，记为 $Tet_{i,t}$和 $Lam_{i,t}$。而制造业的存货状况意味着要素使用效率的高低，将其定义为存货存量与地区生产总值的比重，记为 $Idr_{i,t}$。

①② 资料来源：《中国统计年鉴 2019》以及根据中国统计年鉴相关数据计算获得。

第三类因素与技术进步相关，主要考虑了人力资本、研发投入强度及基础设施状况三个变量。实际上，技术进步还包含在物质资本中，以更先进的机器设备作为标志，遗憾的是，难以对其进行有效量化，也缺乏相应的统计数据，因而，暂时忽略了这一因素。为了较为客观地反映制造业人力资本投入的状况，根据人力资本的内涵，我们将其定义为制造业中大学专科以上就业人员占总就业人员的比重，表示为 $Huc_{i,t}$。我们将 $Rdi_{i,t}$ 定义为各地区工业企业研究与开发经费内部支出与 GDP 的比值，以测度研发投入强度。基础设施指数 $Inf_{i,t}$ 反映地区 i 第 t 期基础设施发展状况，指数的构建以地区基础设施的密度作为初始指标，而基础设施密度定义为铁路里程、内河航道里程以及公路里程三者之和与各地区的面积之比。

5.3.2 数据说明、平稳性及内生性检验

本章选用全国 30 个省、自治区和直辖市 2008 ~ 2018 年的面板数据进行研究。考虑到西藏产业结构的特殊性，故未将其列入样本中，也不考虑港澳台地区。数据选自历年《中国工业统计年鉴》《中国统计年鉴》《中国固定资产投资统计年鉴》以及各省、自治区和直辖市历年统计年鉴。由于固定资产投资指数的缺失，工业固定资产投资和各地区生产总值均采用 GDP 平减指数进行平减，以 2008 年为基期。

为了避免变量之间可能出现伪回归现象及传统的 t 检验失效，需要对模型中相关变量进行平稳性检验，即单位根检验。本章选用 HT、Breitung 两种方法对各变量进行单位根检验。结果表明，所有变量在 5% 的显著性水平下都拒绝原假设，即各变量不存在单位根，为平稳序列。当被解释变量的滞后项作为解释变量被引入模型之后，$TFP_{i,t-1}$ 与 $u_{i,t}$ 之间不可避免地存在相关性，同时考虑到解释变量和被解释变量之间可能存在逆向因果关系，比如制造业全要素生产率的改善将会进一步加速资源的流动和激励企业加大研发投入等，这都导致模型中出现内生性问题。假如用普通的最小二乘法进行估计，必将导致参数估计的偏误，进而对经济现象的解释也可能是扭曲的。而布伦德尔和邦德（1998）提出的系统广义矩（SysGMM）法，较为有效地解决了这一问题。故本章采用此法，并选择 *TFP* 的二阶和三阶滞后值以及体制机制改革指数的滞后一期作为各自的工具变量。为了保证 SysGMM 能够成立以及工具变量是有效的，需要对随机扰动项进行自相关检验，并对工具变量进行过度

识别检验。从结果可以看出，扰动项的二阶自相关系数不显著，这意味着扰动项不存在二阶自相关，即SysGMM是适用的。Sargan的检验结果表明模型中的工具变量在10%的水平下都是有效的。简言之，模型（5-4）可以进行系统GMM估计。

5.3.3 实证结果的分析

在模型（5-4）的基础上，我们分别考察了政府经济职能转变过程中市场化进程、创新环境构建以及公共服务完善程度等三个细分因素对制造业全要素生产率的影响程度，更为细致地揭示了二者间的关系，如表5-3所示。

表5-3 经济体制改革对制造业全要素生产率影响的实证分析结果

解释变量	*TFP*							
	(1)		(2)		(3)		(4)	
	FE	SYS-GMM	FE	SYS-GMM	FE	SYS-GMM	FE	SYS-GMM
$TFP_{i,t-1}$	0.06* (0.06)	0.07** (0.05)	0.07** (0.05)	0.02* (0.07)	0.04** (0.03)	0.09* (0.10)	0.07** (0.04)	0.04** (0.03)
$Str_{i,t}$	0.11** (0.02)	0.19* (0.09)	—	—	—	—	—	—
$Gor_{i,t}$	—	—	0.04* (0.07)	0.60* (0.09)	—	—	—	—
$Ine_{i,t}$	—	—	—	—	—	-0.01 (0.37)	—	—
$Pus_{i,t}$	—	—	—	—	—	—	0.003** (0.04)	0.01* (0.06)
$Rts_{i,t}$	0.16*** (0.00)	0.14*** (0.00)	0.12*** (0.00)	0.15*** (0.00)	0.13*** (0.00)	0.11*** (0.00)	0.13*** (0.00)	0.12*** (0.00)
$Opd_{i,t}$	0.11*** (0.01)	0.33* (0.09)	0.10*** (0.01)	0.07** (0.03)	0.11*** (0.01)	0.25* (0.07)	0.10** (0.02)	0.38* (0.10)
$MRca_{i,t}$	0.34** (0.04)	0.45*** (0.00)	0.23*** (0.03)	0.48*** (0.00)	0.38** (0.03)	0.60*** (0.01)	0.30** (0.04)	0.37*** (0.01)
$Tet_{i,t}$	0.03* (0.07)	0.08** (0.03)	0.007 (0.17)	0.01 (0.13)	0.02* (0.06)	0.07* (0.08)	0.01* (0.07)	0.04* (0.06)

续表

解释变量	TFP							
	(1)		(2)		(3)		(4)	
	FE	SYS－GMM	FE	SYS－GMM	FE	SYS－GMM	FE	SYS－GMM
$Lam_{i,t}$	0.05 * (0.09)	0.09 ** (0.04)	0.05 * (0.08)	0.02 ** (0.02)	0.06 ** (0.04)	0.05 ** (0.03)	0.05 ** (0.02)	0.07 *** (0.00)
$Idr_{i,t}$	－0.26 * (0.07)	－0.13 *** (0.01)	－0.27 *** (0.01)	－0.15 *** (0.01)	－0.27 *** (0.01)	－0.17 ** (0.05)	－0.28 ** (0.01)	－0.11 ** (0.04)
$Huc_{i,t}$	0.03 * (0.06)	0.05 *** (0.01)	0.03 * (0.07)	0.06 ** (0.04)	0.04 * (0.07)	0.05 * (0.08)	0.03 ** (0.03)	0.06 ** (0.02)
$Rdi_{i,t}$	0.03 * (0.10)	0.09 *** (0.01)	0.02 * (0.09)	0.10 *** (0.01)	0.03 * (0.07)	0.08 *** (0.00)	0.04 ** (0.03)	0.08 *** (0.00)
$Inf_{i,t}$	0.04 * (0.06)	0.08 * (0.10)	0.09 (0.15)	0.12 (0.16)	0.03 ** (0.04)	0.08 * (0.10)	0.07 (0.22)	0.10 (0.35)
C	0.62 *** (0.00)	0.78 *** (0.00)	0.66 *** (0.00)	0.77 *** (0.00)	0.63 *** (0.00)	0.78 *** (0.00)	0.65 *** (0.00)	0.80 *** (0.00)
AR (1)	—	－2.37 ** (0.02)	—	－2.36 ** (0.02)	—	－2.27 ** (0.02)	—	－2.29 ** (0.02)
AR (2)	—	－0.42 (0.67)	—	－0.57 (0.56)	—	－0.57 (0.84)	—	－0.55 (0.58)
SARGAN TEST	—	25.07 (0.86)	—	27.57 (0.78)	—	22.73 (0.87)	—	25.73 (0.84)
F 值	2.92 *** (0.00)	—	2.91 *** (0.00)	—	2.85 *** (0.00)	—	2.87 *** (0.00)	—
HAUSMAN 检验	63.46 *** (0.00)	—	63.11 *** (0.00)	—	63.27 *** (0.00)	—	62.69 *** (0.00)	—

注：() 中数据为 p 值；*** 、** 、* 分别表示符合 1% 、5% 、10% 的显著性水平。

表 5－3 的结果表明，政府经济职能转变的回归系数为 0.19 且在 10% 的水平下显著，这意味着政府经济转变指数每增加 1 个百分点，将提高制造业全要素生产率 0.19 个百分点。本质上而言，政府经济职能转变属于制度变革，只不过这种变革是在政府主导下或者通过政府的主动行为来实现。它主要从两个方面影响制造业的 TFP：一方面，对资源配置的影响。通过改善不合理的各种制度措施，更好地发挥市场的优势，使资源流向效率更高的领域，

提高资源的利用效率，增加制造业的 TFP。另一方面，合理的制度安排，比如财税制度、准入制度和知识产权保护制度不仅能够激励企业增加技术创新的动力，也能够为企业创新活动提供更好的环境，提高创新的效率。这两个方面还互为影响、互为作用，起到正反馈效应。政府是市场运行规则的制定者和监督者，良好、有效的制度规则通过要素流动和技术创新改善了制造业 TFP。如果考虑构成政府经济职能转变的三个重要组成部分，由实证结果可知，市场化进程与公共服务的回归系数分别为 0.60 和 0.01，且均在 10% 的水平下显著。这意味着二者的改善都提高了制造业的 TFP，但相对于后者，前者的影响程度更大。更为具体地讲，以政府与市场关系调整和法治社会建设为主要内容的政府改革能够大幅度改善制造业的 TFP，实际上这些正是我国社会主义市场经济建设的核心要素。从统计学意义上，以社会文化和卫生生态为组成部分的公共服务建设的推进也能够显著改善制造业的全要素生产率，但从系数大小看，其影响作用远远低于以市场化改革为标志的政府改革。这意味着，尽管公共服务更多直接服务于居民的日常生活，但是其发展依然对制造业 TFP 产生了溢出效应，这种效应主要来自公共服务建设可以增加社会人力资本投资或存量，或者提升包括就业人员在内的全社会公民的素质。当然，公共服务建设是社会主义制度体系建设不可或缺的内容之一，尤其是随着工业化的推进，政府职能在社会领域的变动。然而，政府在创新环境构建方面的回归系数为 -0.01 且不显著。这说明，从全国范围看，创新环境阻碍了制造业全要素生产率的提升，但从统计意义上，这种抑制作用并不显著。造成这种现象可能与我国经济的发展历程和所处的发展阶段有关。尽管我国的主要矛盾已由人民日益增长的物质文化需求与落后的社会生产之间的矛盾转向了人民日益增长的美好生活需要和不平衡不充分的发展之间的矛盾，但中华人民共和国成立之后到党的十九大以来较长时间内，扩大生产规模、增加经济总量、满足人民的基本物质生活需求长期以来都是社会发展亟须解决的关键问题和主要矛盾。大规模的要素投入是推动总产出快速增长最简单有效的工具，而市场经济建设的目标也是围绕解决这一主要矛盾而展开和推进的，因而，为企业发挥创新能力而构建良好的创新环境在当时的状况下尚不能构成政府体制改革的核心和着力点。此外，在缺乏较为完善的市场机制的前提下，构建良好的创新环境无异于是空中楼阁。尽管目前我国迫切需要转变经济发展模式、提高经济发展质量，但这并不意味着不需要一定的发展速度和规模，加之原有发展模式强大的惯性作用，以及人们思想观念转变也是一个相对缓慢的过程。这些因素决定了创新环境的建设面临各种困难，而且仅仅处于刚刚起步阶段。因而，目前而言，创新环境尚难以有效推动企业更有效率地进行创新，也无法提升制造业的TFP。

接着，我们考察其他影响制造业TFP的各种因素。首先，从规模效应的角度说，对政府职能转变不同的内容而言，制造业的显性比较优势、对外开放度和规模报酬变动等三个反映规模效应的因素的回归系数均大于零，且在10%的水平下均显著。这说明长期以来，我国制造业规模的扩张，确实提升了制造业的TFP，验证了前述的理论分析。就规模经济内部的各种因素来讲，制造业具有显性优势的回归系数在0.37～0.45之间波动，对外开放度和规模报酬变动的回归系数分别为0.07～0.38和0.11～0.15，而除了政府改革中，对外开放度的回归系数为0.07之外，其余的都大于0.25，这意味着尽管制造业的显性比较优势、对外开放度和规模报酬变动都能显著改善我国制造业TFP，但对TFP的改善程度大小不一。相对而言，制造业的显性比较优势对TFP的影响最大，其次是对外开放度，最后是规模报酬变动。显性比较优势的扩大意味着我国工业品出口份额的扩大，生产规模相应提高，产生了提升TFP的规模效应。此外，由于出口的产品尤其是面向发达国家的出口，消费对产品质量要求相对较高，因而需要投入比较先进的技术，在提升产品质量的同时改进生产效率，降低成本，这有助于提高制造业TFP。一个国家或地区对外越开放，营商环境越好或者成本越低，对外商直接投资就越具有吸引力。大量涌入的外商直接投资可以使东道国借助外部资源迅速扩大生产规模。而外商直接投资进入我国往往带来更为先进的生产技术和管理经验，相对于技术水平相对落后的国内企业，其全要素生产率比较高。此外，外商直接投资还会带来溢出效应，进而会带动整个制造业TFP提升。实证结果表明，通过扩大国际贸易份额对TFP的影响要高于对外开放程度的扩大。同时，国内制造业规模的扩大的确带来了提升制造业TFP的规模效应，从经验上验证了前述的理论分析。

其次，从要素流动的角度看，回归结果显示，在考虑政府职能转变总指数、创新环境与公共服务对制造业TFP的影响时，技术流动的回归系数分别为0.08、0.07和0.04，且至少在10%的水平下显著。这说明，技术流动能显著提高制造业的TFP。然而，在分析市场化改革的情况下，该变量的回归系数为0.01且不显著，可能是因为数据质量不高。而对于劳动力流动来讲，不同政府经济转变内容指数下的系数分别为0.09、0.02、0.05和0.07，且至少在 10% 的水平下显著。这些事实表明，技术和劳动力在制造业内外的流动的确能显著增加其全要素生产率水平，与理论分析相一致。与此同时，资源闲置的回归系数分别为 -0.13、-0.15、-0.17 和 -0.11，且至少在 5% 的水平下显著。这意味着，无论考虑何种形式的政府经济职能转变，资源闲置都显著抑制了制造业的 TFP，与事实相符。造成这种现象可能源自两个方面的原因：一方面，测算造成的误差。从理论上讲，测算 TFP 时，资本应该是投入生产实际中服务的资本，但统计实践中，无法精确提供这一数据，往往以固定资产作为近似值。需求侧或供给侧的冲击均可能令资源无法获得充分利用，从而使产出减少，与此同时，参与生产的资本的数量没有做相应调整，扩大了资本在产出中的份额，导致全要素生产率的低估。另一方面，资源闲置带来的动态效应，可能抑制制造业全要素生产率的提高。无论是来自需求侧还是供给侧的冲击，尤其是来自供给侧冲击，资源闲置都带来了各种生产要素的无效利用，降低了行业全要素生产率。如果还有政策的扭曲，闲置的资源作为沉没成本也无法配置到生产效率更高的行业或领域，降低了要素的配置效率，进一步拉低了制造业全要素生产率。

最后，从技术进步来看，在不同内容下的政府经济职能转变的人力资本的回归系数分别为 0.05、0.06、0.05 和 0.06，且至少在 10% 的水平下显著，同时，研究与开发投入的回归系数也分别为 0.09、0.10、0.08 和 0.08，且至少在 1% 的水平下显著。这一事实表明，人力资本和研究与开发的投入都能显著提升制造业 TFP，验证了前述理论分析。基础设施的发展在考察政府经济职能转变和创新环境对制造业 TFP 影响时的回归系数均为 0.08 且在 10% 水平下显著，即基础设施有利于制造业 TFP 的提升；而在市场化改革和公共服务建设两种条件下的回归系数分别为 0.12 和 0.10，但均不显著。换言之，基础设施对制造业 TFP 的变动在统计上并没有显著的影响。造成这一现象的原因可能是数据质量不高。

5.4　本章小结

本章主要考察了政府经济职能转变对我国制造业 TFP 的影响，在探索世界范围内政府经济职能转变的趋势和方向的基础上，构建了我国政府经济职能转变的指标体系，之后分析了其对我国制造业全要素生产率的影响。主要内容和结论如下所述。

（1）政府与市场的关系是经济学永恒的主题之一。如何在二者之间寻求一个平衡点即合理的边界，推动经济社会的有序、快速发展，成为社会各界共同的目标。本章首先回顾了工业革命以来西方发达国家政府职能演变的基本轨迹，在政府与市场边界的演化过程中寻找共同的规律性。同时，结合我国基本国情，重现了我国政府职能演变的特点。最后发现，从短期看，影响政府与市场边界变化的变量相对稳定，从而决定了边界的稳定性；从长期看，各个变量不停地变动，政府与市场的关系是动态变化的。政府职能的演变与一个国家或地区的历史状况、文化氛围、价值观以及发展阶段都密切相关。在此基础上，为我国政府职能的变动或者说经济体制机制的改革提供借鉴参考，同时为构建政府经济职能转变指数提供基本的经验借鉴。

（2）基于以上分析，我们构建了政府经济职能转变指数，以度量不同省份的政府经济职能变动状况，为后续的实证分析提供基本条件。我们选用了3个一级指标、7个二级指标、19个三级指标和45个四级指标或基础指标构建了政府经济职能转变评价指标体系，并借助国家相关部门及权威机构的统计数据测算了经济体制机制改革的效果。测算结果显示，如果以2008～2018年各地区政府经济职能转变的均值来看，位居前十名①的省份分别为浙江、北京、上海、江苏、广东、天津、福建、山东、重庆和四川，而后十名的省份则分别为广西、海南、山西、内蒙古、宁夏、云南、贵州、甘肃、青海和新疆。这一事实说明，除了重庆和四川之外，政府经济职能发育比较好的地区均在东部发达地区；而效果较差的，除了海南之外，其他地区都集中在中西部地区。

（3）本章对政府经济职能转变与制造业TFP的关系做了实证分析，从经验上为理论分析提供支撑。实证结果表明，不同的因素对制造业TFP的影响程度差异很大。具体而言，从政府经济职能转变的角度看，以社会主义市场经济体制完善为核心的政府经济职能指数每增加1个百分点将提高我国制造业全要素生产率0.6个百分点，远远高于公共服务的影响程度。然而，从整体看，我国创新环境的建设尚处于刚刚起步阶段，尚未形成对制造业TFP强有力的支撑，如何建设有利于企业创新的社会环境，也是未来我国政府职能转变重要的方向之一。从非制度性因素看，在不同的模型中即在不同的制度

---

① 排名是按照各地区得分由高到低依次排序。

环境下，规模效应对制造业 TFP 的回归系数为 0.07 ~ 0.60，中位数为 0.25，远高于要素流动的 0.07 和技术进步的 0.08。这意味着，在样本期内，尽管生产要素配置的改善与技术进步也能够显著提升我国制造业 TFP，但整体而言，我国制造业 TFP 的提升主要是通过完善市场机制条件下规模经济的释放产生的，尤其是通过参与全球价值链中的国际贸易、吸引外商直接投资以及国内市场规模的扩大三种主要路径实现的。实证结果也证明，资源闲置对我国制造业 TFP 具有显著的抑制作用。这意味着，从供给端进行改革和调整，化解过剩产能有助于制造业 TFP 的提升。

第 6 章　知识产权保护对制造业 TFP 提升的影响

知识产权保护实质上是从法律的角度，给予创新主体对智力劳动成果的独占权，这意味着在一定时间范围内，从制度上保证了创新主体垄断地位的合法性。古典经济学理论告诉我们，当市场主体具有了一定垄断地位的时候，往往可以获取超额利润，进而激励微观主体从事更多创新活动。相反，如果知识产权保护比较弱，则将阻碍创新活动的进行。而创新活动是提升制造业 TFP 最基础、最直接的来源。因而，从这个意义上讲，合适的知识产权保护制度能够促进制造业 TFP 的提升。同时，过于严格的知识产权保护制度不利于知识的扩散，进而阻碍企业技术水平的提高，不利于制造业 TFP 的提升。因而，知识产权保护状况对一个国家或经济体制造业 TFP 的影响具有不确定性。那么，我国知识产权保护制度能否有效提升制造业 TFP 呢？如果不能，如何完善知识产权保护制度才能实现这一目标？这就是本章研究的目的所在，我们从实证角度研究知识产权保护对中国制造业 TFP 的影响，为探索合适的知识产权保护制度提出理论依据和指导建议。

6.1　引　　言

由于知识具有“公益性”和“外部性”，降低新知识获取的障碍，将会降低本地企业利润，尤其是对生产知识的企业而言更是如此。这是因为知识在溢出的同时，获取知识的企业却没有支付相应的成本，进而会导致企业不愿意投入资源生产知识而获取并利用新知识（Crowley & Jordan，2018）。通过允许知识创造者获得适当的经济利益来激励知识生产与鼓励其传播以提高知识创造的社会回报产生张力，这便是知识产权制度设立的初衷。知识产权的创造、运用、保护和环境是反映知识产权发展状况的四个要素，知识产权保护是这四个指数中尤为重要的环节。知识产权保护以塑造良好的创新发展营商环境为目的，是创新驱动发展评价制度中的重要内容，在创造与开发技术和创造性解决方案方面发挥了至关重要的作用。

从不同角度看，知识产权保护制度的作用大相径庭。从对外资和国际贸易的角度看，知识产权保护制度状况对发展水平不同的国家的影响具有异质性。知识产权保护制度的支持者还认为，加强知识产权保护将有利于发展中国家吸引更多的外商直接投资，推动生产技能更为广泛地传播。马斯库斯和佩努巴尔蒂（Maskus & Penubarti，1995）认为，严格的专利保护制度对发展中大国和小国的制造业进口均有积极影响，更具体地讲，增加知识产权保护强度，将会促进研发强度大的产品类别的进口。而中等收入国家在进口技术先进的产品方面受益最大，这也间接说明知识产权保护有助于提升知识密集型产品的引进。然而，大多数的研究却未能支持这些观点。更多学者却认为，在当前国际法律制度下，知识产权保护更有利于发达国家维护其优势地位，而不利于发展中国家，甚至将欠发达地区锁定于不发达状态，使其陷入贫困循环之中。奥卡瓦（Okawa，2010）指出，在允许国际资本流动的情况下，如果模仿率足够高，发达国家总是会从知识产权保护中受益，这主要是因为发达国家加大对知识产权保护的力度以规避被模仿的风险，可以在一定程度上维护其竞争优势，获取额外收益。此外，发达国家通过收取相应的知识产权费，从而促进其研发成本的降低和收益的扩大。萨马伟（Samawi，2009）发现，约旦在 2000 年加入世界贸易组织后，制药业受到新知识产权规则的沉重打击，不能再生产未在约旦注册的专利药物，受制于更灵活的知识产权规则，导致加入世界贸易组织对约旦制药业产生极大的负面影响，如无法获得外国直接投资、研发支出和药品价格上涨等，甚至在就业方面导致许多工作岗位已经流失。霍斯尼（Hosny，2017）的研究也表明，知识产权保护力度的加强，特别是知识产权条约中与贸易有关的方面，导致发展中国家缺乏获得药品的机会，进而不发达国家的国民疾病不断、生产力低下，原本可以治疗的疾病却因无技术、无药物而面临高死亡率，这直接影响到这些发展中国家的经济发展。甘巴（Gamba，2017）对 74 个发达国家和发展中国家涉及药品的知识产权进行研究后，发现知识产权保护制度对创新的影响存在衰减效应。他还认为，发展中国家从保护中获得的利益要大大低于发达国家，大约是发达国家的一半，并指出在欠发达国家和发展中国家过于严格的知识产权保护制度不利于经济增长，因而建议宜采用渐进式的方式推动知识产权保护制度的发展与完善。实际上，这也是知识产权保护制度存在争议的地方，即如何在鼓励新发明的奖励措施与发展中国家获取专利产品和技术的难易程度之间进行平衡。凯尔和麦加汉（Kyle & McGahan，2012）研究了药品专利保护与新药开发投资之间的关系，并分别对发展中国家和最不发达国家加强专利保护对制药企业的创新投入进行研究。结果发现，在高收入国家/地区实施更严格的专利保护制度时，二者呈显著的正相关关系。然而，在发展中国家引入专利保护制度并没有促进投资的增加，这可能是因为更为严格的专利保护制度提高了产品的成本，从而导致较高的价格，进而降低对治疗和药物的需求，一定程度上抵消了激励措施的正向效应。

另外，知识产权保护的作用对不同行业的影响也存在差异。企业和行业层面的研究均表明，更高的知识产权保护水平有利于行业的发展。以制药业为例，新药的研发存在成本比较高、周期长、风险大等特点，如果没有全球范围内因专利保护所保证的大（垄断）回报，开发新药面临风险更大。而在农业制造业领域，随着发达国家作物育种研究领域私人投资的增加，知识产权保护的重要性也日益提高。实证研究表明，发达国家更倾向于实施高标准的植物保护知识产权制度和措施，并通过各种方式要求甚至强制要求发展中国家遵守其制定的标准。尽管强有力的知识产权保护制度可以促进种子行业国际贸易的增长，但市场支配力也可能导致种子向国外市场的出口减少，从而带来不确定性。加卢什科（Galushko，2012）以 Heckman 模型估算了知识产权制度状况对美国种子出口的影响，结果表明，知识产权保护对农作物的影响存在差异。具体而言，知识产权保护的强弱对转基因作物种子的出口影响要远高于杂交作物等的影响。然而，几乎没有证据表明更高水平的知识产权保护增加了最不发达国家的农业制造行业的创新速度。知识产权所有者可能受益，但对最不发达国家的农民反而产生了诸多不利，如减少农民可获得的植物材料，增大农民对自己种子的储蓄等商业压力并对相关信用体系产生不利影响。

实际上，知识产权保护对经济和行业的影响并不确定，这与一个国家或地区经济发展所处的阶段、产业结构状况以及发展路径等因素都有关。我国发展早期，在技术水平落后的条件下，如何迅速扩大经济规模成为当时的主要目标之一。加快知识扩散速度，能够有效快速地提升生产的技术水平，实现经济发展的目标。而知识产权保护制度和知识的扩散往往是相互矛盾的，过于严格的知识产权保护制度将不利于知识的扩散。因而，尽管我国于 2008 年开始实施国家知识产权战略，从制度完善、搭建交易平台再到创新运用模式等方面都做出了许多努力。但是，直到党的十八大之前，我国知识产权保护制度实施得并不严格。可是，随着经济社会的发展，经济发展的动力需要转换，构建创新型社会，激发不同主体创造活力成为实现可持续发展、提高我国经济竞争力的重要手段，也成为我国发展新的战略。而加强知识产权保护则是实现这一战略的关键措施之一。于是，我国开始不断完善知识产权保护制度，逐步健全知识产权保护工作体系，知识产权保护制度得到全面加强，并取得了明显的成效。根据 2019 年公布的《2018 年中国知识产权发展状况评价报告》，中国各地区知识产权综合发展指数 2010 ~ 2018 年在逐步提升，排在前五位的依次为广东、江苏、北京、上海和山东。从国际上看，中国知识产权发展水平位居世界中上游，总体水平快速提升，从 2014 年的第 20 位提升至 2017 年的第 8 位。习近平总书记在博鳌亚洲论坛 2018 年年会开幕式上的主旨演讲中强调，“加强知识产权保护是完善产权保护制度最重要的内容，也是提高中国经济竞争力最大的激励”，并于当年重新组建国家知识产权局，实现了专利、商标、原产地地理标志集中统一管理。

对发展中国家而言，是否需要加强对知识产权保护成为两难的选择。对我国而言，在开始建设创新型社会，实现发展模式转换之际，知识产权保护制度对提升我国制造业 TFP 有何影响，如何实施知识产权保护制度都是有待解决的问题。基于此，本章从实证角度探索我国知识产权保护制度对制造业 TFP 的影响，以为制定和完善相关政策提供借鉴参考。

6.2　知识产权保护对 TFP 影响的研究回顾

从全要素生产率来源的角度看，知识产权保护制度与经济体制改革一样，并不能直接提升经济社会的 TFP，但却可以影响企业的创新决策或者资源配置的方向，进而间接影响制造业 TFP。知识产权保护主要是以法律法规的形式呈现的一种制度安排，是通过影响企业的决策变量而非直接干预企业决策的机制安排，而这正是市场经济运行的基本特征之一。可能因为这个原因，学术界直接研究知识产权保护状况对 TFP 影响的成果相对较少，而是主要集中在其对创新行为和决策的影响方面。

第一，知识产权保护制度对创新模式和技术扩散的方式影响的有关研究。如果从创新模式看，发达国家主要以自主创新为主，而模仿创新则是广大发展中国家获取技术进步和创新的主要手段之一。知识产权保护制度能够影响技术扩散的方式和速度，因而，在不同的创新模式下，知识产权保护状况对一个经济体全要素生产的影响各异。陈（Chen，2018）基于 FDI 和技能积累的产品周期模型，分析了以发展中国家为主的南半球国家加强知识产权保护对创新、模仿、生产模式和工资不平等的影响。研究发现，加强知识产权保护降低了南半球国家自主创新的比率但却提高了模仿创新率。此外，知识产权保护的加强在一定程度上还缩小了外商直接投资的范围。赛斯和卡斯特罗（Sáiz & Castro，2017）认为，知识产权保护的弱化似乎并未阻止外商直接投资进入东道国尤其是发展中国家，这从另一个侧面验证了上述观点。这可能是因为，尽管发展中国家或欠发达国家知识产权保护制度不够完善，但与发达国家在技术上存在代差甚至是几代的差距。因而，发展中国家相对先进的技术，在跨国公司中却是相对落后甚至是淘汰的技术。加之，FDI 的进入往往需要利用的是发展中国家丰富的劳动力或自然资源。但是，严格的知识产权保护制度会大幅增加国际贸易的总量，影响产品的结构。对于技术含量更高的产品，严格的知识产权保护对制造业进口产品的影响明显更大，但是知识产权保护对制造业 TFP 的影响并不确定。对中低收入国家而言，知识产权保护的加强尤其是专利制度的实施对跨国企业进入更具吸引力，而中高收入国家的知识产权保护制度的改革更多体现为贸易伙伴之间出口量的增加。这意味着，不同国家或地区在知识产权保护方面的相互合作与协调，对改善发展中国家高科技产品的进出口状况具有显著的作用。提图斯和阿沃库斯（Titus & Awokuse，2010）发现，知识产权法律制度的完善可以提升中国的进口量，尤其在知识密集型产品的进口上更为显著。对于技术密集型产品，这种效果是否更强尚不为人所知。此外，知识产权保护水平的提高使研发强度高的产品进口价值明显高于研发强度低的产品价值。温（Wen，2018）也发现，知识产权保护对制造业中研发强度、技术程度较高的产品进口的影响更大。

第二，知识产权保护状况对企业创新能力影响的研究。知识传播的渠道、规模及质量的变化是影响企业创新支出的重要因素，尤其是境外知识可扩大境内创新模仿技术集，但其影响程度又受到自身吸收、转化能力的影响。因此，知识产权保护制度为外商企业、对外贸易等提供了知识转移的保障，但这一制度能否有效提升企业创新能力取决于多种因素的相互作用。赫德森和米尼亚（Hudson & Minea，2013）指出，知识产权保护状况对企业创新能力的影响非常复杂，主要取决于一个经济体专利的保有量和人均 GDP 的初始水平，二者之间还呈现出非线性的关系。克罗利等（Crowley et al.，2018）以瑞典新创企业为样本，分析了竞争程度和知识产权保护状况对当地新创企业研发活动的影响。研究结果发现，知识产权保护力度大的区域，多数新初创企业减少了自身的研发支出，但研发支出并非随着知识产权保护力度的加大而线性下降。如果新创企业水平较高，企业研发支出将以递减的速度下降；否则，下降的速度并不明显。而企业研发支出的增加，不仅影响企业创新成果的多少，也影响企业创新能力的高低。

第三，知识产权保护对全要素生产率影响的相关研究。马斯库斯和佩努巴尔蒂（Maskus & Penubarti，2004）发现，当经济从最贫穷的阶段过渡到有一定技术模仿能力的中等收入阶段时，经济的增长会随着知识产权保护强度的增加而下降。知识产权保护通过法律手段在一定时期内赋予创新主体独立开发与产业化的权利，这种排他性的权利会延缓新技术的推广和使用，进而减缓了企业技术进步的速度，不利于生产效率的提高。因此，从短期来看，知识产权保护对制造业全要素生产率可能存在消极作用。然而，如果从长期来看，知识产权保护制度的弱化降低了企业从事创新活动的动机，将阻碍制造业 TFP 的提升。这主要体现在两个方面：一方面，模仿削弱了研发的战略动机即落后者的熊彼特效应和领导者的避免竞争效应，投资动机会降低；另一方面，模仿使追赶变得容易，由于逃避竞争效应，行业内企业间领先者间竞争状态为并驾齐驱，企业具有强大的研发竞争和创新动机。以印度为例，印度颁布的《1970 年专利法》使印度制药公司取得了巨大进步，并成为仿制药和许多其他领域的世界领先者，但阿拉姆和拉斯托吉（Alam & Rastogi，2017）对印度制药业在加入 TRIPS 前后的业绩表现也进行对比研究，结果表明，印度制药公司在加入 TRIPS 后表现仍然相当不错，并且有可能进一步增长。因此，知识产权保护与创新间关系的结果尚不清楚。而安追（Andrés，2015）等借助考夫曼（Kauffman）等人提出的国家治理指数，以中东、北非以及撒哈拉以南的非洲等 22 个国家为样本，分析了知识产权保护制度对知识经济社会的影响。研究结果表明，知识产权保护力度的加强并不能推动这些国家向知识经济社会迈进，甚至通过抑制知识和技术、信息技术以及创新的传播对知识经济的形成起到了负面作用。相反，在短期中，与发展水平相适应的技术及其应用效率的提高更有助于推动这些国家向知识经济社会转变。

因为知识经济社会往往意味着更高的全要素生产率，如果从这个角度看，他们的研究结果意味着知识产权保护的加强未必有助于生产效率的提高。

已有研究为研究知识产权保护制度与制造业 TFP 的关系提供了思路和经验借鉴，但整体而言，尚缺乏对二者之间关系的直接研究。然而，知识产权保护对我国制造业 TFP 有什么样的影响，缺乏来自中国的经验证据。基于此，本章以我国的数据为例，分析前者对后者的影响，以为制定合适的知识产权政策提供经验支撑。

6.3 模型构建、变量选择及数据来源

6.3.1 计量模型构建

已有研究表明，研发投资是影响全要素生产率的重要因素（张广胜、孟茂源，2020）。作为技术扩散的重要渠道，FDI 有助于提升全球价值网络内相关企业的知识资本存量，并经价值网络产生技术溢出进而提升所在国的全要素生产率（陈启斐、吴金龙，2020）。知识产权保护一方面为各类企业提供了创新规则，保障了创新领先者利益，促进了创新者的积极性，能起到激励创新进而促进全要素生产率提升的作用；另一方面，知识产权保护由于微观上对弱势企业、弱势行业、特殊行业（医药制造业、农业制造业等）起到增加投资开发成本、拉大知识距离，进而对全要素生产率起到阻碍作用。此外，过于严格的知识产权保护制度不利于知识的扩散，在一定程度上也抑制了制造业 TFP。因而，知识产权保护制度主要通过对微观主体创新的影响以及资源配置的方向影响制造业全要素生产率（朱树林，2013）。由于知识产权保护可能改变一个国家或地区的营商环境，而营商环境能够影响 FDI 的决策，即跨国企业进行投资的意愿和动力，进而影响制造业 TFP。FDI 不仅可以带来更为先进的技术和管理，也可以优化产业链的布局，对广大发展中国家，在一定程度上还可以弥补资本的缺口，以推动经济增长，故各国政府尤其是发展中国家都千方百计地增加 FDI。跨国企业是 FDI 的主要载体，这些企业一般都拥有较多的知识产权，因而，跨国企业往往都非常希望东道国有更为严格的知识产权保护制度，以维护其自身的利益。当这种诉求变得越来越多，而东道国希望吸引更多的 FDI 时，将会推动其提高知识产权保护水平，进而

影响跨国企业进入的意愿，可能更进一步推动知识产权制度的变革。这意味着FDI和知识产权保护水平（IPR）相互影响、相互作用共同影响制造业TFP。与FDI类似，研发投入与IPR也存在这种互动效应。一方面，知识产权保护水平的加强增强了企业创新的意愿和动力，创新活动的扩大和投入的增加，可以提升制造业TFP。而创新活动的增加和扩大，将会使微观主体更愿意推动社会去提高知识产权保护水平，加之，面临新的发展阶段，国家需要为推动创新活动而营造良好的环境。这些力量决定了创新活动的扩大会影响知识产权保护制度实施的状况。另一方面，假如整个社会的创新形式以模仿创新而非自主创新为主，知识产权保护制度的收紧将会抑制这些创新活动的开展，从而造成创新投入的下降。从短期看，这可能会抑制创新活动，从而阻碍制造业TFP。但从长期看，将会鼓励自主创新活动，有助于提升制造业TFP。研发投入的变动最终是推动了还是阻碍了制造业TFP取决于哪种力量占上风。总之，FDI和研发投资与IPR存在交互的影响效应。此外，已有研究表明人力资本水平的高低（潘毛毛和赵玉林，2020；高琳，2021）、服务业发展状况等都影响制造业TFP的高低。

基于此，为了更为详尽地考察IPR对制造业TFP的影响，并做对比分析，构建如下模型：

$$TFP_{i,t} = C + \lambda_1 IPR_{i,t} + \mu_{i,t} \tag{6-1}$$

$$TFP_{i,t} = C + \lambda_1 IPR_{i,t} + \lambda_2 FDI_{i,t} + \lambda_3 HC_{i,t} + \lambda_4 RD_{i,t} + \lambda_5 SD_{i,t} + \mu_{i,t} \tag{6-2}$$

$$\begin{aligned} TFP_{i,t} = C &+ \lambda_1 IPR_{i,t} + \lambda_2 FDI_{i,t} + \lambda_3 HC_{i,t} + \lambda_4 RD_{i,t} \\ &+ \lambda_5 SD_{i,t} + \lambda_6 FDI_{i,t} \times IPR_{i,t} + \lambda_7 RD_{i,t} \times IPR_{i,t} + \mu_{i,t} \end{aligned} \tag{6-3}$$

其中，TFP、IPR、FDI、HC、RD、SD分别为全要素生产率、知识产权保护水平指数、外商直接投资、人力资本、研发投入和服务业发展状况，其中TFP为被解释变量，其余为解释变量，C为常数项，λ_i为系数，μ为随机误差项，i，t分别代表地区和时间。

考虑到全要素生产率可分解为技术效率TE与规模效率TC，为了进一步考察IPR对生产效率不同部分影响的差异，进而理解传递的渠道，还分别考虑上述各种因素对TE和TC两种效率的影响。

6.3.2 变量选择

6.3.2.1 TFP 的测算

目前，就全要素生产率 TFP 的度量，多数研究以 DEA 结合 Malmquist 指数为主（朱树林，2013）。在一般的 SBM 模型中，有多个决策单元同时处于有效状况时，无法对这些有效的决策单元进行再排序，为了解决这类问题，托恩（Tone，2001）将 SBM 模型拓展为 SSBM 模型，这样就解决了有效单元间的排序问题，使全要素生产率测量结果更为准确。但 SSBM 仅用于计算总体全要素生产率，无法计算每年每个研究单元的全要素生产率。本章研究主要关注知识产权保护对全要素生产率的影响作用，全要素生产率需要采用面板数据，无法继续使用第 3 章采用 SSBM 方法估算的数据。因而，本章以 DEA 结合 Malmquist 指数（朱树林，2013）度量制造业 TFP，以考察不同区域下制造业 TFP 变动的原因，并从纯技术效率和规模效率两个层面考察知识产权保护对全要素生产率 TFP 不同方面的深层次作用。

6.3.2.2 知识产权保护的度量

知识产权保护受到诸多因素影响，涉及诸如司法、行政、多元、环保等众多因素，其度量也多局限于理论模型，在实践中如何衡量知识产权保护水平一直是学术界和实务界关注的焦点和难点之一。

拉普和罗泽克（Rapp & Rozek，1990）最早进行知识产权保护水平的简单量化测度，以 0 ~ 5 的序数将知识产权保护程度分为 5 个等级。由于这一测量方法的便利性，多数学者如奥克斯利（Oxley，1999）、帕梅拉（Pamela，2001）等均采纳这一方法进行实证研究。Rapp-Rozek 的测度方法存在两个局限：首先，这一方法仅能评估一国知识产权保护的静态水平，以是否制定知识产权保护的相关法律为测量标准，未纳入相关法律实施的效果；其次，用以 0 ~ 5 的整数对知识产权保护水平进行间断划分，掩盖了不同保护程度的研究主体间的区别。基于 Rapp-Rozek 的测量方法，吉纳尔特和帕克（Ginarte & Park，1997）通过对 110 个国家的专利权指数进行研究，探寻哪些因素或经济特征决定了专利权受保护的程度，提出一个更复杂更具体的度量方法，简称 GP 指数。GP 指数从 5 个维度对知识产权保护水平进行综合测量，5 个维度又涉及若干个测量指标。5 个维度主要包括：（1）保护的覆盖范围；（2）是否为国际条约的成员；（3）权利丧失的保护；（4）执法措施；（5）保护期限，各个维度具体指标如表6－1所示。GP指数的计算方法为：首先规定每个维度在整体评价体系中各占1份；其次将每个维度中各指标得分之和除以该维度中的指标个数，即为该类别的得分；最后把5个类别得分累加求和即为量化的知识产权保护水平。GP指数在一定程度上消除了Rapp-Rozek方法掩盖不同保护程度的研究主体间的区别的不足，指数为从0～5的连续值，数字越大表明专利保护越严格。相对于流行指标Rapp-Rozek指数，该指标可以随时间进行分析，而Rapp-Rozek指标仅适用于一年分析，从概念上讲，GP指数通过更详细地考虑专利保护的各个方面，能够更好地捕捉专利法中的变化，更优于使用的主观和单位增量方法的Rapp-Rozek指标。正是由于GP指数的这些优点，它被国内学者所广泛接受。但是，GP指数本质上仍属于静态指标。对于发达国家来说，由于其立法、执法等法律制度比较健全，变化相对缓

表6－1　　知识产权保护水平GP指数测量

<table>
<tr><th>维度</th><th>具体指标</th><th>局限性</th></tr>
<tr><td rowspan="7">1. 覆盖范围</td><td>1.1 药品专利</td><td rowspan="17">本质上仍然是静态指标；
无法消除不同时期知识产权保护程度与现实存在的显著差异；
尤其难以适应于转型期国家</td></tr>
<tr><td>1.2 化学品专利</td></tr>
<tr><td>1.3 食品专利</td></tr>
<tr><td>1.4 动植物品种专利</td></tr>
<tr><td>1.5 医用器械专利</td></tr>
<tr><td>1.6 微生物沉淀物专利</td></tr>
<tr><td>1.7 实用新型专利</td></tr>
<tr><td rowspan="3">2. 国际条约成员</td><td>2.1 巴黎公约</td></tr>
<tr><td>2.2 专利合作条约</td></tr>
<tr><td>2.3 植物新品种保护公约</td></tr>
<tr><td rowspan="3">3. 权利丧失的保护</td><td>3.1 专利的计划许可</td></tr>
<tr><td>3.2 专利的强制许可</td></tr>
<tr><td>3.3 专利撤销</td></tr>
<tr><td rowspan="3">4. 执法措施</td><td>4.1 专利侵权的诉前禁令</td></tr>
<tr><td>4.2 专利侵权的连带责任</td></tr>
<tr><td>4.3 专利侵权人举证责任</td></tr>
<tr><td>5. 保护期限</td><td>5.1 发明专利</td></tr>
</table>

资料来源：Ginarte and Park. Determinants of patent rights: A cross-national study［J］. Research Policy, 1997（26）：283－301.

慢，采用静态指标衡量近期不同时间段的知识产权保护程度不会与现实存在显著差异。而发展中国家尤其是转型期国家司法体系不完善，立法与司法存在滞后期。此外，随着经济的发展与变化，法律体系也随之而快速变化。这都导致使用静态指标测量发展中国家知识产权保护水平可能会存在较大偏差，从而导致估计结果的偏误。

考虑到 GP 指数的静态局限，马斯库斯和佩努巴尔蒂（Maskus & Penubarti，1995）利用美国商业理事会的调查数据对静态的知识产权保护水平指数进行了修正，并计算出动态的、真实的知识产权保护水平。但这一研究存在两个方面的问题：一方面，由于研究对象为美国跨国公司，其数据来源为美国商业理事会，其提供的执法力度等级受到商业利益的扭曲，如采取“特殊 301 条款”的评价标准来测量其他国家知识产权保护的执法力度，而这一条款的公正性受到质疑；另一方面，研究数据为 1984 年世界各国横截面数据，这不一定适合于转型期国家。韩玉雄和李怀祖（2005）对 GP 指数进行修正。其核心思想是将转型期国家立法与司法存在滞后期等因素纳入模型中，称之为“执法力度”，即把实际执行的法律保护占法律规定保护水平的比例作为变量放入传统的测算方法中。修正后的表达式为：

$$P_t = F_t \times P_t^0 \tag{6-4}$$

其中，P 定义为知识产权保护水平，F 表示执法强度，P^0 表示执法力度，t 为时期。P^0 由社会法制化程度、法律体系的完备程度、经济发展水平、国际社会的监督与制衡机制等四个指标构成，并用平均数来度量执法力度。考虑到我国执法水平与立法水平的差距，本章借鉴韩玉雄和李怀祖（2005）的方法，构建省际知识产权保护度量指标。考虑到数据的可得性，在此将立法强度定义为各地区专利授权数量占全国的比重；借鉴晏艳阳和吴志超（2020）的做法，用各地区执法人员（律师人数）占区域人口的比例作为执法强度的替代变量，并用 IPR 表示知识产权保护水平。

6.3.2.3 其他变量

研发资本的度量一般有两种形式：流量指标和存量指标。根据格里利切斯（Griliches，1990）的观点，创新产出不仅受本期 R&D 经费支出的影响，而且还受过去累积的 R&D 资本存量的影响，即 R&D 经费投入应考虑到时滞性和累积性。鉴于 R&D 存量资本估算的困难性，大多数学者往往将流量指标作为替代变量，这可能低估了投入的资本存量。为了解决这一问题，李小胜等（2007）、葛小寒和陈凌（2009）以及陈宇峰和朱荣军（2016）先后估算了我国不同区域的R&D的资本存量。本章借鉴这一思路和方法，选取R&D经费投入的存量作为替代变量，并借用永续盘存法作为估算的方法。与估算其他资本存量一样，估算过程需要确定折旧率、基期资本存量、当期R&D经费支出以及价格指数等参数。其中折旧率的确定争议比较大，主要原因在于R&D经费支出折旧的无形性以及非市场化（陈宇峰和朱荣军，2016）等特征，而且不同学者处理的思路也略有差异。考虑数据的可得性和计算的简便性，本章遵从大多数学者的做法，并参考国外研究机构的统计数据，采用经验法，将折旧率确定为15%，并假定各地区的折旧率相等。尽管这一数据来自经验研究，但与陈宇峰和朱荣军（2016）估算的结果相差并不大。后者采用生产函数法较为详细地估算了不同省份2008～2012年的R&D支出经费的折旧率，如果假定各地区不同时间权重相等，全国R&D经费支出折旧率为14.55%。借鉴单豪杰（2008）在估算物质资本时的思路，测算R&D基期资本存量。其计算方法为把各地区1981年R&D经费支出除以折旧率与1981～1986年投资增长率的平均值的比值作为初始资本存量，并且以各地区的生产总值平减指数作为R&D经费支出的平减指数，选取2012年为基期。为了研究方便，借鉴韩德超（2011）的方法，将研发投入做指数化处理，即将样本期内所有区域R&D经费支出水平最低的数据作为基准，其他与之对比作为指数值。

服务业发展状况一般用服务业增加值在国民经济中所占份额表示；外商直接投资使用各地区实际利用外资额与GDP的比值作为替代变量。考虑到数据的可得性，借鉴胡鞍钢（2002）以及石庆焱和李伟（2014）等的方法，采用劳动力平均受教育年限来度量人力资本状况，具体计算方法为：将就业人口按照受教育程度区分为小学、初中、高中、大专及以上四个层级，受教育者根据国家规定的受教育时间接受教育，故对应的受教育年限分别为6年、9年、12年、16年①，然后用就业人口中不同等级受教育人数在6岁及以上总人口中的份额作为权重进行加权。各指标及其来源如表6－2所示。

① 严格上讲，大专及以上层次的受教育者还可以区分为专科、本科、研究生三个层次，但考虑到加权之后，将这三个层次单独考虑与合并考虑差距不大，不影响分析结果，因此，为了分析简便，在此将其进行合并处理。

表 6-2　　实证分析所用变量指标及其来源

变量指标		测量	数据来源
全要素生产率 TFP	投入指标	主营业务成本	《中国统计年鉴》、《中国科技统计年鉴》、各省份统计年鉴、国家知识产权局统计年报
		销售费用	
		管理费用	
		财务费用	
	产出指标	主营业务收入	
知识产权保护 IPR	立法强度	各地区专利授权在全国占比	
	执法强度	各地区律师人数/地区总人数	
控制变量	服务业发展程度	服务业在 GDP 中比重	
	外商直接投资（FDI）	外商直接投资总额与 GDP 的比值	
	研发投入（RD）	国内研发资本存量	
	人力资本水平（HC）	劳动力平均受教育年限	

6.3.3 数据来源

本章选用我国 28 个省、自治区和直辖市 2012～2017 年的面板数据进行研究。考虑到西藏产业结构的特殊性，故未将其列入样本中，也不考虑港澳台地区，新疆和重庆的数据缺失比较多，因而未将其纳入研究范围。对于其他地区缺失的个别数据，采用线性插值法进行处理。所有数据来源于历年《中国科技统计年鉴》《中国统计年鉴》等。工业出口总额和 GDP 分别用工业生产者出厂价格平减指数和 GDP 平减指数进行平减，选取 2012 年为基年。

6.4 计量检验与结果分析

6.4.1 知识产权保护描述性数据

本章以 IPR 作为度量指标测度了我国不同省、自治区和直辖市 2012～2017 年知识产权的保护水平状况，如表 6-3 所示。由表 6-3 可知，整体而言，知识产权保护指数从 2012 年进入相对稳定期，2013～2017 年中国制造业各地区知识产权保护水平的增长率为 6.60%、10.28%、4.20%、7.76%、

11.38%，平均年增长率为 8.04%，意味着我国知识产权立法和执法强度均处于良性发展状态，如图 6－1 所示。

表 6－3　　各地区知识产权保护水平指数测算结果

省份	2012 年	2013 年	2014 年	2015 年	2016 年	2017 年
北京	0.9093	1.0791	1.3253	1.2830	1.3784	1.4738
天津	0.0895	0.1121	0.1275	0.1451	0.1601	0.1812
河北	0.0307	0.0352	0.0420	0.0536	0.0619	0.0727
山西	0.0174	0.0213	0.0241	0.0244	0.0265	0.0315
内蒙古	0.0077	0.0097	0.0108	0.0130	0.0152	0.0182
辽宁	0.0607	0.0607	0.0584	0.0640	0.0729	0.0814
吉林	0.0130	0.0131	0.0143	0.0150	0.0183	0.0210
黑龙江	0.0380	0.0342	0.0300	0.0299	0.0281	0.0287
上海	0.5752	0.4905	0.5243	0.5180	0.5988	0.7212
江苏	0.6881	0.6434	0.5891	0.6077	0.5768	0.6109
浙江	0.7008	0.7510	0.7958	0.8021	0.8112	0.8105
安徽	0.0529	0.0593	0.0637	0.0662	0.0743	0.0773
福建	0.0607	0.0907	0.0838	0.1077	0.1266	0.1306
江西	0.0093	0.0117	0.0180	0.0263	0.0365	0.0408
山东	0.1575	0.1637	0.1702	0.1878	0.2017	0.2196
河南	0.0423	0.0475	0.0583	0.0674	0.0743	0.0897
湖北	0.0442	0.0562	0.0570	0.0657	0.0763	0.0885
湖南	0.0421	0.0428	0.0565	0.0621	0.0694	0.0819
广东	0.5225	0.5776	0.6645	0.7281	0.8287	1.0783
广西	0.0092	0.0124	0.0175	0.0196	0.0233	0.0239
海南	0.0023	0.0027	0.0034	0.0036	0.0036	0.0050
四川	0.0867	0.0985	0.1143	0.1318	0.1330	0.1503
贵州	0.0082	0.0112	0.0218	0.0235	0.0188	0.0225
云南	0.0100	0.0128	0.0168	0.0206	0.0223	0.0283
陕西	0.0345	0.0504	0.0608	0.0732	0.1127	0.0856
甘肃	0.0049	0.0064	0.0073	0.0234	0.0101	0.0133
青海	0.0008	0.0008	0.0012	0.0018	0.0023	0.0027
宁夏	0.0027	0.0041	0.0054	0.0060	0.0092	0.0161
均值	0.1508	0.1607	0.1772	0.1847	0.1990	0.2216

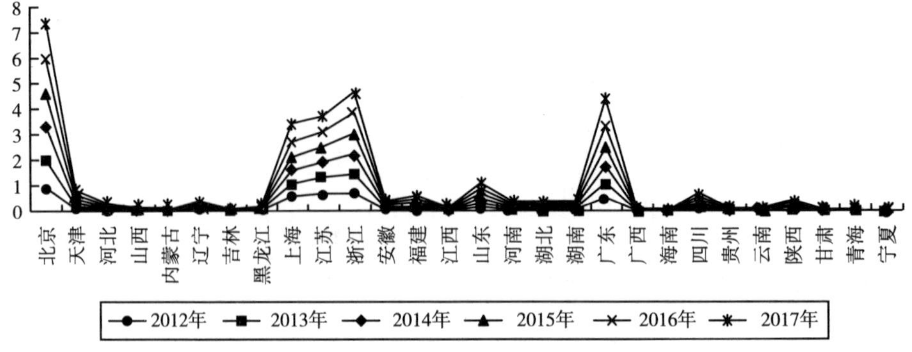

图6－1　中国28个省份的知识产权保护水平分布

从结果来看，中国2012～2017年知识产权保护平均水平居于前三位的北京、浙江、广东，其知识产权保护水平指数分别为1.2415、0.7786、0.733，并且北京地区远远高于广东和浙江。知识产权保护水平居于后三位的为青海、海南、宁夏，知识产权保护水平指数分别为0.0015、0.0034、0.0072。从数据对比来看，知识产权保护水平高的地区往往是经济比较发达的地区，而且远远高于经济落后的地区。然而，在知识产权保护水平较低的区域间，其得分差异并不大。总体上看，各地区在各年知识产权保护水平几乎同水平增长。这与《2018年中国知识产权发展状况评价报告》结果一致，报告显示2017年知识产权保护程度呈增长趋势，浙江地区专利行政保护指数、浙江和北京商标行政保护指数均呈现增长态势，而且浙江、广东、北京等地的知识产权海关备案申请数呈现增长态势。

6.4.2　基于省际面板数据的实证结果

本章运用Stata12.0软件对28个省份的面板数据采用OLS回归分析进行实证研究。首先对模型（6－1）、模型（6－2）和模型（6－3）进行检验，选择合适的计量方法提高估算结果的精度，为后续提出合理的政策建议提供坚实的基础。表6－4给出了各模型Hausman检验结果，由于结果均拒绝了原假设，即各模型选用固定效应比较合理。为了避免各变量之间出现共线性以及考虑不同地区可能存在的异方差，我们选用GLS进行估计，结果如表6－4所示。

表6-4 知识产权保护对制造业TFP影响的实证结果

解释变量	模型（6-1）			模型（6-2）			模型（6-3）		
	TFP	TE	TC	TFP	TE	TC	TFP	TE	TC
IPR	0.003*** (0.001)	0.001*** (0.000)	0.001*** (0.000)	0.002*** (0.001)	-0.007*** (0.000)	0.006 (0.160)	0.038*** (0.007)	-0.018*** (0.004)	0.055*** (0.006)
FDI				0.003*** (0.001)	0.000*** (0.001)	0.003*** (0.001)	0.021*** (0.004)	0.000*** (0.004)	0.021*** (0.004)
HC				0.003** (0.027)	-0.099** (0.018)	0.102** (0.020)	0.026** (0.035)	-0.017** (0.019)	0.053** (0.019)
RD				0.000*** (0.003)	0.010*** (0.001)	0.009*** (0.002)	0.016*** (0.005)	0.008*** (0.002)	-0.024*** (0.005)
SD				-0.007** (0.016)	-0.005** (0.011)	0.016*** (0.006)	0.100** (0.028)	0.055** (0.019)	0.042** (0.012)
FDI×IPR							0.014*** (0.002)	0.001*** (0.002)	0.013*** (0.002)
RD×IPR							-0.008*** (0.002)	0.008*** (0.001)	-0.015*** (0.001)
C	-0.008*** (0.001)	0.150** (0.020)	-0.004*** (0.001)	0.001 (0.034)	0.150** (0.020)	-0.154** (0.031)	0.158** (0.038)	0.073** (0.024)	0.074** (0.027)
Hausman检验	32.867*** (0.000)	52.463*** (0.000)	47.479*** (0.000)	126.491*** (0.000)	107.516*** (0.000)	57.237*** (0.000)	120.081*** (0.000)	90.527*** (0.000)	76.803*** (0.000)
F	16.303*** (0.000)	12.241*** (0.000)	13.517*** (0.000)	56.372*** (0.000)	71.156*** (0.000)	67.319*** (0.000)	45.571*** (0.000)	59.698*** (0.000)	48.469*** (0.000)
变量数	168	168	168	168	168	168	168	168	168

注：回归系数为0，表示在保留三位有效数字后，数据为0；* 表示 $p<0.10$ 显著相关，** 表示 $p<0.05$ 显著相关，*** 表示 $p<0.01$ 显著相关。

实证结果表明，模型（6-1）、模型（6-2）和模型（6-3）中的IPR的回归系数分别为0.003、0.002和0.038，均大于零且在1%的水平下显著。这说明，从统计意义上讲，无论是否考虑其他因素的影响，知识产权保护力度的提升对目前我国制造业TFP都具有显著的促进作用。但是，这可能有两个原因：一是知识产权保护制度通过激励技术创新而影响制造业TFP，称为技术创新效应；二是知识产权保护制度有助于生产规模扩大，释放规模效应，提升了制造业TFP。从系数大小来看，在更全面考虑各种变量的影响因素之后，知识产权保护水平每提高 1 个单位则使制造业 TFP 上升 0.038 个百分点，即知识产权保护水平的增强对制造业 TFP 提升的实际效果并不是十分明显。造成这一现象可能是由于我国企业整体创新能力尤其是自主创新能力依然偏弱，创新仍未能成为经济发展的主要驱动力，即知识产权保护力度的加强能够作用到微观主体的数量偏少或者力量偏弱。当然，也可能是规模效应已经释放殆尽。换句话说，由于中间传递介质偏少或偏弱，导致严格的知识产权保护水平对制造业改善的效果并不明显。这暗含着，提升企业的创新能力依然是改善我国制造业 TFP 最为关键的因素之一，也应该成为政策的基本着力点。

模型（6－1）的实证结果显示，知识产权保护对全要素生产率、纯技术效率、规模效率的回归系数分别为 0.003、0.001、0.001，且均在 1% 的水平下显著。这意味着，在不考虑其他任何影响因素的情况下，知识产权保护水平的提高有助于改善整个社会的生产效率。在模型（6－2）中，知识产权保护水平的回归系数为 0.002，且在 1% 水平下显著。这意味着，在加入控制变量之后，知识产权保护水平的增强依然显著提升了制造业 TFP，但回归系数从 0.003 降为 0.002，说明知识产权保护水平的提高对制造业 TFP 等生产效率改善的效果在减弱。进一步将全要素生产率 TFP 分解为技术效率 TE 和规模效率 TC，从表 6－4 可知，知识产权保护对技术效率的影响系数为 －0.007，小于零且在 1% 的水平下显著。然而，知识产权保护水平对规模效率的回归系数为 0.006，但不显著。这意味着，目前，我国知识产权保护制度的加强抑制了技术水平的进步和改善带来的全要素生产效率。这回答了前面的问题，我国知识产权保护水平对制造业 TFP 的影响并不源自技术进步效应。然而，规模效应却不显著，可能的原因之一是数据质量不高。回归结果也说明，FDI 对制造业全要素生产率及规模效率的影响系数均为 0.003，且均在 1% 的水平下显著。这说明 FDI 每增加一个百分点分别能拉动我国制造业全要素生产率、规模效率提升 0.003 个百分点。这相对容易理解，一方面，FDI 往往是跨国公司进入东道国的主要形式之一，在我国还主要集中于制造业领域，这些跨国公司的技术和管理水平相对都比较高，从而有助于改善我国制造业 TFP。另一方面，跨国公司进入我国，或者是在全球范围内优化资源配置，实现收益最大，或者是占领广大的国内市场，加之，跨国企业一般都实现了规模经济，因而，规模效率相对较高。对技术效率而言，尽管从统计的角度，FDI 的进入能够显著提升制造业技术效率，但是从系数看，这种带动效果非常微弱，以至于接近于零，这也可能与数据质量不高有关。这从另一个角度说明，目前而言，FDI对我国制造业TFP的影响可能更多来自规模效应。RD对三种效率的回归系数分别为0.000[①]、0.010、0.009，且均在1%的水平下显著。这说明，累积的研发投入对技术效率和规模效率都有明显的促进作用，但对制造业全要素生产率的影响相对微弱。从整体而言，继续加大研发投入能够改善制造业TFP。

在模型（6-3）中分别考虑了FDI和RD与IPR之间的互动关系，即将交互项作为调节变量纳入模型，以更为详细地考察各因素对我国制造业TFP的影响。实证结果表明，两个交互项均在1%的水平下显著。这意味着，相较于模型（6-3），模型（6-1）和模型（6-2）由于忽略掉了变量而存在一定的设置偏误。因而，模型（6-3）相对而言更合理。

从表6-4可知，知识产权保护水平对制造业TFP的影响可以表述为：

$$\frac{\partial TFP_{i,t}}{\partial IPR_{i,t}} = 0.038 + 0.014FDI_{i,t} - 0.008RD_{i,t} \qquad (6-5)$$

其中，IPR及其与FDI和RD交互项的回归系数分别为0.038、0.014和-0.008，且均在1%的水平下显著。这意味着，地区i第t期，在FDI和RD为零的情况下，知识产权指数每增加一个单位将会带动制造业TFP增加0.038个百分点。仅当研发投入不变，FDI每提高一个百分点，将会额外带动制造业TFP上涨0.014个百分点，即此时能够为制造业TFP带来的总变动为0.052个百分点，与前述理论分析相一致。与此同时，FDI对制造业TFP的回归系数为0.021，且在1%水平下显著。假如知识产权保护水平不变，FDI的进入依然带动了制造业TFP的改善。因而，加强知识产权保护力度，营造良好的营商环境，吸引FDI扩大有助于制造业TFP的提升。这可能是与发达国家相比，我国科技发展水平依然相对落后造成的。如果FDI不变，RD的增加将会带来制造业额外损失0.008个百分点，这意味着RD的变动与IPR的相互作用显著抑制了制造业TFP。这也从另一个侧面说明，知识产权保护水平的提高对RD的抑制效应强于激励效应。可能的原因在于，自主创新能力尚未成为创新的主流，而目前随着知识产权保护制度的严格执行将不利于模仿创新的进行。假如知识产权保护水平保持不变，那么研发投入的变动将会改善制造

① 这里的0.000实际上是保留小数点后三位有效数字的情况下，回归系数近似为0。

业 TFP，与经验和事实相一致。与前面的事实结合起来可知，RD 的投入能够显著促进制造业 TFP 的提升，但由于模仿创新对知识产权制度比较敏感，当提高知识产权保护水平时，就抑制了创新活动的进行。为了实现生产效率的提高，需要把原来以模仿创新为主的模式转向自主创新才能扭转这种不利的局面。但自主创新并不意味着“关起门来”创新，同样需要充分利用世界上优秀的研究成果，但是在这个过程中可能会因为支付知识产权费用而加大创新成本。假如 FDI 和 RD 同时变化一个单位，那么由于 FDI 的效应强于 RD，整体而言，它们的变动最终改善了制造业 TFP；同样，FDI 的增长高于 RD，也会产生同样的效果。然而，如果 RD 的变动远高于 FDI 的增长，那么，RD 的抑制效应最终可能阻碍制造业 TFP 的增长。

如果从制造业全要素生产率的构成来看，各变量对规模效率的影响与对全要素生产率的影响是一致的，且在统计意义上是显著的，差别仅仅是影响程度不同而已，如式（6－6）所示。

$$\frac{\partial TC_{i,t}}{\partial IPR_{i,t}} = 0.055 + 0.013FDI_{i,t} - 0.015RD_{i,t} \qquad (6-6)$$

但是，值得关注的是，当假设 FDI 和 RD 为零时，知识产权保护水平的加强显著提高了我国制造业的规模效率。从理论角度看，知识产权保护作为一种制度安排，并不会直接对规模效率产生影响。然而，加强知识产权保护之后，企业进行模仿创新的难度加大，尤其在我国企业创新能力不高的情况下，借助已经获得的技术，在短期内扩大生产规模，进一步释放了规模效应，增加了企业利润。然而，一旦规模效应消失殆尽，企业面临市场竞争，需要通过引进技术进而实现生产技术的更新换代，继续扩大规模生产。企业成为一个跟随者，继续加大资源投入，被锁定于价值链底端，这就是我国大多数企业的发展现状。一旦企业停止技术引进，那么将可能被迫退出市场。或者，企业需要及时调整战略，在扩大规模获取利润的同时，加大创新投入，最终依靠自主创新能力的提升实现可持续发展。

与此同时，知识产权保护水平对制造业技术效率的影响可以表示为式（6－7）：

$$\frac{\partial TE_{i,t}}{\partial IPR_{i,t}} = -0.018 + 0.001FDI_{i,t} + 0.008RD_{i,t} \qquad (6-7)$$

式（6－7）表明，当没有 FDI 和 RD 投入时，知识产权保护水平对技术效率影响的回归系数为-0.018，且在1%的水平下显著，即抑制了技术进步带来的生产效率改善，与理论分析相悖。这可能的解释是，知识产权保护的加强对企业技术水平的提高可能存在门槛效应和滞后性。一方面，现阶段，我国企业正处于以模仿创新为主转向模仿创新和自主创新并重的转型发展阶段，而且后者越来越受到重视。但是，客观地讲，我国企业创新能力尤其是原始创新能力比较弱，随着知识产权保护水平的增强，以及技术水平的发展和国际局势的变化，模仿创新的效应开始出现一定程度的衰减，而自主创新尚未成为企业创新的核心力量，导致技术水平提高速度变慢，从而抑制了制造业TFP。然而，随着企业创新意愿的加强以及知识产权保护对创新激励作用的显现，创新投入力度不断加大，企业创新能力持续提升，一旦形成“羊群效应”，突破临界点，那么将会带来技术水平的自主可控和大幅提升，进而提升制造业TFP。另一方面，我国企业需要增强自主创新能力的迫切性的观念刚刚被唤醒，开始加大投入的时间还不长，而创新能力的提升需要持续投入的积淀，加之，创新成果产生的滞后性，也使目前加强知识产权保护对企业激励的作用产生的技术效率改善并不明显，甚至出现一定程度的下降。此外，尽管我国不断完善知识产权保护制度，加大执行力度，但相对于成熟的经济体而言，我国知识产权保护水平依然偏低，这会在一定程度上削弱对创新的保护力度，降低创新意愿。这也说明一个事实，目前而言，我国知识产权保护水平加强更多是通过规模效应而非技术进步效应影响制造业TFP。从另一个侧面也说明，我国企业创新能力有待进一步提高，制造业由规模驱动向高质量发展的转变依然任重而道远。式（6-6）和式（6-7）也表明，在对技术效率的影响中，IPR与RD交互项的回归系数分别为0.008，但对规模效率却是-0.015，二者均在1%的水平下显著。这说明，当FDI保持不变时，IPR对制造业技术效率的影响随着RD的增长而增长，换言之，RD的增加通过对IPR的影响改善了制造业TFP。可能的原因在于，为了维护自身利益，随着研发投资和积累的增加，我国企业也开始越来越重视知识产权保护，这有利于制度的严格执行；反过来，知识产权保护制度的严格执行，则激励企业加大创新力度，尤其是自主创新，这有助于提升制造业TFP。然而，不同的是，RD研发投入的增加对规模效率通过IPR产生了抑制作用，也正是这种抑制作用强于激励作用，最终体现为对制造业TFP的阻碍。但假设RD不变时，IPR对技术效率和规模效率的影响都随着FDI的增加而增大。

人力资本对全要素生产率及技术效率、规模效率的影响系数分别为

0.026、-0.017、0.053，且至少在5%的水平下显著。结果表明，人力资本对我国制造业TFP和规模效率的改善具有显著的促进作用，却对技术效率具有显著的抑制作用。人力资本对制造业TFP具有正相关性，可能是因为我国制造业规模效应要远超过技术创新带来的生产效率改善，抑或前者的影响要强于后者。这说明，目前我国的人力资本状况与制造业庞大的生产规模相匹配，但无法有效地适应创新社会的要求，或许是因为粗放式的规模扩大对人力资本要求相对较低，但创新能力的提升却需要高水平的人力资本来支撑。尽管我国持续不断地提升人力资本水平，但整个社会人力资本水平提高一方面需要与经济发展阶段相适应，否则，将会造成资源的浪费，甚至导致人才的流失；另一方面，对于我国庞大的人口基数，人力资本的改变又是一个相对缓慢的过程。同时，这也表明为了有效提升我国制造业全要素生产率，需要加大我国教育体制改革力度，推动形成有利于创新的更高水平的人力资本。从表6-4可知，服务业发展的回归系数分别为0.100、0.055、0.042，且均在5%的水平下显著。这一事实表明，服务业的发展显著促进我国制造业TFP的提升。这是因为现代制造业的发展需要投入知识等更多高级的生产要素，如果服务业尤其是生产性服务业满足了制造业发展的需求，将推动制造业生产链条的延长，进而提升制造业TFP（韩德超，2013、2018）。当然，服务业发展占比过高，可能会挤占制造业发展所需的资源和空间（韩德超，2018），造成产业空心化，反而会阻碍制造业TFP的改善。

6.5 本章小结

本章借助2012~2017年我国各省、自治区和直辖市的面板数据从经验角度分析了我国知识产权保护状况对制造业TFP的影响，为了更清楚地了解知识产权对全要素生产率构成的不同部分的影响，我们分别从技术效率和规模效率两个角度分析了知识产权保护对各自的影响。主要结论如下所述。

（1）实证结果表明，无论是否考虑其他影响因素，知识产权保护水平的加强对目前我国制造业TFP都具有显著的促进作用，而且是来自制造业规模效应的释放而非技术创新能力的提升。在样本期内，外商直接投资、研发资本的积累与知识产权保护之间相互影响、相互作用。知识产权保护水平的提高对制造业TFP的影响随着FDI的增加而增强，但也随着研发资本的积累而产生抑制作用。诚然，随着创新模式的转变和规模的扩大，研发资本是否具有这种抑制作用尚有待继续探讨。从另一个侧面来看，FDI 对我国制造业 TFP 的促进作用也伴随着知识产权保护力度的加强而扩大，也与事实相符。这意味着，我国需要加大知识产权保护的力度，而且在符合国家发展战略的条件下，结合各地区的产业特色，营造良好的商业环境，吸引跨国企业进入我国，增强知识产权保护对制造业 TFP 的促进作用，推动其发展质量的提高。此外，需要加大措施推动我国制造业结构的调整，加速企业由模仿创新向自主创新转变的步伐，以改善研发投入对我国制造业 TFP 的作用。

（2）假如没有 FDI 和 RD 的影响，知识产权保护水平的加强推动了制造业规模效率的提升，而且其影响程度随着 FDI 的增加而加强，随着 RD 的积累而减弱，与对全要素生产率变动方向一致。然而，却对制造业技术效率具有显著的阻碍作用。这可能与我们国家发展模式和创新模式处在转型期的初期有关，即创新型社会的建立尚未完成以及自主创新的力量相对弱小。一旦考虑这两个因素的影响，知识产权保护水平对制造业技术效率的影响随着 FDI 的增加和 RD 的累积而增强。我们还发现，假如不考虑知识产权的影响，仅仅单独考虑 FDI 对制造业技术效率的影响，尽管在统计意义上显著，但实际效果却相当微弱，甚至可以忽略不计。但是，对规模效率具有明显的影响，进而使其显著带动了制造业 TFP 的增大。与对制造业 TFP 和规模效率影响不同的是，RD 与 IPR 之间的交互作用的系数大于零。这说明，研发投资的持续积累通过知识产权保护水平的提高对制造业 TFP 产生了正向作用，同时，较为严格和完善的知识产权保护制度通过推动 RD 的积累也对制造业 TFP 产生积极影响。实证结果表明，知识产权保护水平的提高对规模效率的影响要高于对制造业全要素生产率以及技术效率的影响。这意味着，目前，规模优势依然是我国制造业发展的核心竞争力，发展模式的转变任重而道远，需要继续加强知识产权保护水平，以推动我国制造业 TFP 提升，实现高质量发展。

（3）研究结果表明，人力资本状况对于制造业 TFP 和规模效率呈显著的正相关关系，但却对技术效率都具有显著的抑制作用。这一事实说明，目前，我国人力资本发展状况契合了原有的以规模经济为特征的发展模式，而不利于制造业技术效率的改善。基于此，我们需要加大教育体制改革，激发个体的创造活力，以满足制造业高质量发展和发展模式转变的基本要求。而服务业的发展对制造业不同类型的生产效率都具有显著的促进作用。与西方其他发达国家相比，甚至与经济发展水平落后于我国的印度相比，我国服务业比重并不算高，但一个经济体的产业发展是内生于经济增长中，只要其发展能够与经济中的其他部分形成良性互动，从某种程度上而言，就是合适的。当然，随着我国制造业的发展和经济发展模式的快速转变，服务业也需要随之而动，即需要大力发展现代生产性服务业以为现代制造业的快速发展提供足够的支撑。

第7章　我国制造业TFP提升的对策建议

新一轮的科技革命和产业变革对于全球产业的发展影响深远，至今方兴未艾。在新的发展背景下，制造业再次成为全球市场竞争的重要领域，促进制造业实现高质量发展成为国际竞争新格局的重要战略手段。促进企业加大创新投入，推动创新资源聚集和优化配置，不断稳固和打造传统产业优势，创造新的竞争优势，有利于推动制造业TFP的提高，从而提高国际竞争力。从产业安全的角度来看，实现制造业TFP的大幅提升，也意味着制造业实现了供应链自主、可控布局。在遵循市场发展基本规律的前提下，结合我国基本国情和借鉴国际经验设计出一套组合的体制改革方案和措施，将改革作为发展动力，首先要促进企业加大市场创新资源的聚集，大力开展创新实践与活动；其次还要不断推动资源优化配置，提高要素使用效率，为推动我国制造业TFP增长和实现发展方式转变提供长效机制和对策。将科技创新、现代金融、人力资源融入制造业发展中，构建并完善良性循环和协同机制。创新财政政策实施机制，引导各类生产要素向关键核心领域聚焦。强化知识产权保护和协同运用。

7.1　增基强链，协同创新，促进制造业结构升级

7.1.1　加强基础研究投入，夯实基础和关键领域的创新能力

技术进步的来源应由技术引进为主向技术引进与自主创新并重的战略，这就需要在加大应用研究投入的同时，大力加强基础研究投入的力度，提升我国企业创新能力。具体策略如下所述。

第一，以国家为主体，鼓励社会多方参与，加大基础研究投入。由于基

础研究的效益不稳定和共性技术正的外部溢出性，企业从基础研究中获取的收益大大低于应用研究，加之，基础研究往往周期较长，需要持续的研究投入，这都降低了企业从事基础研究的意愿，不愿意加大投入力度。故基础研究的投入应以国家为主体，但这并不意味着不需要企业的参与，各级政府应鼓励有条件、有意愿的企业从事基础研究，共建联合体，组织实施基础研究项目。这就意味着国家应根据经济的发展逐步提高对基础研究的投入力度，确保基础研究在全社会研发投入中保持一定比例，并逐步增加。采取各种政策措施，鼓励社会建立基础研究基金或加大捐赠力度，营造全社会重视基础研究的氛围。针对行业发展中存在的共性基础技术，鼓励以企业主导、国家参与的模式组建研究联盟，推动基础研究发展。发挥高等院校在基础研究中的优势，改革科技评价体制，确保从事基础研究的科学家和学者能够获得稳定的、有竞争力的收入，促使这些专家能够专心坐“冷板凳”，激励更多青年学者从事基础研究。鼓励高等院校以基础研究项目为抓手，联合不同创新主体，组建创新共同体，实现科技资源的共建共享。

第二，重点关注基础产品和工艺加工手段的关键技术、产品研发设计、特殊材料、公共测试平台、批量制造、市场投放等“一体化”应用，促进终端设备和集成系统结合其基础技术的创新研发，打造产业链上中下游之间协同合作的创新模式。集中优势资源，在重点领域突破创新瓶颈。大力开发智能制造设备必需的核心技术零部件和元器件，优化和升级关键基础部件与材料的性能和质量，并专注于数字化、网络化、智能化和绿色新技术的开发和应用，突破当前产业链中存在的技术瓶颈。构建和完善制造业共用技术基础公共服务平台。产业着眼于战略性、前沿性、关键共性需求，打造众多高质量制造业创新服务中心，并鼓励各地构建具备灵活机制和市场导向的创新研发服务组织。不断提高产业科技基础公共服务平台、检测评估型公共服务平台以及工业大数据公共平台的综合服务水平，增强工业共性技术的创新水平和整体效益。

7.1.2 优化产业链布局，实现产业链协同创新

第一，依托“一带一路”建设、京津冀协同发展、长江经济带三大核心发展战略的部署，加强并推进制造业资源整合与生产力协同建设。根据国家的发展战略，结合当地的产业优势以及未来的发展方向，对国土空间进行合

理规划，促进当前产业聚集区成功转型为集群建设，打造全球一流的制造业集群，协同各方资源和能力，发挥各地产业发展特有的优势，实现合理分工、相互协作、成本共担、利益共享的合作机制。

第二，以“龙头”企业为抓手，加快现代制造业基地建设。在关键领域尤其是装备制造业和涉及未来技术与产业发展方向的领域，选择具有优势的产业和龙头企业，推进产业链升级，实现集群推进。具体而言，选取发展空间较大、拥有较强创新意识和能力、管理基础比较好的企业，鼓励其加强关注重点基础产品和工艺加工手段的关键技术、产品研发设计、特殊材料、公共测试平台、批量制造、市场投放等“一体化”应用，促进终端设备和集成系统结合其基础技术的创新研发，抢占产业链上游，并与中下游之间协同合作的创新模式，形成若干全球知名品牌。以“龙头”企业为核心，以专业化协作为基础，以加强配套能力为手段，大力发展基础元器件、基础零部件、基础材料和集成电路，完善产业链条，加快产业集群推进，协同推动制造业结构升级。抓“龙头”的同时，搞活中小企业，打造产业链上的“小巨人”。鼓励有条件的地区“先行先试”，尝试为中小企业的创新发展提供良好的制度环境和发展平台，针对中小企业发展的特点和需求，由各级政府建立服务中小企业的各种类型的创新创业服务平台，降低创新成本，激发创新活力，甚至像制造业强国德国一样打造国内或全球的“隐形冠军”或“小巨人”，在推动自身发展的同时，为大中型企业向价值链高端攀升提供良好的基础和条件。

第三，充分调动企业创新的积极性和参与度，以“龙头企业”为产业链核心，促使其成为创新决策、研发投入、科研机构、成果转化以及商业应用的多元化协同主体，建设出拥有核心关键技术、整体配置较强、集成创新实力突出的创新型主导企业。由其协同产业链各个服务端，形成技术创新联盟，主动负责引领重大科技攻关项目和重大工程任务。支持并促进优势企业进行兼并重组，优化产业资源配置和整合，推动资源共享与应用，防止出现恶性竞争的局面，鼓励优势企业“走出去”。首先，要明确制造业存在的核心“痛点”，努力在关键基础的组件、材料、技术、工艺和配套软硬件等重要领域加强研发投入和创新实践，补齐工业“短板”。其次，我们必须紧跟新工业革命时代的发展步伐，挖掘创新机遇和未来趋势，及时做好战略布局，促进战略性新兴行业和前瞻性技术的研发与创新，占据制造业未来发展的制高点。

第四，推动制造业供应链实现创新性发展。研究促进制造业供应链竞争能力提升的项目，加强战略性新兴产业供应链领域的系统建设，稳定扩展和提升制造业供应链关键领域的优势和竞争力。针对制造业供应链的协同作用、安全系数、稳定指数以及核心竞争能力等多维度进行全面考核，并根据国内外产业发展周期探索制造业关键产业供应链领域的发展全景布局。大力支持企业自主参与全球供应链体系网络，针对关键资源和产品建立全球供应链风险预警系统。依据国家制造业供应链安全计划，建立全球供应链风险预警评估指标体系。

7.1.3 健全科技成果转化，推进“产学研”协同创新，提升企业创新能力

促进高等院校和研究机构的成果向企业转移，或者推动企业与其他创新主体相互协作，产生创新成果，将会使知识直接转化为现实的生产力，帮助企业获取新的科技成果或提升创新能力，也有助于加速创新的扩散，提升企业和行业的生产效率和竞争力。为此，提出如下建议。

首先，打造共性技术开发和研究体系，促进产学研不同机构之间进行合作创新。加强构建国家实验室，优化升级国家重点实验室结构，促进构建以企业为关键导向的产学研一体化协同体系。借助当前建立的装备制造业协同创新中心等合作平台，打造具有创新中心、高等院校、科研机构、先进企业、行业协会等不同创新主体共同参与的产业协同创新合作联盟，搭建并完善合作网络与服务机制，促进开放共享和交流合作成为主体之间协同创新的重要主题。

其次，不断加强高等院校和科研机构的科技成果转移转化综合实力。优化和改进科研成果评估和创新激励措施，坚持以推动技术创新成果实现转移转化和商业应用为最终目标，完善科技成果考核与评估体系，基于学术研究、市场效益以及社会价值等多个角度针对创新研发的人员和机构进行分类评估，建立规范的激励机制。加强构建针对创新研究人员的不同考核分类机制，可以基于创新性研究、基础和应用研究、技术转移和科技服务、技术支持与服务等不同方面的要求，明确考核评估的主要内容和目标。大力支持高等院校的科研创新组织主动建立科技成果转移转化服务中心，促进并鼓励综合实力较强、资源配置雄厚的大学和科研机构建立和完善专业化、市场化的科技成

果转移转化平台，负责并统筹创新科技成果实现有效的转移转化以及商业化应用，推动知识产权高效管理和市场化运作。建立科学技术成果转移转化的运行体系和模式，完善科学技术成果披露和管理的相关制度，并打造一系列提供专业的价值判断、专利保护、需求对接、法律和财务谈判等服务的国家技术转移服务机构。

7.2　推进产业协调发展，促进制造业与服务业融合发展，提升制造业 TFP

大多数的理论研究已经证明，服务业尤其是生产性服务业的发展程度很大程度上决定了制造业的附加值，进而影响 TFP 的大小。这是由产业间投入产出之间的联系客观决定的，尤其是现代制造业需要投入以知识为代表的生产性服务业。实际上，制造业与服务业发展互为作用、互为影响，共同影响制造业 TFP。

（1）构建制造业创新生态链，为拉动生产性服务业发展提供条件。制造业创新生态体系的构建依托于制造服务业生态圈的形成。在区域范围内，加强各方制造业之间的协作，在产业布局上，增强产业之间的协同性，从而实现功能上的互补，实现在产业方面的错位发展，从而形成一体化发展的制造服务业生态圈。这个生态系统主要是以制造业的龙头企业为依托，以构建产业链增值服务为目的，从而实现上下游企业之间的协同发展，包括协同采购、制造和物流，同时，实现各企业在各专业领域内进行分工合作，构建一个功能强大的生态链，其中包括创新的协同发展、输出产能的共享和供应链之间的互通。大力加强制造服务业的集聚发展，促进相应配套功能更加完善，使集聚的生态环境更加优化。

在制造业的发展上，要找寻与服务业之间的融合点，不断推动产生新的业态。先进制造业通过找寻与现代服务业之间的融合点，以服务为衍生点，将服务匹配制造业的制造和供应链管理等活动，从而产生新兴的发展模式。在发展新路径的产生上，主要是找寻重点行业领域与服务业之间的融合点，相应的重点行业领域包括原材料、消费品和装备制造等。为了推动服务型制造理念得到更广泛的认知，以及推动服务型制造模式得到更加完善的发展，需要打造一批在制造业与服务业上深度融合的平台和企业，要健全各工作机制，包括统计监测、全要素配置和市场监督管理等方面，同时通过相关的筛选标准进行选择并培育出相应的服务型制造典范，包括示范城市、企业、项目和平台。

根据各制造业在服务上的一些共同需求，建立一个拥有多种功能的综合性服务平台，平台中的功能主要包含四个方面：战略咨询功能、数字能力建设功能、解决方案创新功能和管理优化功能。从市场化的角度出发，制造业企业要将本企业的非核心业务剥离出去，能够为这个产业链的上游企业和下游企业提供相应的社会化和专业化服务，包括计量测试服务、研发设计服务、检验检测服务和创业孵化服务。依据市场化原则，激励各制造服务业企业实现并购和重组，从而促进制造服务业的集约化发展和品牌化发展。同时，为了使制造服务业企业之间的合作更加密切以及实现其成果的及时共享，需要培育一批提供相应服务的平台或社会组织，激励提供资源共享、成果推广、协同研发和成果应用等服务。

（2）加快服务业尤其是生产性服务业发展，为制造业价值链攀升提供足够的投入保障。首先，应该坚持高起点规划，因地制宜，发挥区域比较优势，实现服务业快速发展。政府制定相应的发展规划，明确服务业的发展目标，可以激励各级政府有序、健康、快速地推动服务业发展。后发地区制定规划的时候，在考虑自身发展现状和比较优势的前提下，应该密切关注产业发展的未来趋势，高起点地制定其相应规划，避免规划本身在新一轮的竞争中已经落后于其他地区。服务业的发展与经济发达程度密切相关，因而，应引导不同地区因地制宜地制定各自的服务业发展规划，有差别地推动服务业发展，比如发达地区主要以现代服务业发展为主，而中西部地区则可以以传统服务业和现代服务业并重，且以前者作为发展的重心。可以在不同节点城市建立服务业集聚区，服务产业集群和城市群发展。要突出培育生产性服务业集聚区，推进工业化、城市化。生产性服务业集聚区是加速工业化进程的助推器，是提升城市综合功能的重要载体。必须根据本地的产业优势和地域特点，积极发展并合理引导生产性服务业集聚发展，努力打造具有品牌和特色的生产性服务业集聚区。当前要重点围绕现代物流、科技、商务、软件、创意和服务外包等产业，着力培育一批对服务第一、第二产业，对提升城市功能作用大的现代服务业集聚区。

其次，加速社会分工深化，促进服务业量的增长。政府政策应该努力降低服务业外化所需要的成本，推动原工业企业剥离出来相关服务性业务，成为独立的服务供应商，在税收、土地使用方面，在政策允许范围内，可以给予适度的补助或减免，允许其购买的固定资产加速折旧。由于服务性企业大多属于轻资产，在目前的金融体系下，融资相对困难。政府可以设立相应的“种子”基金，采用市场化的运作模式，对符合条件的企业，可以为其提供一定程度的担保，或者为其融资进行补贴。在符合国家金融政策或监管的条件下，地方政府应该允许和鼓励民间金融创新，发展多层次资本市场，由市场为其提供足够的资金支持。

工业企业分离后的生产性服务业税负如高于原税额，高出部分继续由各地政府对该企业予以补助；为鼓励工业企业分离发展服务业，对分离后的服务企业其自用的房产缴纳的房产税、占地面积较大应缴纳城镇土地使用税确有困难的，报经地税部门批准，在设立初期给予减征。对分离后新设立的服务企业缴纳水利建设基金确有困难的，报经地税部门批准，可在政策允许范围内给予减免照顾；其所购的固定资产因技术进步等原因，可以加速折旧。对工业企业分离后新设立的研发、设计、网络技术、创意、服务外包、软件开发、现代物流等生产性服务企业，符合高新技术企业、软件企业或技术先进型服务企业、货物运输自开票纳税人条件的，及时组织认定并落实好各项税收优惠政策。对工业企业分离后的商贸企业向供货方收取的场地费、广告促销费、上架费、展示费、管理费等费用，在确定收取额度和比例时，如不与商品销售量、销售额挂钩的，应从经营收入中剥离出来单独核算缴纳营业税。

最后，完善服务业对外开放体制和政策。提高服务业对外开放水平，是促进我国服务业发展的重要途径。完善服务业的对外开放体制与政策，重点需要做好以下三个方面的工作：第一，充分利用《服务贸易总协定》条款中的灵活性，处理好对外开放与适度保护的关系，实行合理的支持和倾斜政策，尽量避免服务市场开放的冲击。第二，为服务业的发展创造良好的体制环境，促进服务产业市场化和国际化。服务业下一步体制改革包括放宽准入领域、降低准入条件、引入竞争机制、培养多元化竞争主体等方面。第三，充分发挥财税政策的作用，支持服务业的发展与开放。主要措施包括：根据“宽税基、低税负、严征管”的基本思路，调整中国服务业的相关税收政策；运用财税政策促进高端服务业发展，实现中国服务业的结构转换；适当调整教育支出结构，财政性教育支出不能忽略职业教育；进一步扩大政府采购范围，把广大服务业领域纳入其中，并通过革新采购服务项目，引导服务业的发展方向。

7.3 优化制造业内部结构，推动生产要素合理流动，释放资源配置效应

7.3.1 加快工业互联网平台建设步伐，推动制造业向数字化与智能化转变，助推制造业升级

数据是继土地、劳动力、资本、技术之后的第五大生产要素，充分发挥数据作为信息媒介、信用媒介、创新媒介等方面的核心关键作用，有效激发数据创新驱动潜能。以数据作为信息媒介，推动基于数据的信息透明和对称，提升企业综合集成水平，提高企业资源的综合配置效率。以数据作为信用媒介，推动基于数据的价值在线交换，提升数字企业价值创造能力，提高企业资源的综合利用水平。以数据作为创新媒介，推动基于数据模型的不确定性知识技能赋能，提升生态组织开放合作与协同创新能力，提高企业资源的综合开放潜能。

（1）智能制造是提升我国制造业 TFP 的重要抓手，也是提升国际竞争力的重要手段。中央企业覆盖的行业面宽，而且涉及的行业链条较长，对国民经济和社会有很大的影响，而且承担着国家试点建设的责任。因此，将央企作为数字化、智能化转型的领头羊，能有效带动全产业及社会的数字化转型。建议智能化改革可以中央企业为试点推进。可以智能制造为方向，通过建设智能工厂车间、数字化车间等，提高生产线、生产装备以及工厂的数字化应用水平，利用数字化工具，提高制造过程的数控化程度，构建动态感知、及时预警、自主处理的智能化生产场景。大力推进工业互联网平台的建设，实现产业内及产业之间的资源共享。

基于 5G 技术领域的发展，要大力打造和构建高端且高质量的 5G 产业体系，针对通信基础设施和装备进行全面革新，建立共享集成的 5G 应用生态系统，实现夯实产业基础、促进实践应用、壮大产业规模，促进制造领域高质量发展。在基础设施建设上，全面部署 5G 基站，及时完善机房设备、电源系统、管道铺设等配套设施；在服务平台搭建上，加速推动 5G 产业应用，积极部署和建设 5G 产业重点实验室、工程试验机构、数据运营中心等技术创新服务平台，建设 5G 设备以及应用软件的研发生产基地，吸引和拓展更

多5G企业；在实践应用上，搭建5G应用试点示范区和数字经济产业园区，加速扩大不同地区关键交通枢纽的5G网络有效覆盖区域，并将5G网络建设深入延伸至县区和乡镇等偏远地区。

基于工业互联网领域的发展，要加大基础设施的投入和建设，打造集网络、平台和产业于一体的服务系统。首先，通过优化改进工业企业的内部资源网络，建立健全外部环境网络等方式不断促进网络基础设施的构建。其次，通过构建工业互联网服务平台，推动产业领先企业在云端平台开展生产和有关业务，加速开发跨产业、跨领域的工业互联网综合服务平台，打造工业互联网研发机构和创新服务中心，不断提升平台综合服务能力。最后，通过打造工业互联网应用服务系统，开拓产业生态和商业模式等方面，建立工业互联网技术创新与产业发展联盟等，促进应用创新生态系统的建设。

基于人工智能领域的发展，培育落实高质量项目，拓展产业创新集群，实现基础软硬件、家居商品、汽车以及制造装备等不同领域的自动化和智能化，并大力支持和推动相关企业、科研院所以及产业协会等不同领域培育高端人才并构建人工智能服务和技术的公共创新平台，开展“人工智能+”应用示范项目和方案，不断提高基础研究实力和应用创新能力。

（2）建立基于大数据技术的产业链升级的整体协同效应。在重点产业集群中开创智能化试点示范项目，推动与智能化有联系的关键共性技术高效拓展和应用。基于不同制造业的特点、发展阶段以及当前发展的迫切需要，开设相关“智能+”试点示范项目，大力推广智能生产装备、智能工业软件以及智能制造系统。通过先进智能技术促进制造业的拓展与创新，大力发展制造业网络化、信息化以及面向客户的服务模式。合理利用智能化技术手段，促进制造产业有关企业向以智能制造的全要素、全过程以及多领域协作运营的模式进行结构优化和转型升级；促进物联网、云计算、数据分析、应用软件等软件产业的高效应用和整合发展，推动物联网技术、产品、网络等多种集成式应用服务系统整合发展，开展基于大数据的物联网增值服务。

大力加强工业互联网重大问题的攻关与研发，推动新兴信息技术和不同行业之间进行深度融合；促进大数据产业的集聚与发展。全力打造互联网特色产业示范园区，搭建工业制造业公共创新服务平台，加大投入并培育大数据领先和代表企业，推动大数据核心产业与其他相关产业共同发展，改进并完善产业链，创建先进的大数据产业服务体系。鼓励各省、自治区和直辖市为单位超前部署建设局部信息物流系统网络平台，为对接国家平台提供支撑。

物理信息系统网络是构建4.0时代智能化工厂的核心载体与重要平台，因此，能否在构建这一网络平台上取得领先优势决定了我国未来在工业4.0时代的竞争力。建议各级政府启动相关战略部署，鼓励高等院校、研究所与企业合作，加大基础理论研究的投入力度，在一些关键部件或核心系统上力争获得突破。通过纵向一体化实现网络化的制造系统，鼓励和支持相关企业与价值链上下游的企业依托信息物理系统平台实现信息共享；或者通过整个价值网络的横向一体化在企业内部建设局部的信息物理系统平台。因为通过产业价值链的纵向智能化，涉及企业信息安全、监管体系的完善和法律法规建设等重大问题，而在企业内部，这些因素已经内部化，有效地绕开了实施工业4.0的一些重要壁垒。以增强子系统和关键元器件配套能力建设为重点，推动各地制造企业根据自己的比较优势，实现供应链的自主可控和转型升级。工业4.0需要建设智能制造技术和CPS（信息物理系统）技术及产品。工业4.0需要关键的一些子系统和元器件相配合方能有效推进。其中，物联网的发展、云计算能力、计算机软件成为构建工业4.0必不可少的重要系统或要素。鼓励各地区加强这些领域的建设，在目前已经有的物联网设计和推广等方面予以政策上扶持，大力加强对我国软件信息业尤其是工业软件的建设和支持力度。

7.3.2 坚定不移地推动国有企业改革，释放其创造活力

制定和完善相关法律法规与制度，为国有企业混合所有制改革的顺利推行提供相应的法律和制度支撑。改革过程中要提高政治站位，准确把握习近平总书记所要求的“三个区分开来”，鼓励大胆创新，创新混合所有制改革的新模式、新方法，建立合理的容错纠错机制，确保国有企业改革顺利推进。在混合所有制改革过程中，对投资标的的定价方式按照市场化的方式进行探索。将混合所有制改革试点纳入考核机制，确保既有的试点企业按时完成混合所有制改革任务，及时总结经验，发现改革过程中遇到的各种问题，完善既有的政策和各项制度，为后续更多国有企业参与改革奠定基础。

构建更为合理、科学的混合所有制企业治理结构，为提高企业TFP提供制度保障。既要坚持国有企业党委对企业的领导，确保在发展方向和重大事项上的参与和监督权，设置合理的“重大事项清单”，又要强化和落实《公司法》规定的现代公司治理结构，确保股东会和董事会制度的实施，努力保障混改之后非国有股东的话语权，保障非国有投资者的合法权利，既完善了

国有企业的治理结构，有助于国有企业改善经营效率，也激励非国有资本积极参与混合所有制改革。

确保国有资本和非国有资本在混合所有制改革中的各自利益，以形成稳定的合作机制，提升制造业 TFP。提升企业的利润和生产效率是国有企业进行混合所有制改革的重要目的之一，通过改组重组，引入不同的资本所有者，有助于改进国有企业的治理结构和经营效率，使国有企业保值增值。而非国有资本通过不同的方式参与国有企业经营以获取利润。只有二者的核心利益都得到满足和保障，各个主体才有足够的意愿参与改革过程并维持持久的合作关系。一旦任何一方利益无法得到满足和保障，合作使无法展开或无法维持。建议在混合所有制改革过程中，依照既有的法律或参照上市公司的分配机制，确定合理的分配方案，严格履行既有契约。鼓励和引导各种类型不同微观主体积极参与改革。中央和地方国有企业都要增强改革意识，适时把混合所有改革状况纳入考核指标，积极引入不同类型的非国有资本，创新合作方式，推动国有企业改革进程。混合所有制改革的各参与方应增强法治意识，严格履行既有的合作方案，及时协商解决改革进程中遇到的各种问题。

7.3.3　加大支持力度，激励民营企业加大创新投入，拉动制造业 TFP 增长

民营企业不仅为社会创造了大量的就业岗位，贡献了财政收入，而且在技术创新方面，民营企业也占据关键位置，在国内技术创新市场中，67% 是由民营企业创造的，同时，发明专利和新产品的数量占总量的比例也都超过 60%。除此之外，由于民营企业灵活高效的特点，在对市场资源配置和激发创新活力等方面都有显著优势，而且，民营企业的 TFP 整体上比国有企业要高。正是由于民营企业在经济发展中具有重要的作用和地位决定了其在制造业结构改革和 TFP 提升中起着关键作用。

(1) 为民营企业创新和升级提供外部支持，助推企业生产效率改善。积极为民营企业营造良好的创新环境，完善创新体系。考虑到民营企业规模较小，盈利能力较弱，资源有限，对企业创新和升级发展在方向选择上力不从心，建议各级政府构建或借用已有的专家库，为中小企业发展提供咨询服务，甚至建立专家跟踪机制，并提供适当的激励机制，帮助中小企业解决创新和发展的战略问题，促进创新能力提升和转型升级。建议政府以重大科研项目

为载体，以满足市场需求为导向，把民营企业作为创新主体，联合产业园区和重点龙头企业实现技术攻关，助推龙头企业和产业园区创新能力与研发水平的提升，从而更好地带动产业链上中小民营企业的转型升级。鼓励中小民营企业建立共同基金解决创新或转型升级中遇到的共性问题，以降低单个企业创新的成本和风险。鉴于中小企业难以寻觅到合适的创新人才尤其是高端人才，以及缺乏创新的公共研究平台，中小企业自身可以采取灵活的方式共享人才，尤其是主动对接高等院校、科研院所等机构的人才，也可以借助政府专家库中的各类人才，弥补创新人才的不足。政府鼓励高等院校和科研机构主动向社会开放各类创新平台，尤其是研究实验平台等设施，民营企业采用租赁的模式，政府给予一定的补贴，解决民营企业创新过程中硬件的短缺，也降低企业创新和转型成本，激励企业加大创新投入，提升创新能力，改善全要素生产率。推动中小企业与高等院校和科研院所等创新主体形成创新联盟和共同体，既有效解决创新成果的转化，也解决中小民营企业缺乏创新能力的问题。

（2）继续健全和落实支持民营企业发展的政策措施，推动民营企业发展。完善财政税收政策。不确定性是创新活动的基本特征之一。创新的研发过程需要大量资金的投入，而其产品进入市场的早期可能缺乏足够的需求规模，使企业尤其是中小企业难以获取足够的利润，这可能成为压倒创新型企业的“最后一根稻草”。而政府采购则可以提供较为稳定的市场预期，为企业的创新活动提供一定的动力支持。将税收优惠政策的重心由产业链的下游向上游转移，从对创新成果或者科技成果的应用环节转移到研发活动投入的环节，它将降低企业的研发成本，鼓励更多企业进行更多的创新活动，这无论从近期还是从长远来说对地方经济发展都有益处。与此相对应，需要政府颁布创新活动的认定标准，在初期的标准中，建议适度扩大认定范围，以鼓励企业进行创新或更多企业从事创新。部分创新活动对产业或经济发展具有较大的外溢效应，造成创新的动力不足，所以必须由政府进行一定的补偿。但这种补贴往往会引起寻租活动，需要进行充分的信息披露，引入外部监督机制，也有助于营造一个公平的竞争环境。还要考虑被补贴的研发项目在国内外的地位，只有对于优势或独特的研究项目进行补贴，才能保证创新收益主要在本地实现。

完善资本市场，在合规的前提下，鼓励经营良好的民营企业在资本市场上直接融资，建立降低民营企业融资成本的长效机制。加强顶层规划，充分借助现代信息技术，建立包括所有社会主体在内的全国统一的社会信用体系。依托信用体系对企业进行分类，对无法直接从资本上获取资金的民营企业进行信用评价，并作为金融机构提供贷款的重要参考依据，甚至为缺乏足够抵押的中小企业提供金融支持。鼓励各级金融机构，建立分等级、分层次的金融供给制度。政府要鼓励各级银行和金融机构等组织联合形成多层次的金融供给体系，重视民间资本的地位，发挥民营金融机构和科技金融机构的关键作用，为民营企业的发展提供有力保障；还可以发挥民间借贷优势，利用政府、银行和企业之间的合作关系，为民间借贷搭建平台。

（3）建立促进民营经济发展长效机制，壮大民营经济。理论和实践经验都证明，消除人为的制度性扭曲，建立良好的市场环境，完善社会主义市场经济，营造公平竞争的环境，民营经济凭借强大的创新能力和生命力，将会有效地推动制造业 TFP 的提升和自身的发展壮大。破除垄断，坚定不移地加大对内开放，放宽重点领域的准入制度，鼓励符合条件的民营企业积极参与国有企业混合所有制改革，为民营企业发展提供更多机会。根据国有企业的分类，适时调整监管政策，给予不同类型的混合所有制企业更为灵活的经营方式，按照市场规制，扩大其自主权，提高国有企业效率的同时推动民营企业发展。鼓励和支持民营企业单独或与其他机构组建共同体，申报各级科技创新项目，为提升创新能力提供支持。针对中小企业发展的特点和需求，由各级政府建立服务中小企业的各种类型的创新创业服务平台，降低创新成本，激发创新活力。

各级政府机构尤其是民营经济发展相对落后的中西部地区，要建立针对中小民营企业经营者和管理者的常态化的培训体系。一方面，可以定期组织中小民营企业相关人员到国内外相关企业进行交流学习，开阔视野，增强创新意识；另一方面，定期分批次遴选民营企业经营人员到高等院校等机构进行学习培训，提升其理论水平和政治素养，政府可以承担全部或部分费用，加强对企业家的服务。建议分区域设立服务于企业家尤其是民营企业经营者能力建设、文化提升等的常设研究培训机构，以解决创新意识不强和能力不足的问题。鼓励民营企业在发展过程中增强自身的核心竞争力，力争成为细分行业的“小巨人”。在全社会大力弘扬新时代的企业家精神，加强企业家内涵建设，在传统企业家精神中融入人文关怀和社会关怀，同时，也加强对企业家的人文关怀和应有的尊重与地位，为企业尤其是民营企业发展提供持久的动力和保障。

7.4 政府与市场“携手”，完善发展机制和政策措施，为提高制造业 TFP 提供动力支持

毋庸置疑，市场是推动制造业 TFP 改善的基础性力量，然而，这并不意味着不需要政府有所作为，恰恰相反，需要发挥我国特有的体制优势和动员资源的能力，推动阻碍制造业发展的关键“卡脖子”相关领域的突破。简言之，需要政府在遵循市场和产业发展基本规律的基础之上，营造有利于制造业 TFP 提升的各种条件和环境，借助发展规划的引导，产业政策的支持，体制机制的改革，实现我国制造业 TFP 和竞争力的提高。

7.4.1 以完善社会主义市场经济体制机制为核心发展的政策定位

（1）市场在资源配置中起到决定性作用应该是政策发挥功能的基础。为了让产业政策更好地发挥作用，首先要厘清政府和市场之间的关系，一方面要坚持市场对产业资源配置的决定作用，另一方面要更好地发挥政府在产业发展中的引导作用。今后在制定产业发展政策时，市场友好型是一个重要方向。对产业政策的定位不应该是替代市场，而是定位在增进市场的现有功能并对目前的问题进行补充上。首先要保证市场机制能正常运转，发挥市场的调节作用；其次政府也要有的放矢，在微观经济的管理方面不能过度干预。在一些普通领域，政府要抽离出来，不再担任资源配置的主要角色，政府更应该做的事是发挥政策的作用，为产业发展提供一定的制度基础和环境条件。

（2）为参与市场的微观主体提供公平的竞争环境应成为政策制定的立足点。政策的制定要更加关注市场的稳定和公平竞争，不再是针对不同产业的发展实行差异化的政策。在政策的定位上，要坚持竞争性和市场的公平性，让市场配置资源的决定性作用得到有效发挥。同时要坚持市场的公平开放，制定统一的进出机制，对所有制和垄断性行为进行严格把控，严格市场监管程序，保障市场的开放统一和有序竞争。同时，政策的制定不能只着眼于产业中的大型企业，要保证大型企业和中小型企业的协调融合发展，促进产业组织结构的健康发展，将对大企业的支持保障政策向中小企业倾斜，让产业内所有的企业都能共享生产要素，促进产业的公平竞争。

(3) 提升制造业的TFP，推动高质量发展应是政策制定的基本目标之一。在创新驱动高质量发展的前提下，增强自主创新能力成为制定产业政策的重点，实现“中国制造”向“中国创造”的转变。过去的产业政策主要关注的是产业供给侧，尤其是产品的加工制造，而随着制造能力的发展，目前的政策应该更加关注其他能力比较薄弱的环节，主要是关键技术、共性技术以及卡脖子技术等领域的研究和AI、工业互联网以及5G技术等基础设施的完善。不仅要关注这些关键技术领域，还要关注产业的品牌培育、营销网络构建以及供应链管理等影响产业发展的重点环节，从而促进制造业和服务业的协调融合发展，实现制造业的高质量发展。同时，关注制造业供需双方之间的互动，用供给推动需求，以新的需求拉动创新供给，从而使制造业从生产型驱动转向消费型拉动。

(4) 法制化是政策运行的重要手段和方法。政策的制定要由直接的行政干预向经济、法律等间接手段转变。政策发挥作用要能体现出市场化和规范化、法制化，强调用间接性的手段作用于产业发展，不能过度依赖直接的行政干预。政策更多地应从立法司法、监督执行、创建环境、整合信息等角度，发挥政策在产业发展中的引导作用，从而起到带动作用。同时还要对政策的工具进行创新，可以通过政府专项投资、产业引导基金以及重点工程项目承包等手段，引导产业资金的流动方向，从而引导更多的资本加入制造业高质量发展中。此外，为扩大技术研发领域的资金投入，应制定有关政府资金和社会资本相融合的方式，帮助产业在基础设施、关键技术领域以及人力资本储备等方面实现融资。同时关于这些政府相关资金的使用，要从事前扶持改为事后奖励，综合运用多种金融工具，保证财政资金服务产业发展的效能。

7.4.2 发挥我国体制优势，完善发展政策，提升我国制造业TFP的着力点

实现制造业的高质量发展可以从两个方面着手：一方面是过程质量的提升；另一方面是结果质量的提升。在过程质量提升方面，主要关注的是投入和产出的比例，通过减少和优化要素投入，实现高效率、低碳环保、绿色的产出，同时不断提高制造业生产过程的数字化和智能化水平；在结果质量提升方面，主要关注的是制造业产品和服务的价值以及科技含量的水平。为促进制造业在以上两个方面都能实现提升，最终实现产业整体的高质量发展，

要注重以下三点。

（1）完善创新政策制度体系。促进区域创新体系、高新技术研究开发基地和成果转化基地形成，集聚全球创新资源、增加公共科技供给、提升自主创新能力。利用创新机制和创新政策激发产业的创新活力，形成具有全球竞争力的先进制造业基地和创新高地。在此基础上，优化综合创新生态系统，针对生态系统形成完善的政策框架。以政策和制度创新带动产业科技创新，从人才资源、财政资源、科技服务等方面加大对产业创新的支持力度，让政策服务于创新的每个过程，形成完整的制度体系，保障创新主体的创新活力和动力。

（2）健全产学研融合的市场创新机制。党的十九大报告中要求，“深化科技体制改革，建立以企业为主体、市场为导向、产学研深度融合的技术创新体系，加强对中小企业创新的支持，促进科技成果转化”。加强产学研各方的协同发展，是深化科技体制改革的重要方面。在宏观上，产学研协同能作为创新驱动，助推经济的高速发展；在微观上，产学研各方的深度融合有利于形成创新合力，推动产业发展。

在产学研各方融合发展的过程中，政府发挥着关键作用，充当引导者、参与者和服务者等多重角色。第一，政府要以一部分重点科研项目为基础，通过产学研各方的联合，攻克核心技术和共性技术等难题，从而促进产业的转型升级发展；第二，政府要为产学研融合发展提供专项资金支持，提高各方开展研发和创新的意愿；第三，政府要保障产学研各方的利益、降低风险。制定合理的利益分配机制，根据贡献率计算各方在融合发展过程中的收益，另外通过对研发风险、转移转化风险的预估和规避，降低风险发生的可能性，减少损失。

在产学研各方融合发展的过程中，企业起到了主体作用。在产学研各方协同进行创新活动时，企业作为活动主体，不仅承担着研发的职能，还要负责成果和技术的转移转化以及应用推广等。因此，要更加明确企业的主体地位，首先从政策上给予其一定的支持，保证企业实现可持续性的创新研发；其次要采用政策引导更多的可用资源向企业聚集，完善以企业为主导的产业创新研发机制；最后还要积极联合高校以及科研院所和企业之间的协同创新，尤其是共享研发平台和转移转化基地等新型研发机构的建设，进一步加大对企业开展研发活动的支持力度。同时，企业也要更加进一步了解市场的动态变化情况，及时做出反应，从而向市场提供有竞争力的产品或服务，增强创新的针对性和效率。

（3）健全以价值为导向的成果转化激励机制。一是在高校或科研院所等试点开展科技成果混合所有制的改革。具体做法是将科技成果转化完成之后的奖励转移到科技成果转化之前，例如把职务发明创造的所有权划归为发明人和单位共同所有，从而大大调动科研人员的创新积极性。二是完善“技术股+现金股”的成果转化激励机制。在某些单位中，例如事业单位和转制之后的科研院所，在进行成果转移转化的过程中，可以以“技术股+现金股”组合的形式持有股权，将管理人员和科研人员的利益与成果收益绑定，进而促进科技成果转化的效率。三是建立健全科技特派员体制。针对产业中创新能力薄弱的中小企业，可以向其增派科技特派员，实现成果在生产现场的转化。

7.5　加快体制机制改革，为改善制造业TFP提供良好的外部环境

7.5.1　优化营商环境，为企业创新提供良好的外部条件

除了企业自身因素，营商环境的优劣往往也是决定企业是否加大投资力度扩大生产和进行创新的重要影响因素。营商环境的改变本质上是政府职能调整的结果。整体而言，我国的营商环境未能适应制造业发展的新变化，尚需要进一步改革优化。本书提出如下建议。

第一，以政府职能转变为出发点，推动放管结合和优化服务，减轻企业税费负担，精简纳税流程，最大限度地降低企业的制度性交易成本。在完善社会主义市场经济体制，合理划分政府与市场边界的同时，明确政府的职责和支出范围，重新梳理各级政府的“事权”与“财权”，确保二者相互匹配，这也是启动新一轮财税体制改革的前提和基础。要想降低税收就必须减少政府的支出，其中，提高行政效率是减少财政支出重要的手段之一。因而，在科学评估税收减少对我国经济发展影响的基础上，结合未来经济社会的发展，适当合并或减少税种，降低企业纳税成本。积极推进我国财税体制改革，加大直接税的征收比重，合理调整我国税种，助推经济高质量发展。此外，考虑到我国税制的复杂性及不同区域经济发展的差异性，可以给予省级政府在

一定范围内享受部分财政税收立法权，从而因地制宜地设置税制，并上报中央获得授权，从而简化税制，提高效率。充分利用现代信息技术，尤其是在自主软件不断突破的前提下，实时引入区块链技术，在保障数据安全的条件下，加快建设全国和地方统一的政务系统，实现信息和申报材料的共享，减少纳税耗费的时间成本和精力，也可以加快各种退税办理速度，既提高纳税效率，又有效降低企业纳税的成本。与此同时，完善会计核算制度，既有助于帮助企业规范管理，也为税收的信息化建设提供基本支撑。调整相关法律，加强税务监督和稽查，大幅加强对税务违法行为的惩罚力度，建议定期或不定期有组织地进行各个级别的税务抽查，对被抽查的企业进行地毯式的详尽的审核与检查，一旦发现企业有违法行为，加大处罚力度，使其承担巨大的违法成本，增强制度的效能。总之，在有效简化税制，为降低税收负担，以及提供便捷高效的纳税服务的同时，确保税收征缴到位，以为企业发展提供良好、公平、高效的税收环境，促进企业加强创新，提升生产效率。

第二，实现信息共享，建设社会信用体系，为市场运营提供基本“公共设施”。大力推动我国信用体系建设，在借鉴国外成熟经验的基础上，结合我国国情，建议如下。

（1）加强顶层设计，为信用体系建设做好规划和制度支撑。制定和完善我国信用体系建设的相关法律，主要涉及数据的收集、整理、加工、使用以及惩戒措施等，使信用体系建设在法制的基础上，促进信用体系的有效运营和健康发展。由国家相关部门主导，借鉴国际通用做法，制定科学合理的全国统一的信用评价、管理标准，并作为各地区建立信用体系的基准。建设全国统一的信用系统平台，各区域各部门的信息数据全部接入中央平台，形成互联互通和共享的数据，既保障了数据的完整、准确，也避免了重复建设。

（2）建议我国信用体系建设采用政府主导、市场参与的模式，既可以发挥我国的体制优势，也可以提升运营的效率，降低成本。政府出资构建全国统一的社会信用平台，明确规定微观主体行为数据和信息强制收集的主体、范围和使用。政府各个部门掌握微观主体行为信用记录的基本数据，可以保障基本信息数据的收集，也有助于引导市场主体的合理参与。完善和发展信用中介服务，大力发展信用中介机构，鼓励市场参与信用体系建设。随着我国电子商务和互联网经济的发展，相关企业和机构已经积累了大量微观主体的行为信息数据，而且已经初步形成了市场化的信用服务，但这些数据不完整，需要在政府的主导下，接入国家社会信用平台，以更科学、全面、客观地对个人信用做出评价，服务于商业活动。扩大和加强信用评价结果的使用范围和力度，确保形成市场需求。政府也可以以向中介机构购买数据和服务的方式，推动信用体系的市场化建设。

（3）强化信用监管体系，完善惩戒机制。国家要规范企业的数据收集、保护以及使用，避免侵犯个人隐私，促进更多个体参与信用体系建设。在扩大信用评价结果使用范围，甚至强制应用的前提下，根据评价结果，加大惩戒力度，使失信人员付出较大的成本，从而鼓励微观主体重视信用记录，避免失信行为的产生，推动诚信社会的建立。在整个社会中大力宣传和开展诚信教育，为诚信社会建设提供良好的条件和氛围。同时，也通过一定的优化机制，帮助信用较低的主体及时修复信用记录，激励个体产生守信行为，促进信用体系建设。

第三，继续推进改革，建设更加完备的基础设施，实施贸易便利化措施。随着我国继续扩大开放，开始由生产大国向消费大国的转变，制造业实施“走出去”战略的推进以及《区域全面经济伙伴关系协定》（RCEP）的签署和即将实施，跨境贸易的便捷性对企业提高运用效率和降低成本越来越重要，也成为世界银行评价不同国家和地区营商环境优劣的又一个重要指标。尽管近两年我国跨境贸易便捷程度有了显著改善，但依然落后于我国营商环境的整体状况。建议加快跨境贸易的大数据平台建设，通过标准的信息平台与国家相关部门实现数据实时共享，在信息平台上实现“一站式”业务办理和相关服务，优化货物出入境管理流程，申报企业通过平台及时了解货物通关的进度和时效，掌握相关动态，通过改善时间预期，减少不必要的等待时间。及时升级海关审查监管使用的设备，缩短货物滞留的时间。加大港口基础设施自动化、信息化、智能化改造的力度，简化信息流程，实现信息网上“跑路”，减少传统物流单证的打印、交接，提升业务办理的效率。减少和合并通关事项，实现进口业务和通关全流程的信息化，实现材料电子化传递。将征信体系评价结果引入关税征缴环节，依据信用等级确定是否需要担保，在确保关税征收到位的基础上，创新征管方式，并将信用记录与优化货物放行模式结合，缩短货物在港口流转时间。通过信息平台的建设，将原来的串行工作模式转变为并行模式，如“通关 + 物流”子系统的建立，提高运转效率。鼓励有条件的地区根据国际标准展开先行先试，不仅吸纳国际先进经验，而且及时采用最新的科技手段，如数字货币、人工智能等，提升跨境贸易的便利化、专业化、信息化、法治化，提高运营效率，降低企业成本，为企业生产效率提升提供良好的贸易环境。为了服务于制造业“走出去”战略，提升我国制造业竞争力，在交通基础设施上，要通过信息技术不断提高交通设施的利用率，保证运输的安全性，同时减少物流的能耗以及成本。依据国家“新基建”战略，持续优化提升工业信息化基础设施水平，实现与邻近“一带一路”沿线国家基础设施的无缝衔接，不断推动跨境基础设施的规划建设。

7.5.2 营造有利于企业家成长的环境氛围，完善知识产权保护机制，激发创新活力

如何保护和激励企业家进行创新成为社会各界广为关注的问题之一。这一般涉及两个方面的因素：一是如何营造良好的社会氛围，促进企业家脱颖而出，成为创新的推动者和源头，即企业家精神培育和保护的问题；二是如何激励企业家进行创新活动。具体策略如下所述。

7.5.2.1 营造良好的发展环境，培育、引导和保护企业家精神

承担风险和从事创新活动是企业家的天职，也是企业家精神的内核。缺乏这两个基本特征，就称不上企业家。创新活动和风险恰恰是相伴而生的，因而，企业家在推动经济社会创新发展方面具有不可替代的作用，企业家也成为社会创新发展中最稀缺、最重要的生产要素。西方发达国家和国内发达地区的发展经验都表明，一国或地区的经济活力与区域内企业家的数量和企业家精神的发挥成正比。企业家精神的培育需要良好的外部环境，一方面，需要社会大力倡导创新文化，对待失败要更加宽容。从创新产生的过程来看，它是多次“试错”所结出的美丽“果实”，当然，更多时候它可能没有结出令各方都满意的“果实”。因此，需要整个社会不仅欣赏成功，而且应该尊重“失败”。此外，我们应该鼓励企业家去实现自己的“梦想”。实现梦想是企业家进行创新的内在驱动力，这可能是利益驱动所无法实现的“内驱力”。正是拥有“梦想”，并勇于去实现它，在实现梦想的同时，甚至推动整个人类的文明与进步，这也是一个优秀企业家转变为伟大企业家的必经之路。另一方面，整个社会应该去保护企业家精神，加强对企业家的引导，促使其发挥应有的作用。企业家精神的发挥需要一个稳定的预期，需要一个公正、公平、公开的平台。拥有足够多的机会，在相对完善的市场机制中，获取足够

的利润，是发挥企业家精神的外部驱动力。而对财产明确而有力的保护则可以为企业家投入到创新活动，获取创新收益提供良好的预期，为企业家进行创新提供足够的制度保障。完善相关法律，严格执行法律法规，通过法治的方式保护企业家创新和经营的各项权益。建立新型政商关系，完善干部考核标准，为企业家创新活动提供支撑。在干部考察内容中，将是否帮助企业发展实体经济以及实现技术创新等情况加入其中。依据所有制中性原则，帮助企业不断发展进步，健全相应机制，包括帮扶和支持机制、困难和问题协调解决机制。不断优化公共服务平台的功能，以实现为工业中小企业提供更专业、更全面的服务。

7.5.2.2　实施更为严格的知识产权保护制度，激励更多企业从事创新活动

作为对知识型资产专有权、使用权的特定性制度，知识产权保护制度对中国制造业全要素生产率产生了复杂的影响。尽管近 20 年来，我国一直提倡和引导企业与社会通过创新驱动经济发展，但制造业领域内仍然以模仿创新为主，自主创新尚未成为创新的主流，特别是在全球价值网络内，制造业规模的快速扩张更多是依赖市场容量的扩大和较低的成本优势，而非质量和结构的改善。为了激励创新尤其是自主创新活动，需要更为严格地保护创新主体，使其能够从创新活动中获取足够的收益，即需要更为严格的知识产权保护制度，建议如下。

（1）制定和完善知识产权保护的法律法规。在国家层面，成立知识产权立法委员会，梳理现有的知识产权保护法案，由委员会统领、修订和完善知识产权领域的各种法律法规，避免各部门分别制定或修订各单项法案时出现法律条文可能出现的不协调，形成较为完备的知识产权保护法律体系，明确对不同法律做出合理的司法解释，确保各项法律之间能够良好衔接，增强法律的可操作性。在不与宪法、国家知识产权保护各项法律冲突的前提下，授权各地区因地制宜地制定和修订各地区的知识产权保护法律法规。使知识产权保护建立在法制基础上，既是完善社会主义市场经济体制的要求，也可以更好地与国际接轨。积极探索新型知识产权形态的法律保护制度，加强司法解释，加快推进新型知识产权保护试点工作，待制度成熟时，及时在全国推广。对于基层司法队伍相对薄弱的状况，加大知识产权巡回法庭巡回频度，提高审判效率。

（2）严格执行知识产权保护法案，大幅提高对知识产权侵权的惩罚力

度。知识产权侵权最原始的动力在于降低研发成本并从中获取尽可能高的利润。如果侵权带来的收益高于所付出的成本，知识产权保护的相关法律法规将无法达到应有的效果，也无法激励创新主体从事创新。因而，在民事责任上，需要大幅提高知识产权侵权所付出的成本，即提高侵权的法定限额，甚至不设置限额。在刑事领域，加大刑事处罚力度，确保违法者付出应有的代价，从而起到保护知识产权的效果。此外，还可以辅以一些行政处罚。在提高侵权处理上限的同时，降低侵权处理的下限，以加大对知识产权的保护力度。完善司法解释，借助现代科学技术，有效解决知识产权举证难的问题，降低司法成本。将侵权违法行为纳入社会信用体系之中，实施联动惩戒措施，加大对失信人员的惩罚和限制。加强社会对违法和审判案件的监督，遏制和惩罚违法行为，严格法律的执行，确保法律的尊严。建议国家开展专项执法行动，加大宣传力度，通过典型案件的判决，强化知识产权的保护意识。建议在部分地区建立知识产权保护示范区，在示范区内执行较为严格的知识产权保护措施，不仅能够起到有效的保护效果，而且能够为其他地区提供示范作用，增强全社会知识产权保护的意识。

（3）推动知识产权保护分类处理，构建违法处理的协同机制。客观地讲，弱的知识产权保护力度，有利于知识的扩散。基于早期我国制造业发展中存在大量模仿创新的事实，加之，整个社会对知识产权保护意识不强，建议对知识产权侵权进行分类处理，设立知识产权简易法庭，以提高处理知识产权纠纷和简易案件的速度，提高办案效率。法律诉讼之外，在各地区引入知识产权纠纷调解中心，鼓励专利代理师参与纠纷调解。普通违法案件按照普通程序进行诉讼处理，而涉及重大案件，可能需要跨地区处理，因而需要中央制定跨部门办理知识产权侵权案件跨地区处理规程，实现协调办案，降低办案难度，提升效率。尝试建立异地办理和审理知识产权侵权案件制度，推动案件公正公平审理，保护知识产权所有者权益。在不同层面上，加强与域外地区和国家进行知识产权保护的交流与协作，畅通沟通渠道，为涉外知识产权纠纷提供必要的救助机制，既可以有效维护我国知识产权所有者在国外的权益，也可以宣传我国知识产权保护的成效，增进彼此的理解，为我国制造业“走出去”提供良好的知识产权保护环境。

参考文献

［1］白雪洁，刘莹莹，田荣华．考虑价格因素的中国全要素生产率计算及其影响因素分析——基于 Global Cost Malmquist 和 Tobit 模型的实证研究［J］．工业技术经济，2021，40（4）．

［2］蔡昉，王德文，曲玥．中国产业升级的大国雁阵模型分析［J］．经济研究，2009，44（9）．

［3］曹霞，于娟．绿色低碳视角下中国区域创新效率研究［J］．中国人口·资源与环境，2015，25（5）．

［4］曹泽，李东．R&D 投入对全要素生产率的溢出效应［J］．科研管理，2010（2）．

［5］曾铖，李元旭．试论企业家精神驱动经济增长方式转变——基于我国省级面板数据的实证研究［J］．上海经济研究，2017（10）．

［6］曾国安，雷泽珩．论经济增长方式转变的政策条件——以经济政策的根本性系统性调整促进经济增长方式的转变［J］．福建论坛（人文社会科学版），2015（11）．

［7］查建平，唐方方．中国工业经济增长方式转变及其影响因素研究［J］．当代经济科学，2014（5）．

［8］常耀中．制度、契约与绩效的一个数学模型分析——以转型升级为例［J］．经济与管理，2019（5）．

［9］陈昌兵．可变折旧率的另一种估计方法——基于中国各省份资本折旧的极大似然估计［J］．经济研究，2020，55（1）．

［10］陈昌兵．可变折旧率估计及资本存量测算［J］．经济研究，2014，49（12）．

［11］陈恩，刘璟．原创性创新对珠三角经济增长方式转变影响的实证分析［J］．暨南学报（哲学社会科学版），2018（10）．

［12］陈晋玲，张靖．教育层次结构与产业结构优化效应的统计测度

[J]. 科学学研究, 2019, 37 (11).

[13] 陈启斐, 吴金龙. 经济政策不确定性、OFDI 和服务业全要素生产率——来自中国服务业微观企业的证据 [J]. 世界经济文汇, 2020 (4).

[14] 陈诗一. 中国工业分行业统计数据估算: 1980～2008 [J]. 经济学 (季刊), 2011 (3).

[15] 陈颂, 卢晨. 国际产品内分工对中国工业行业环境技术效率的影响效应研究 [J]. 国际贸易问题, 2019 (12).

[16] 陈向武. 科技进步贡献率与全要素生产率: 测算方法与统计现状辨析 [J]. 西南民族大学学报 (人文社科版), 2019, 40 (7).

[17] 陈宇峰, 朱荣军. 中国区域 R&D 资本存量的再估算: 1998～2012 [J]. 科学学研究, 2016, 34 (1).

[18] 单豪杰. 中国资本存量 K 的再估算: 1952～2006 年 [J]. 数量经济技术经济研究, 2008, 25 (10).

[19] 邓晓兰, 鄢哲明. 资源错配对中国工业低碳生产率影响的实证分析 [J]. 财经科学, 2014 (5).

[20] 董莉军. 中国企业跨国并购交易完成率决定因素分析 [J]. 国际商务研究, 2017, 38 (3).

[21] 董宁, 金祥荣. 企业规模与创新模式选择 [J]. 财经问题研究, 2018 (8).

[22] 董志华. 人力资本对我国经济增长影响的统计检验 [J]. 统计与决策, 2017 (23).

[23] 杜鹏程, 徐舒. 最低工资、市场演化与生产率增长 [J]. 产业经济研究, 2020 (4).

[24] 方文中, 罗守贵. 自主研发与技术引进对全要素生产率的影响——来自上海高新技术企业的实证 [J]. 研究与发展管理, 2016 (1).

[25] 冯英杰, 钟水映, 赵家羚, 朱爱孔. 市场化程度、资源错配与企业全要素生产率 [J]. 西南民族大学学报 (人文社科版), 2020 (5).

[26] 傅元海, 叶祥松, 王展祥. 制造业结构变迁与经济增长效率提高 [J]. 经济研究, 2016 (8).

[27] 高琳. 分权的生产率增长效应: 人力资本的作用 [J]. 管理世界, 2021, 37 (3).

[28] 高智, 鲁志国. 装备制造业与高技术服务业融合发展对提升全要

素生产率的影响［J］. 商业研究，2019（7）.

［29］葛小寒，陈凌. 进口关联 R&D 溢出中人力资本的角色：实证研究综述［J］. 浙江大学学报（人文社会科学版），2009，39（6）.

［30］龚新蜀，韩俊杰. 中国农产品加工业全要素生产率增长解析——基于集聚与 FDI 互动视角［J］. 农业经济与管理，2019（6）.

［31］顾乃华，朱卫平. 府际关系、关系产权与经济效率［J］. 中国工业经济，2011（2）.

［32］郭春燕，张琳娜，朱孔来. 转变经济发展方式研究现状综述及未来展望［J］. 经济与管理，2014（3）.

［33］郭峰，杜英，窦学诚. 甘肃省经济增长质量与科技进步的实证分析［J］. 科技管理研究，2013，33（12）.

［34］郭凯明，黄静萍. 劳动生产率提高、产业融合深化与生产性服务业发展［J］. 财贸经济，2020，41（11）.

［35］郭克莎，汪红驹. 经济新常态下宏观调控的若干重大转变［J］. 中国工业经济，2015（11）.

［36］郭庆旺，贾俊雪. 中国经济波动的解释：投资冲击与全要素生产率冲击［J］. 管理世界，2004（7）.

［37］郭庆旺，贾俊雪. 中国全要素生产率的估算：1979～2004［J］. 经济研究，2005（6）.

［38］郭然，原毅军. 环境规制、研发补贴与产业结构升级［J］. 科学学研究，2020，38（12）.

［39］郭树龙，葛健，刘玉斌. 上游垄断阻碍了下游企业创新吗？［J］. 产经评论，2019，10（2）.

［40］韩德超. 加快体制机制创新促进我国高新技术产业发展［J］. 现代商贸工业，2013，25（8）.

［41］韩德超. 增值视角下的中国人力资本测度研究［J］. 人口与经济，2021（3）.

［42］韩晶. 中国高技术产业创新效率研究——基于 SFA 方法的实证分析［J］. 科学学研究，2010，28（3）.

［43］韩雪峰，金丽. 高校科技对区域经济发展贡献率的实证分析［J］. 大连理工大学学报（社会科学版），2014，35（1）.

［44］韩玉雄，李怀祖. 关于中国知识产权保护水平的定量分析［J］.

科学学研究，2005 (3).

[45] 郝晓莉，卓乘风，邓峰．国际技术溢出、人力资本与丝绸之路经济带能源效率改进——基于投影寻踪模型和随机前沿分析法 [J]. 国际商务（对外经济贸易大学学报），2019 (2).

[46] 胡鞍钢．中国未来经济高增长的三关键 [J]. 中国供销合作经济，2002 (9).

[47] 胡德勤．企业规模、市场结构与创新绩效——基于中国制造业四位数行业的熊彼特假说的实证检验 [J]. 上海经济，2018 (3).

[48] 胡晓鹏．生产性服务业的分类统计及其结构优化——基于生产性服务业与制造业互动的视角 [J]. 财经科学，2008 (9).

[49] 胡雪萍，许佩．FDI 质量特征对中国经济高质量发展的影响研究 [J]. 国际贸易问题，2020 (10).

[50] 胡永平，祝接金，向颖佳．政府科技支出、生产率与区域经济增长实证研究 [J]. 科技进步与对策，2009，26 (15).

[51] 华广敏．高技术服务业对中国制造业效率影响动态变迁 [J]. 科学学研究，2019，37 (12).

[52] 黄杰．中国人力资本的区域差异及其动态演进 [J]. 西北人口，2018，39 (6).

[53] 黄燕萍．金融发展、人力资本与全要素生产率 [J]. 厦门大学学报（哲学社会科学版），2016 (2).

[54] 黄永明，陈宏．基础设施结构、空间溢出与绿色全要素生产率——中国的经验证据 [J]. 华东理工大学学报（社会科学版），2018 (3).

[55] 黄勇峰，任若恩，刘晓生．中国制造业资本存量永续盘存法估计 [J]. 经济学（季刊），2002 (1).

[56] 黄宗远，宫汝凯．中国物质资本存量估算方法的比较与重估 [J]. 学术论坛，2008 (9).

[57] 姬卿伟．中国资本服务测算及其稳健性研究 [J]. 统计研究，2017 (10)：15-28.

[58] 简泽．市场扭曲、跨企业的资源配置与制造业部门的生产率 [J]. 中国工业经济，2011 (1).

[59] 江小娟．Prospects of Chinese industrial policy in the late of 1990s [J]. World Economy & China，1996 (3).

[60] 姜桂兴，程如烟．我国与主要创新型国家基础研究投入比较研究［J］．世界科技研究与发展，2018，40（6）．

[61] 姜桂兴，许婧．世界主要国家近10年科学与创新投入态势分析［J］．世界科技研究与发展，2017，39（5）．

[62] 姜振茂，汪伟．折旧率不同对资本存量估算的影响［J］．统计与信息论坛，2017，32（1）．

[63] 蒋殿春，王晓娆．中国R&D结构对生产率影响的比较分析［J］．南开经济研究，2015（2）．

[64] 蒋樟生．制造业FDI行业内和行业间溢出对全要素生产率变动的影响［J］．经济理论与经济管理，2017（2）．

[65] 焦斌龙，焦志明．中国人力资本存量估算：1978～2007［J］．经济学家，2010（9）．

[66] 焦翠红，陈钰芬．R&D补贴、寻租与全要素生产率提升［J］．统计研究，2018（12）．

[67] 焦娜，刘冰清，蒋仁爱．道路和通信基础设施投资与中国技术进步［J］．科技管理研究，2020（18）．

[68] 焦杨．德国制造业发展经验及其对中国的启示［D］．北京：对外经济贸易大学，2019．

[69] 金剑，蒋萍．生产率增长测算的半参数估计方法：理论综述和相关探讨［J］．数量经济技术经济研究，2006（9）．

[70] 孔东民，庞立让．研发投入对生产率提升的滞后效应：来自工业企业的微观证据［J］．产业经济研究，2014（6）．

[71] 匡远凤，彭代彦．中国农业经济增长绩效、来源与演化［J］．数量经济技术经济研究，2020，37（12）．

[72] 雷辉．我国资本存量测算及投资效率的研究［J］．经济学家，2009（6）．

[73] 李宾．我国资本存量估算的比较分析［J］．数量经济技术经济研究，2011，28（12）．

[74] 李谷成．中国农业的绿色生产率革命：1978～2008年［J］．经济学（季刊），2014，13（2）．

[75] 李海峥，唐棠．基于人力资本的劳动力质量地区差异［J］．中央财经大学学报，2015（8）．

[76] 李宏宽，何海燕，单捷飞，蔡静静. 剔除非管理性因素影响的我国集成电路产业技术创新效率研究：基于广义三阶段 DEA 和 Tobit 模型 [J]. 管理工程学报，2020，34 (2).

[77] 李静，彭飞，毛德凤. 研发投入对企业全要素生产率的溢出效应——基于中国工业企业微观数据的实证分析 [J]. 经济评论，2013 (3).

[78] 李兰冰，阎丽，黄玖立. 交通基础设施通达性与非中心城市制造业成长：市场势力、生产率及其配置效率 [J]. 经济研究，2019 (12).

[79] 李娜，伍世代. FDI 技术转化及制造业集聚创新空间响应 [J]. 地理研究，2020 (6).

[80] 李平，简泽，江飞涛，李晓萍. 中国经济新常态下全要素生产率支撑型模式转变 [J]. 数量经济技术经济研究，2019 (12).

[81] 李平，李淑云，杨俊. 要素错配、企业存续与全要素生产率 [J]. 南开经济研究，2018 (5).

[82] 李小胜. 中国 R&D 资本存量的估计与经济增长 [J]. 中国统计，2007 (11).

[83] 李欣泽，陈言. 金融摩擦与资源错配研究新进展 [J]. 经济学动态，2018 (9).

[84] 李勇，任保平. 转换成本、晋升激励和经济增长质量 [J]. 财贸研究，2019 (3).

[85] 李勇，魏婕，王满仓. 市场化水平、所有制结构和企业微观动态效率——来自于面板门限模型的经验证据 [J]. 产业经济研究，2013 (5).

[86] 林春. 财政分权与中国经济增长质量关系——基于全要素生产率视角 [J]. 财政研究，2017 (2).

[87] 刘冲，吴群锋，刘青. 交通基础设施、市场可达性与企业生产率——基于竞争和资源配置的视角 [J]. 经济研究，2020 (7).

[88] 刘传明，马青山. 网络基础设施建设对全要素生产率增长的影响研究——基于"宽带中国"试点政策的准自然实验 [J]. 中国人口科学，2020 (3).

[89] 刘德学，钟湘玥. 国外下游垄断对本土企业创新的影响研究 [J]. 中南财经政法大学学报，2020 (6).

[90] 刘建民，秦玉奇，洪源. 财政效率对区域全要素生产率的影响机制和效应：基于综合财政效率视角 [J]. 财政研究，2021 (3).

［91］刘伟．促进经济增长均衡与转变发展方式［J］．学术月刊，2013（2）．

［92］刘智勇，李海峥，胡永远，李陈华．人力资本结构高级化与经济增长——兼论东中西部地区差距的形成和缩小［J］．经济研究，2018，53（3）．

［93］龙飞．信息化、转变经济增长方式与经济增长——基于全国31省域面板数据的实证分析［J］．现代管理科学，2016（5）．

［94］陆明涛，刘潋．人力资本测度与国际比较［J］．中国人口科学，2016（3）．

［95］罗德明，李晔，史晋川．要素市场扭曲、资源错置与生产率［J］．经济研究，2012，47（3）．

［96］吕政，刘勇，王钦．中国生产性服务业发展的战略选择——基于产业互动的研究视角［J］．中国工业经济，2006（8）．

［97］马苏，高良谋，赵光辉．基于Bootstrap-DEA模型的企业生命周期划分及其效率研究［J］．中国软科学，2019（11）．

［98］马勇，张航．金融因素如何影响全要素生产率？［J］．金融评论，2017，9（5）．

［99］马振华．美国工业化的演进研究与启示［D］．西安：西北大学，2017．

［100］迈伦丁·戈登，梁志坚．近百年来（1899～1994）美国制造业垄断力量的变化［J］．经济资料译丛，1999，000（4）．

［101］毛德凤，李静，彭飞，骆正清．研发投入与企业全要素生产率——基于PSM和GPS的检验［J］．财经研究，2013（4）．

［102］孟连，王小鲁．对中国经济增长统计数据可信度的估计［J］．经济研究，2000（10）．

［103］孟望生，刘发跃．人力资本投资理论回顾与评述［J］．生产力研究，2016（11）．

［104］缪锦春．金融发展对TFP增长的影响机制与地区差异——基于DEA-Malmquist方法的分解检验［J］．学习与实践，2015（9）．

［105］倪红福，夏杰长．北京地区制造业企业使用研发成果中隐含研发投入与生产率关系［J］．中国科技论坛，2015（6）．

［106］聂辉华，贾瑞雪．中国制造业企业生产率与资源误置［J］．世界

经济，2011，34（7）.

［107］潘立军，谭浩博，刘喜梅．基于超效率 DEA 的长株潭区域物流协同发展评价研究［J］．湖南社会科学，2020（6）.

［108］潘毛毛，赵玉林．互联网融合、人力资本结构与制造业全要素生产率［J］．科学学研究，2020（12）.

［109］庞金波，李杨薇，赵丽娟．基于 PP-SFA 方法的我国科技金融投入产出效率研究［J］．科技管理研究，2020，40（21）.

［110］庞瑞芝，邓忠奇．服务业生产率真的低吗？［J］．经济研究，2014，49（12）.

［111］彭树宏．中国地区人力资本不平等及其空间分布的动态演进［J］．中央财经大学学报，2019（11）.

［112］平新乔，安然，黄昕．中国服务业的全要素生产率的决定及其对制造业的影响［J］．学术研究，2017（3）.

［113］齐红倩，黄宝敏，李伟．供给和需求冲击下的全要素生产率变动与中国产能过剩［J］．南京社会科学，2014（8）.

［114］钱撷羽．二战后德国制造业立国的动因研究［D］．广州：广东外语外贸大学，2018.

［115］钱雪亚，王秋实，刘辉．中国人力资本水平再估算：1995～2005［J］．统计研究，2008，25（12）.

［116］钱雪亚．人力资本水平统计估算［J］．统计研究，2012（8）.

［117］乔红芳，沈利生．中国人力资本存量的再估算：1978～2011 年［J］．上海经济研究，2015（7）.

［118］任若恩，刘晓生．关于中国资本存量估计的一些问题［J］．数量经济技术经济研究，1997（1）.

［119］邵宜航，步晓宁，张天华．资源配置扭曲与中国工业全要素生产率——基于工业企业数据库再测算［J］．中国工业经济，2013（12）.

［120］申萌，万海远，李凯杰．从“投资拉动”到“创新驱动”：经济增长方式转变的内生动力和转型冲击［J］．统计研究，2019（3）.

［121］沈永兴，武寅．热烈的讨论　有益的切磋——记欧洲法西斯问题烟台学术讨论会［J］．世界历史，1985（3）.

［122］韩德超．生产性服务业 FDI 对工业企业效率影响研究［J］．统计研究，2011（2）.

［123］韩德超．生产性服务业与制造业关系实证研究［J］．统计与决策，2009（18）．

［124］施震凯，邵军，浦正宁．交通基础设施改善与生产率增长：来自铁路大提速的证据［J］．世界经济，2018（6）．

［125］石庆焱，李伟．教育年限总和法人力资本测算——基于2010年全国人口普查数据的修订结果［J］．中国人口科学，2014（3）．

［126］宋旭光，赵雨涵．中国制造业R&D资产折旧率测算及其解析［J］．统计与信息论坛，2018，33（10）．

［127］苏明政，张庆君．市场化进程、金融摩擦与全要素生产率——基于动态一般均衡模型的分析［J］．广东财经大学学报，2017，32（5）．

［128］孙琳琳，任若恩．中国资本投入和全要素生产率的估算［J］．世界经济，2005（12）．

［129］孙琳琳，任若恩．转轨时期我国行业层面资本积累的研究——资本存量和资本流量的测算［J］．经济学（季刊），2014，13（3）．

［130］孙晓华，王昀，郑辉．R&D影响全要素生产率的行业异质性——来自中国制造业的经验证据［J］．管理工程学报，2014（3）．

［131］孙晓华，王昀．R&D投资与企业生产率——基于中国工业企业微观数据的PSM分析［J］．科研管理，2014（11）．

［132］孙亚男，杨名彦．中国绿色全要素生产率的俱乐部收敛及地区差距来源研究［J］．数量经济技术经济研究，2020，37（6）．

［133］孙阳阳，丁玉莲．政府补贴对民营企业全要素生产率的异质性影响——基于面板门槛模型的实证分析［J］．华东经济管理，2021，35（4）．

［134］孙英杰，林春．科技进步对中国经济全要素生产率影响的实证分析［J］．统计与决策，2018，34（1）．

［135］孙早，刘李华．资本深化与行业全要素生产率增长——来自中国工业1990～2013年的经验证据［J］．经济评论，2019（4）．

［136］台航，崔小勇．人力资本结构与技术进步——异质性影响分析及其跨国经验证据［J］．南开经济研究，2019（4）．

［137］唐皇凤．经济发展方式转变与政府治理模式转型［J］．中州学刊，2014（10）．

［138］唐未兵，傅元海，王展祥．技术创新、技术引进与经济增长方式转变［J］．经济研究，2014（7）．

[139] 田国强，陈旭东．制度的本质、变迁与选择——赫维茨制度经济思想诠释及其现实意义［J］．学术月刊，2018（1）．

[140] 田友春，卢盛荣，李文溥．中国全要素生产率增长率的变化及提升途径——基于产业视角［J］．经济学（季刊），2021（2）．

[141] 田友春．中国分行业资本存量估算：1990～2014年［J］．数量经济技术经济研究，2016（6）．

[142] 田正．日本服务业的发展与困境——基于生产性服务业的实证检验［J］．日本学刊，2017（3）．

[143] ［美］维托·坦茨．政府与市场：变革中的政府职能［M］．王宇，等译．北京：商务印书馆，2014．

[144] 汪向东．资本投入度量方法及其在中国的应用［J］．数量经济技术经济研究，1996（12）．

[145] 汪晓文，杜欣．中国经济增长方式转变的影响因素及路径选择［J］．北京理工大学学报（社会科学版），2018（6）．

[146] 王剑锋．经济增长方式转型为何一再延缓——体制性障碍“黑箱”中的博弈［J］．探索与争鸣，2015（7）．

[147] 王江泉，张俊，赵鑫．考虑技术进步的DEA方法研究［J］．统计与信息论坛，2021，36（3）．

[148] 王岚．投入服务化是否提高了中国制造业全要素生产率［J］．国际贸易问题，2020（2）．

[149] 王磊．行政审批对中国制造业生产率的影响及其机制研究——基于进入管制视角［J］．产业经济研究，2020（2）．

[150] 王睦欣．美国制造业发展及回流战略研究［D］．长春：吉林大学，2020．

[151] 王文，牛泽东，孙早．生产性服务业发展、城市规模与制造业效率［J］．当代经济科学，2020，42（3）．

[152] 王小鲁，樊纲．中国经济增长的可持续性——跨世纪的回顾与展望［M］．北京：经济科学出版社，2000．

[153] 王小鲁，樊纲．中国地区差距的变动趋势和影响因素［J］．经济研究，2004（1）．

[154] 王燕武，李文溥，张自然．对服务业劳动生产率下降的再解释——TFP还是劳动力异质性［J］．经济学动态，2019（4）．

[155] 王永静，陈增增．天山北坡经济带农业生态效率评价及提升路径研究——基于 Super-SBM 模型和 Global-Malmquist 指数 [J]. 生态经济，2020，36 (2).

[156] 王勇，黎鹏．信息通信基础设施对东盟全要素生产率的影响 [J]. 亚太经济，2019 (2).

[157] 韦锋，徐源琴．农业税减免与农业全要素生产率——来自中国全面取消农业税的证据 [J]. 世界农业，2020 (12).

[158] 魏婧恬，葛鹏，王健．制度环境、制度依赖性与企业全要素生产率 [J]. 统计研究，2017，34 (5).

[159] 文东伟．资源错配、全要素生产率与中国制造业的增长潜力 [J]. 经济学 (季刊)，2019，18 (2).

[160] 吴建新，刘德学．人力资本、国内研发、技术外溢与技术进步——基于中国省际面板数据和一阶差分广义矩方法的研究 [J]. 世界经济文汇，2010 (4).

161. [162] 武鹏，余泳泽，季凯文．市场化、政府介入与中国高技术产业 R&D 全要素生产率增长 [J]. 产业经济研究，2010 (3).

[162] 谢剑．基础设施建设与中国区域全要素生产率——基于 285 个地级市的空间计量分析 [J]. 科学决策，2018 (4).

[163] 谢攀，龚敏．矫正要素比价扭曲、资源错配与发展转型 [J]. 求是学刊，2015，42 (1).

[164] 谢群，潘玉君．中国内地各省区 1952 ~ 2009 年实物资本存量估算 [J]. 当代经济，2011 (1).

[165] 谢贤君，王晓芳，任晓刚．市场化对绿色全要素生产率的影响 [J]. 北京理工大学学报 (社会科学版)，2021，23 (1).

[166] 徐建中，赵亚楠．基于 J-SBM 三阶段 DEA 模型的区域低碳创新网络效率研究 [J]. 管理评论，2021，33 (2).

[167] 徐杰，王宏伟，李平．我国创新型国家建设面临的挑战——基于东中西部地区科技进步的差异研究 [J]. 经济问题探索，2016 (2).

[168] 徐彦坤，祁毓．环境规制对企业生产率影响再评估及机制检验 [J]. 财贸经济，2017，38 (6).

[169] 许春．专用资产投入、买方垄断与上游企业创新投入关系研究 [J]. 科技进步与对策，2018，35 (22).

[170] 许学国，周燕妃．基于三阶段 Malmquist-PNN 的区域绿色创新效率评价与智能诊断研究［J］．科技进步与对策，2020，37（24）．

[171] 薛春志．战后日本技术创新模式的演进与启示［J］．现代日本经济，2011（6）．

[172] 晏艳阳，吴志超．创新政策对全要素生产率的影响及其溢出效应［J］．科学学研究，2020，38（10）．

[173] 姚洋，崔静远．中国人力资本的测算研究［J］．中国人口科学，2015（1）．

[174] 叶明确，方莹．中国资本存量的度量、空间演化及贡献度分析［J］．数量经济技术经济研究，2012，29（11）．

[175] 应习文．德国全要素生产率的长期表现［J］．中国金融，2016（20）．

[176] 余东华，信婧．信息技术扩散、生产性服务业集聚与制造业全要素生产率［J］．经济与管理研究，2018，39（12）．

[177] 余静文．汇率冲击与企业生产率——基于市场竞争传导机制的分析［J］．统计研究，2018，35（2）．

[178] 俞红海，徐龙炳．终极控股股东控制权与全流通背景下的大股东减持［J］．财经研究，2010，36（1）．

[179] 袁志刚，解栋栋．中国劳动力错配对 TFP 的影响分析［J］．经济研究，2011，46（7）．

[180] 张必胜．我国高等教育效率的动态分析——基于博弈交叉效率模型与全局 Malmquist 指数［J］．国家教育行政学院学报，2019（10）．

[181] 张帆．中国的物质资本和人力资本估算［J］．经济研究，2000（8）．

182. [183] 张广胜，孟茂源．研发投入对制造业企业全要素生产率的异质性影响研究［J］．西南民族大学学报（人文社会科学版），2020，41（11）．

[183] 张化尧，王赐玉．国际技术扩散：基于 TFP 的多渠道外溢分析［J］．科研管理，2012，33（10）．

[184] 张建辉，李光金，李发勇．基于定向技术距离函数的投入产出型 Malmquist 指数［J］．运筹与管理，2005（3）．

[185] 张军，陈诗一，Gary H. Jefferson. 结构改革与中国工业增长［J］．

经济研究，2009，44（7）.

［186］张军，吴桂英，张吉鹏．中国省际物质资本存量估算：1952～2000［J］．经济研究，2004（10）.

［187］张军，章元．对中国资本存量K的再估计［J］．经济研究，2003（7）.

［188］张莉，李绍东．企业规模、技术创新与经济绩效——基于工业企业调查数据的实证研究［J］．财经科学，2016（6）.

［189］张翼，王豆豆，郑兴无．金融发展、要素结构与技术进步方向［J］．金融与经济，2020（10）.

［190］张震．创新数量、创新质量与企业规模［J］．经济问题，2018（12）.

［191］章祥荪，贵斌威．中国全要素生产率分析：Malmquist指数法评述与应用［J］．数量经济技术经济研究，2008（6）.

［192］赵玉林，谷军健．中美制造业发展质量的测度与比较研究［J］．数量经济技术经济研究，2018，35（12）.

［193］郑世林，张美晨．科技进步对中国经济增长的贡献率估计：1990～2017年［J］．世界经济，2019，42（10）.

［194］郑玉歆．全要素生产率的再认识——用TFP分析经济增长质量存在的若干局限［J］．数量经济技术经济研究，2007（9）.

［195］中国财政科学研究院“降成本”课题组．降成本：2019年的调查与分析［M］．北京：中国财政经济出版社，2020.

［196］韩德超，张建华．中国生产性服务业发展的影响因素研究［J］．管理科学，2008（6）.

［197］钟廷勇，何玲，孙芳城．产业政策对企业全要素生产率的影响研究［J］．经济纵横，2019（12）.

［198］周雯雯，李小平，李菁．基础设施建设对全要素生产率的空间溢出效应——基于“一带一路”背景下271个地级市面板数据的研究［J］．经济问题探索，2020（6）.

［199］周耀东，余晖．国有垄断边界、控制力和绩效关系研究［J］．中国工业经济，2012（6）.

［200］朱发仓，杨诗淳．基于两种功能的中国R&D资本测度体系研究［J］．统计研究，2020，37（12）.

［201］朱福林．制度质量是否促进了国际 R&D 溢出——基于跨国面板数据的实证检验［J］．财贸研究，2017，28（7）．

［202］朱沛华，李军林．财政政策如何影响全要素生产率：异质性与市场化的视角［J］．山东大学学报（哲学社会科学版），2019（1）．

［203］朱树林，韩树政，苏昌贵．我国省际区域的知识产权保护、出口商品结构与 TFP 联动［J］．经济地理，2013，33（10）．

［204］朱树林．知识产权保护对我国全要素生产率的影响研究［J］．财经理论与实践，2013，34（2）．

［205］Abdih F. Joutz. Relating the knowledge production function to total factor productivity：An endogenous growthpuzzle［J］. IMF Staff Papers，2005.

［206］Agénor P R，Dinh H T. Public policy and industrial transformation in the process of development［J］. World Bank Policy Research Working Paper，2013（6405）.

［207］Aigner D，Lovell C A K，Schmidt P. Formulation and estimation of stochastic frontier production function models［J］. Journal of Econometrics，1977，6（1）.

［208］Alam T，Rastogi R. Agreement on trade-related aspects of intellectual property and the pharmaceutical industry：An empiricalstudy［J］. International Journal of Mechanical Engineering and Technology，2017，8（9）.

［209］Anderson E W，Sullivan M W. The antecedents and consequences of customer satisfaction for firms［J］. Marketing Science，1993，12（2）.

［210］Antonia Díaz，Luis Franjo. Capital goods，measured TFP and growth：The case of Spain［J］. European Economic Review，2016（4）.

［211］Aoki S. A simple accounting framework for the effect of resource misallocation on aggregate productivity［J］. Journal of the Japanese and International Economies，2012，26（4）.

［212］Aoki S. Inverse Ramsey Problem of the Resource Misallocation Effect on Aggregate Productivity［J］. MPRA Paper，2008（3）.

［213］A R Andrés，Asongu S A，Amavilah V. The impact of formal institutions on knowledge economy［J］. Journal of the Knowledge Economy，2015（4）.

［214］Arnold J M. Do tax structures affect aggregate economic growth？Empirical evidence from a panel of OECD countries［J］. OECD Publishing，2008

(10).

[215] Arnold, Jens M. , Beata Javorcik, Aaditya Mattoo. Does services liberalization benefit manufacturing firms? Evidence from the Czech Republic [J]. Journal of International Economics, 2011 (1).

[216] Aschauer D A. Government spending and the falling rate of profit [J]. Economic Perspectives, 1988, 12 (3).

[217] Aschauer D A. Public capital and economic growth: Issues of quantity, finance, and efficiency [J]. Economic Development and Cultural Change, 2000, 48 (2).

[218] Awokuse T O, Yin H. Does stronger intellectual property rights protection induce more bilateral trade? Evidence from China's imports [J]. World Development, 2010, 38 (8).

[219] Bagehot W. Lombard street: A description of the money market [M]. Henry S. King & Company 65 Cornhill & 12 Paternoster Row, London, 1873.

[220] Balassa B. Trade liberalisation and "revealed" comparative advantage [J]. The Manchester School, 1965, 33 (2).

[221] Battese G E, Coelli T J. A model for technical inefficiency effects in a stochastic frontier production function for panel data [J]. Empirical Economics, 1995, 20 (2).

[222] Baumol W J. Macroeconomics of unbalanced growth: The anatomy of urbancrisis [J]. The American Economic Review, 1967, 57 (3).

[223] Beck T. Financial development and international trade: Is there a link? [J]. Journal of International Economics, 2002 (1).

[224] Becker G S, Murphy K M. The division of labor, coordination costs, and knowledge [J]. The Quarterly Journal of Economics, 1992, 107 (4).

[225] Becker G S. Human capital [M]. Univercity of Chicago Press, 1994.

[226] Bergoeing R, Loayza N V, Piguillem F. The whole is greater than the sum of its parts: Complementary reforms to address microeconomic distortions [J]. The World Bank Economic Review, 2016, 30 (2).

[227] Blundell R, Griffith R, Reenen J V. Market share, market value and innovation in a panel of British manufacturing firms [J]. Review of Economic Studies, 1999 (3).

[228] Blundell R, Bond S. Initial conditions and moment restrictions in dynamic panel data models [J]. Journal of Econometrics, 1998, 87 (1).

[229] Buera F J, Kaboski J P, Shin Y. Finance and development: A tale of two sectors [J]. American Economic Review, 2011, 101 (5).

[230] Carosso V. Washington and Wall Street: The new deal and investment bankers, 1933 - 1940 [J]. Business History Review, 1970, 44 (4).

[231] Chambers R G. Input and output indicators [M] //Index numbers: Essays in honour of Sten Malmquist. Springer, Dordrecht, 1998.

[232] Chandavarkar A. Of finance and development: Neglected and unsettled questions [J]. World Development, 1992, 20 (1).

[233] Chen D H C, Dahlman C J. Knowledge and development: A cross-section approach [M]. World Bank Publications, 2004.

[234] Chen H J. Innovation and imitation: Effects of intellectual property rights in a product-cycle model of skills accumulation [J]. Macroeconomic Dynamics, 2018 (6).

[235] Chor D. Unpacking sources of comparative advantage: A quantitative-approach [J]. Journal of International Economics, 2010, 82 (2).

[236] Christensen L R, Jorgenson D W, Lau L J. Transcendental logarithmic production frontiers [J]. The Review of Economics and Statistics, 1973.

[237] Cristina Bernini, Augusto Cerqua, Guido Pellegrini. Public subsidies, TFP and efficiency: A tale of complex relationships [J]. Research Policy, 2017 (4).

[238] Crowley F, Jordan D. The trade-off between absorptive capacity and appropriability of the returns to innovation effort [J]. SRERC Working Paper Series, 2018.

[239] Dearden L, Reed H, Van Reenen J. Who gains when workers train? Training and corporate productivity in a panel of British industries [R]. IFS Working Papers, 2000.

[240] Debaere P. etc. Greasing the wheels of international commerce: How services facilitate firms' international sourcing [J]. Canadian Journal of Economics, 2013 (1).

[241] Debasis Bandyopadhyay, Ian King, Xueli Tang. Human capital misal-

location, redistributive policies, and TFP [J]. Journal of Macroeconomics, 2019 (6).

[242] Djankov S, La Porta R, Lopez-de-Silanes F, et al. The regulation of entry [J]. The Quarterly Journal of Economics, 2002, 117 (1).

[243] Dublin L I, Lotka A J. The money value of aman [J]. The American Journal of Nursing, 1930, 30 (9).

[244] Durlauf S N. Spillovers, stratification, and inequality [J]. European Economic Review, 1994 (3).

[245] Färe R, Grosskopf S, Lovell C A K, et al. Multilateral productivity comparisons when some outputs are undesirable: A nonparametric approach [J]. The Review of Economics and Statistics, 1989.

[246] Färe R, Grosskopf S, Norris M, et al. Productivity growth, technical progress, and efficiency change in industrialized countries [J]. The American Economic Review, 1994.

[247] Färe R, Grosskopf S. Measuring congestion inproduction [J]. Zeitschrift für Nationalökonomie/Journal of Economics, 1983, 43 (3).

[248] Fei Jia etc. The differential role of manufacturing and non-manufacturing TFP growth in economic growth [J]. Structural Change and Economic Dynamics, 2020 (3).

[249] Fried H O, Lovell C A K, Schmidt S S, et al. Accounting for environmental effects and statistical noise in data envelopment analysis [J]. Journal of Productivity Analysis, 2002, 17 (1).

[250] Fujita M, Krugman P R, Venables A J, et al. The spatial economy: Cities, regions and international trade [M]. Cambridge, MA: MIT Press, 1999.

[251] Galushko V. Do stronger intellectual property rights promote seed exchange: Evidence from U. S. seed exports? [J]. Agricultural Economics, 2012 (1).

[252] Gamba S. The effect of intellectual property rights on domestic innovation in the pharmaceutical sector [J]. World Development, 2017 (11).

[253] Gentry W M, Hubbard R G. Tax policy and entrepreneurial entry [J]. American Economic Review, 2000 (2).

[254] Ginarte J. C. , W. G. Park. Determinants of patent rights: A cross-na-

tional study [J]. Research Policy, 1997 (3).

[255] Glass A J, Saggi K. Multinational firms and technology transfer [J]. Scandinavian Journal of Economics, 2002, 104 (4).

[256] Goetzel R Z, Long S R, Ozminkowski R J, et al. Health, absence, disability, and presenteeism cost estimates of certain physical and mental health conditions affecting US employers [J]. Journal of Occupational and Environmental Medicine, 2004.

[257] Greenwood J, Jovanovic B. Financial development, growth, and the distribution of income [J]. Journal of Political Economy, 1990, 98 (5, Part 1).

[258] Grifell-Tatjé E, Lovell C A K. Profits and productivity [J]. Management Science, 1999, 45 (9).

[259] Griliches Z. Patents statistics as economic indicators: Asurvey [J]. Journal of Economic Literature, 1990 (4).

[260] Grossman G M, Helpman E. Trade, knowledge spillovers, and growth [J]. European Economic Review, 1991, 35 (2-3).

[261] Guellec D, De La Potterie B V P. Recherche-développement et croissance de la productivité: Analyse des données d'un panel de 16 pays de l'OCDE [J]. Revue économique de l'OCDE, 2001 (2).

[262] Hall B H, Mairesse J. Exploring the relationship between R&D and productivity in French manufacturing firms [J]. Journal of Econometrics, 1995, 65 (1).

[263] Harris S, Pritchard C. Industrial ecology as a learning process in business strategy [J]. Progress in Industrial Ecology, an International Journal, 2004, 1 (1-3).

[264] Hiam Davis. Productivity Accounting [M]. University of Pennsylvania, 1954.

[265] Hicks J R. A theory of economic history [J]. OUP Catalogue, 1969.

[266] Hoekman B., Mattoo A. Services trade and growth [J]. International Journal of Services Technology and Management, 2012 (4).

[267] Hosny H Y A R. Intellectual property rights and pharmaceuticals: The impact of the intellectual property rights regime on the access to medicine in developing states [D]. Cairo: The American University in Cairo, 2017.

[268] Hsieh C T, Klenow P J. Misallocation and manufacturing TFP in China and India [J]. The Quarterly Journal of Economics, 2009, 124 (4).

[269] Huang N, Diewert E. Estimation of R&D depreciation rates: A suggested methodology and preliminary application [J]. Canadian Journal of Economics, 2011 (2).

[270] Hudson J, Minea A. Innovation, intellectual property rights, and economic development: A unified empirical investigation [J]. World Development, 2013, (3).

[271] Hulten C R. On the "importance" of productivity change [J]. The American Economic Review, 1979, 69 (1).

[272] Hulten C R. Total factor productivity: A short biography [M] //New developments in productivity analysis. University of Chicago Press, 2001.

[273] Hulten C, Schwab R M. Does infrastructure investment increase the productivity of manufacturing industry in the US? [J]. Econometrics and the Cost of Capital, MIT Press, MA, USA, 2000.

[274] Hyun S S. Predictors of relationship quality and loyalty in the chain restaurantindustry [J]. Cornell Hospitality Quarterly, 2010, 51 (2).

[275] Bougheas, Spiros, Demetriades, et al. Infrastructure, specialization, and economic growth [J]. Canadian Journal of Economics, 2000, 33 (2).

[276] Joanne E Oxley. Institutional environment and the mechanisms of governance: the impact of intellectual property protection on the structure of inter-firm alliances [J]. Journal of Economic Behavior and Organization, 1999 (3).

[277] Irmen A, Kuehnel J. Productive government expenditure and economicgrowth [J]. Journal of Economic Surveys, 2009, 23 (4).

[278] Isaksson A. Determinants of total factor productivity: A literature review [J]. Research and Statistics Branch, UNIDO, 2007, 1.

[279] J A Hernάndez, I Mauleón. Econometric estimation of a variable rate of depreciation of the capital stock [J]. Empirical Economics, 2005, (3).

[280] Jerzmanowski M. Total factor productivity differences: Appropriate technology vs. efficiency [J]. European Economic Review, 2007, 51 (8).

[281] Jorgenson D W, Fraumeni B M. Investment ineducation [J]. Educational Researcher, 1989, 18 (4).

[282] Jorgenson D W, Griliches Z. The explanation of productivity change [J]. The Review of Economic Studies, 1967, 34 (3).

[283] Jovanović M R, Schmid P J, Nichols J W. Sparsity-promoting dynamic mode decomposition [J]. Physics of Fluids, 2014, 26 (2).

[284] Kaiji Chen, Edouard Wemy. Investment-specific technological changes: The source of long-run TFP fluctuations [J]. European Economic Review, 2015 (11).

[285] Kao C, Hwang S N. Efficiency decomposition in two-stage data envelopment analysis: An application to non-life insurance companies in Taiwan [J]. European Journal of Operational Research, 2008, 185 (1).

[286] Keller W. International technology diffusion [J]. Journal of Economic Literature, 2004, 42 (3).

[287] Keller W. International trade, foreign direct investment, and technologyspillovers [M] //Handbook of the Economics of Innovation. North-Holland, 2010.

[288] Kendrick J W. The formation and stocks of total capital [M]. New York: Columbia University Press, 1976.

[289] Klein L R, Preston R S. Some new results in the measurement of capacity utilization [J]. American Economic Review, 1967 (1).

[290] Konishi Y, Nishiyama Y. A note on the identification of demand and supply shocks in production: Decomposition of TFP [R]. RIETI Discussion Paper, 13 - E - 99, 2013.

[291] Krugman P. The Myth of Asia's Miracle [J]. Foreign Affairs, 1994, 73 (6).

[292] Kumbhakar S C, Lovell C A K. Stochastic frontier analysis [M]. Cambridge University Press, 2003.

[293] Kyle M, Mcgahan A. Investments in pharmaceuticals before and after TRIPS [J]. The Review of Economics and Statistics, 2012 (4).

[294] Lee J. Financial development by learning [J]. Journal of Development Economics, 1996 (1).

[295] Leonardo E. Torre Cepeda, Luis Fernando Colunga Ramos. Patterns of TFP growth in Mexico: 1991 - 2011 [J]. The North American Journal of Economics and Finance, 2015 (11).

[296] Levine R E, Renelt D. A sensitivity analysis of cross-country growth regressions [J]. American Economic Review, 1992 (4).

[297] Loannis Bournakis, Sushanta Mallick. TFP estimation at firm level: The fiscal aspect of productivity convergence in the UK [J]. Economic Modelling, 2018 (4).

[298] Loayza N V, Oviedo A M, Servén L. Regulation and microeconomic dynamics [J]. Business Regulation and Economic Performance, 2010, 119.

[299] Lodefalk M. The role of services for manufacturing firm exports [J]. Review of World Economics, 2014 (1).

[300] Lucas Jr R E. On the mechanics of economic development [J]. Journal of Monetary Economics, 1988, 22 (1).

[301] Markusen J R, Maskus K E. A unified approach to intra-industry trade and foreign direct investment [M] //Frontiers of Research in Intra-Industry Trade. Palgrave Macmillan, London, 2002.

[302] Marschak J, Andrews W H. Random simultaneous equations and the theory of production [J]. Econometrica, Journal of the Econometric Society, 1944.

[303] Maskus K E, Penubarti M. How trade-related are intellectual property rights? [J]. Journal of International Economics, 1995 (3).

[304] Maskus K E, Penubarti M. How trade-related are intellectual property rights? [J]. Journal of International Economics, 1995 (4).

[305] Maskus, K. E. , M. Penubarti. How trade-related are intellectual property rights? [J]. Journal of International Economics, 2004 (3).

[306] Mattke S, Balakrishnan A, Bergamo G, Newberry S J. A review of methods to measure health-related productivity loss [J]. American Journal of Managed Care, 2007 (4).

[307] Meeusen W, van Den Broeck J. Efficiency estimation from Cobb-Douglas production functions with composederror [J]. International Economic Review, 1977.

[308] Melitz M J. The impact of trade on intra-industry reallocations and aggregate industry productivity [J]. Econometrica, 2003, 71 (6).

[309] Merton R C, Bodie Z. A conceptual framework for analyzing the financial system [J]. The global financial system: A functional perspective, 1995.

[310] Mincer J. Human capital responses to technological change in the labor-

market [J]. NBER Working Papers, 1989.

[311] Mincer J. Schooling, Experience, and Earnings [J]. Human Behavior & Social Institutions, 1974.

[312] Moll B. Productivity losses from financial frictions: Can self-financing undo capital misallocation? [J]. American Economic Review, 2014, 104 (10).

[313] Moran T H. Foreign direct investment and development: The new policy agenda for developing countries and economies in transition [M]. Peterson Institute, 1998.

[314] Nelson R R, Phelps E S. Investment in humans, technological diffusion, and economic growth [J]. The American Economic Review, 1966, 56 (1/2).

[315] Nicoletti G, Scarpetta S. Regulation, productivity and growth: OECD evidence [J]. Economic Policy, 2003, 18 (36).

[316] Okawa Y. Innovation, imitation, and intellectual property rights with international capital movement [J]. Review of International Economics, 2010 (5).

[317] Oliveira Martins J, Boarini R, Strauss H, et al. The policy determinants of investment in tertiary education [J]. Economic Studies, 2009 (1).

[318] Olley, G Steven, Pakes, Ariel. The dynamics of productivity in the telecommunications equipment industry [J]. Econometrica, Econometric Society, 1996 (6).

[319] P Sáiz, Castro R. Foreign direct investment and intellectual property rights: International intangible assets in Spain over the long term [J]. Enterprise & Society, 2017, 18 (4).

[320] Pamela J, Smith. How do foreign patent rights affect U. S. exports, affiliate sales, and licenses? [J]. Journal of International Economics, 2001, 55 (12).

[321] Park W G, Lippoldt D C. International licensing and the strengthening of intellectual property rights in developing countries during the 1990s [J]. OECD Economic Studies, 2005 (1).

[322] Pastor J T, Lovell C A K. A global Malmquist productivity index [J]. Economics Letters, 2005, 88 (2).

[323] Perkins D H, Rawski T G. Forecasting China's economic growth to

2025 [J]. China's Great Economic Transformation, 2008.

[324] Perkins D H. Reforming China's economic system [J]. Journal of Economic Literature, 1988, 26 (2).

[325] Prescott J E. Environments as moderators of the relationship between strategy and performance [J]. Academy of Management Journal, 1986, 29 (2).

[326] Rapp R T, Rozek R P. Benefits and costs of intellectual property protection in developing countries [J]. Journal of World Trade, 1990, 24 (5).

[327] Ray S C, Desli E. Productivity growth, technical progress, and efficiency change in industrialized countries: Comment [J]. The American Economic Review, 1997, 87 (5).

[328] Robinson J. The model of an expanding economy [J]. The Economic Journal, 1952, 62 (245).

[329] Romer P M. Endogenous technological change [J]. Journal of Political Economy, 1990, 98 (5).

[330] Sahoo P, Dash R K, Nataraj G. Infrastructure development and economic growth in China [J]. Institute of Developing Economies Discussion Paper, 2010, 261.

[331] Sala-i-Martin X X, Mulligan C B. Measuring aggregate human capital [R]. Center Discussion Paper, 1995.

[332] Samawi G A. Intellectual property, trade and investment: A study of the pharmaceutical industry with special reference to Jordan [D]. Salford: University of Salford, 2009.

[333] Seiford L M, Zhu J. Profitability and marketability of the top 55 US commercial banks [J]. Management Science, 1999, 45 (9).

[334] Shultz T W. Investment in education [J]. Education, Economy and Society: A Reader in the Sociology of Education (Free Press of Glencoe, New York), 1961.

[335] Simar L, Wilson P W. Sensitivity analysis of efficiency scores: How to bootstrap in nonparametric frontier models [J]. Management Science, 1998, 44 (1).

[336] Solow R M. Technical change and the aggregate production function [J]. The Review of Economics and Statistics, 1957, 39 (3).

[337] Stigler G J. Stuart Wood and the marginal productivity theory [J]. Quarterly Journal of Economics, 1947, 61 (4).

[338] Tone K. A slacks-based measure of efficiency in data envelopment analysis [J]. European Journal of Operational Research, 2001, 130 (3).

[339] Wang Y, Yao Y. Sources of China's economic growth, 1952 - 1999: Incorporating human capital accumulation [J]. China Economic Review, 2003, 14 (1).

[340] Weisbrod B A. The valuation of humancapital [J]. Journal of Political Economy, 1961, 69 (5).

[341] Welch F. Education in production [J]. Journal of Political Economy, 1970, 78 (1).

[342] Ziebarth N L. Essays on the great depression from a micro perspective [D]. Northwestern University, 2012.